설득의 심리학 4

설득의 심리학 4 작은 시도로 큰 변화를 만드는 스몰 빅의 힘

설득의 심리학

작은 시도로 큰 변화를 만드는 스몰 빅의 힘

THE SMALL BIG 4

로버트 치알디니 · 스티브 마틴 · 노아 골드스타인 지음 | 김은령 · 김호 옮김

21세기북스

성공적인 설득을 위한 '스몰 빅'

◆

◆

이 주제에 관해 몇 종의 책을 낸 이래 우리 저자 3명은 대학교 강의실과 기업의 교육 세션, 대규모 컨퍼런스를 통해 과학적인 연구를 기반으로 다른 사람의 변화를 자극하는 설득의 원칙에 관해 자주 말하곤 했다. 그 과정에서 놀라울 정도로 청중들의 주의를 끈 무엇인가를 발견했다. 이런 심리적인 원칙의 구성 요소를 설명하면서 "이 원칙들이 효과를 발휘하게 해주는 아주 작고 사소한 무언가를 알려드리겠습니다" 하고 말하면 청중들은 몸을 앞으로 기울이고 고개를 들고 메모할 준비를 한다.

　충분히 그럴 만한 일이다. 청중들은 매력적인 투자 대비 수익률을 자랑하는 제안에 반응하는 것이다. 하지만 이는 엄청난 금전적인 이익을 가져다주는 경제적 지출을 의미하는 것이 아니다. 점점 더 바쁘고 복잡해지는 삶에서 더욱 큰 가치를 가져다주는 바람직한 투자 수익에 관심을 보이는 것이다. 이런 작은 노력의 투자는 일상의 거의 모든 영역에 상당한 이득을 가져다준다. 개인적 혹은 직업적인 목표를 달성하기 위해 사람들은 타인과의 상호작용에서 영향력을 행사할 필요가 있다. 이를 위해 노력하는 과정에서 믿을 만한 지름길을 찾아낸다면, 그것은 금광을 발견한 것과 마찬가지일 것이다.

하지만 이런 지름길들은 정확히 어떻게 작동할까? 어떤 종류의 메커니즘이 '작고 사소한' 무엇인가를 통해 결과에 큰 차이를 만들어내는 것일까? 단추를 누르거나 스위치를 올리는 등 비교적 미묘한 압박이 시스템에 내재돼 있던 잠재된 힘을 발휘하게 한다는 촉발 모델이 최상의 답이 아닐까 싶다. 사회적인 영향력을 행사하는 요소와 관련한 어떤 시스템에서 성공적인 설득을 이끌어내는 잠재적 힘은 진화와 사회화 과정을 통해 우리 모두에게 내재돼 있다. 이렇게 내재한 힘은 우리 행동을 강력하게 지시할 준비가 돼 있다. 아주 작은 이벤트로 인해 촉발되기만 한다면 말이다.

이 책은 독자들이 별다른 비용 필요 없이 상당한 효과를 내고 투자자본수익률Return of Investment, ROI 측면에서 효율적인 설득을 도와주는 쉰두 가지의 작은 변화를 소개하고 있다. 이런 변화에 대해 독자들에게 설명하는 것은 물론 한국 독자들에게도 중요할 것이라고 생각한 세 가지 방식으로 이 변화를 소개하기 위해 노력했다. 우선 우리는 절차의 유효성을 위해 과학적 연구를 토대로 삼았다. 두 번째로 이런 과정의 윤리적 적용을 강조했다. 세 번째, 이런 시도의 효과를 설명하면서 개념적인 용어를 사용했다. 특정 변화가 어떤 절차를 통해 작용하는지는 물론 심리학적으로 왜 그렇게 작동하는지 독자들이 이해할 수 있도록 인간의 동기부여에 관해 널리 알려진 원칙을 기반으로 설명하려 했다. 이 마지막 배려와 관련해 우리는 독자들에게 설득 과정에서 대단히 중요한 인사이트를 제공했다. 중요한 것은 얼마나 강하게 주장을 펼치는가 혹은 지배력을 행사하는 정보를 얼마나 많이 제공하는가의 여부가 아니다. 이런 정보가 제공되는 심리적인 맥락이 훨씬 더 중요하다. 책을 다 읽고 나서 이런 정보들이 독자 여러분의 개인적인 삶은 물론 직업적인 측면에서도 큰 도움을 줄 수 있기를 바란다.

로버트 B. 치알디니

한끗 차이가 큰 차이를 만든다

◆

◆

결국은 한끗 차이다. 우리가 상사나 동료 그리고 고객을 설득하려고 할 때 성공과 실패를 가르는 차이는 아주 작고 사소한 것이다.

사례 1 매년 5월 초가 되면 아내와 함께 부산에 간다. 기장시장에 가면 갈치찌개를 맛나게 하는 식당이 있어 항상 그곳에 들른다. 5월 초에 가는 이유는 그때만 멸치회를 맛볼 수 있기 때문이다. 갈치찌개, 갈치구이에 멸치회 그리고 공깃밥과 맥주를 곁들이면 그것만한 밥상이 없다. 이 식당은 주로 갈치를 먹으러 온 손님들이 멸치회를 추가 주문시키도록 설득하기 위해 매년 똑같은 문장을 메뉴판에 넣는다. "멸치회 안 드시면 후회합니다." 이 식당 주인은 설득의 한끗을 알고 있는 사람이 틀림없다. 만약 이 주인이 "멸치회! 정말 맛있습니다.

만족하실 거예요!" 혹은 "멸치회 짱! 꼭 드셔보세요!"라고 메뉴판에 적었다면 어땠을까? 단언컨대 주문 숫자가 달랐을 것이다. 사람들은 "멸치회 짱!"과 같은 이득보다는 "안 드시면 후회합니다"와 같은 손실 프레임에 더 영향을 받기 때문이다.

사례 2 최근 신제품을 소개하기 위해 활발하게 일하고 있는 제약회사의 영업사원이 기존 제품을 오랫동안 처방해온 고객을 만난 상황을 생각해보자. 효과나 안전성 측면에서 더 나은 신제품이 아닌 기존의 경쟁사 제품을 처방하고 있는 의사에게 이렇게 묻는다. "선생님, 왜 우리 제품이 아니라 그 제품을 선호하는지 말씀해주시겠어요?" 이 질문은 잘못됐다. 의사는 이 영업사원의 질문에 답하기 위해 신제품보다 기존 경쟁 제품의 장점을 생각해보고, 왜 자신이 그것을 처방하는지 합리화하려고 하기 때문이다. 이 질문에 답하고 나면, 의사는 일관성 원칙에 의해 이 영업사원이 판매하려고 하는 신제품으로 갈아타기가 더 힘들어지게 된다. 이런 경우에는 "선생님, 그 제품을 사용해오면서 좀 더 개선됐으면 하는 것이 있었는지요?"라고 물은 뒤 고객이 아쉬워하는 점을 잘 들어뒀다가 신제품의 장점과 연결지어 설명하면 성공 가능성을 높일 수 있다.

사례 3 고객회사에서 '설득의 심리학' 워크숍을 앞두고, 참석자 13명을 대상으로 사전 설문지를 이메일로 보냈다. 설문지를 보낸 첫날 3명(23퍼센트)이 응답했다. 그중에는 상세하고도 구체적으로 답변해준

분들이 있어 나머지 분들도 잘 응답해줄 것 같았다. 하지만 이후 이틀, 사흘, 나흘이 지났는데 단 한 사람도 추가 답변하지 않았다. 마감이 얼마 남지 않아 한 번 정도 더 재촉 메일을 보낼 수 있는 상황이었다. 나는 메일에 이렇게 썼다.

> 지난주에 참가자 여러분께 보내드린 서베이를 모두 받으셨는지요? 못 받으신 분들은 제게 알려주시기 바랍니다. 보내드리자마자 바로 아주 '상세하고도 쿨하게 답변해주신 분들이 여러 분 있어 매우 반갑고 워크숍 방향에 대한 감을 잡는 데' 큰 도움이 됐습니다. 다시 한 번 감사드립니다. 아직 '답변' 못하신 몇 분께서도 '아주 짧은 설문이니만큼 꼭' 답변해주시기 바랍니다.

결과는 어떻게 됐을까? 재촉 메일을 보낸 날과 그다음 날 이틀 만에 6명이 추가로 응답해 23퍼센트의 응답률이 69퍼센트로 올라섰다. 만약 이때 내가 이렇게 메일을 보냈다면 어땠을까?

> 지난주에 참가자 여러분께 보내드린 서베이를 모두 받으셨는지요? 못 받으신 분들은 제게 알려주시기 바랍니다. 지난주에 설문 협조 요청을 드렸는데 아직까지 세 분만 답변해주셨습니다. 아직 '답변' 못하신 분들께서는 아주 짧은 설문이니만큼 '꼭' 답변해주시기 바랍니다.

만약 위와 같이 보냈다면 나의 설문 응답률은 훨씬 저조했을 것이다. 요청에 응답한 비율이 낮을 때에는 굳이 응답률이 낮다는 것을 밝힐 필요가 없이 거짓말은 하지 않되, 긍정적으로 응답한 사람을 부각시켜야 응답하지 않은 사람들이 영향을 받는다.

이상은 모두《설득의 심리학》시리즈 저자인 로버트 치알디니 박사로부터 직접 설득의 과학을 배워 알게 되고, 또 실제 비즈니스에 적용한 내용이다. 치알디니 박사는 설득의 과학에서 가장 영향력 있는 존재다. 생존하는 사회심리학자 중 설득과 관련해 가장 많이 인용되는 학자이며, 우리에게 밀리언셀러로 익숙한《설득의 심리학 1》을 1980년대에 낸 이후로 지난 30여 년 동안 설득과 영향력을 최첨단에서 연구하고, 그 결과를 실제 비즈니스 컨설팅 분야에 적용해온 인물이다. 〈하버드 비즈니스 리뷰〉는 그의 연구를 현대 비즈니스 어젠다를 꿰뚫는 연구로 평가했다. 이 책은 〈뉴욕 타임스〉 비즈니스 분야 베스트셀러 목록에 꾸준히 올랐고, 경영 잡지 〈포춘〉에 75권의 가장 스마트한 비즈니스 분야 저서 중 한 권으로 선정됐다. 국외뿐만이 아니다. 2014년 1월 〈조선일보 위클리비즈〉를 통해 발표된 'CEO 101명 추천도서 69권' 중 9위를 차지했으며 '서울대학교 경영대 교수 추천도서 86권', '조선 비즈 - 서울대학교 경영대 자문교수 선정 경제경영 추천도서 55권' 등 세 가지 순위에 모두 오른 흔치 않은 책이《설득의 심리학 1》이다.

내가 로버트 치알디니를 처음 만나게 된 것은 2005년 가을 미국 애

리조나 주 템피에서다. 그해에 읽은《설득의 심리학 1》내용을 심화한 POP^{Principles of Persuasion} 워크숍에 참여하면서부터다. 컨설턴트로 트레이너로 수많은 교육을 받아봤지만, 이 워크숍은 실제 비즈니스에서 구체적으로 적용할 수 있는 도구를 가르쳐준다는 점에서 내겐 큰 도움이 됐다. 2007년 다니던 직장에서 나와 회사를 설립하면서 내가 처음으로 진행한 프로젝트는 다시 치알디니 박사를 찾아가 '설득의 심리학' 공인 트레이너 자격^{CMCT: Cialdini Method Certified Trainer} 교육을 받고 이를 한국 내에 들여오는 것이었다. 그 이후로도 치알디니 박사로부터 많은 도움을 받으며 지금까지 '설득의 심리학' 워크숍을 진행해오고 있다.

이 책은 나처럼 치알디니로부터 '설득의 심리학' 공인 트레이너 자격을 받은 영국의 스티브 마틴과 노아 골드스타인이 치알디니와 함께 작업한《스몰 빅^{The Small Big}》의 번역판이다. 'Small Big'이 무슨 뜻일까? 앞서 사례를 든 것처럼 우리가 고객이나 나를 고용하게 될 회사의 담당자 혹은 상사나 부하직원을 설득할 때 성공과 실패를 만드는 것은 아주 작은 부분의 차이다. 만약 고객을 설득하기 위해 가격을 30퍼센트 깎아야 한다면 그것은 설득이 아니라 가격 인하일 뿐이다. 《설득의 심리학 1》이 30년 가까이 전 세계적으로 학계나 실무 양쪽에서 모두 사랑을 받는 것은 작은 차이가 큰 결과의 차이를 만든다는 점을 과학적으로 입증했기 때문이다.

스티브 마틴은 로버트 치알디니가 세운 '인플루언스 앳 워크^{Influence At Work}'의 영국 지사 디렉터이며, 세계적으로 가장 활발하게 움직이는 설득의 전문가다. 노아 골드스타인은 UCLA 앤더슨 경영대학원에서 조직행동과 리더십, 영향력에 대한 연구를 진행하고 있는 교수다. 이 책의 주요 내용은 지난 수년에 걸쳐 '인사이드 인플루언스 리포트Inside Influence Report'라는 뉴스레터를 통해 꾸준히 업데이트됐던 주요 사례 분석 중 핵심적인 것만 골라 엮은 것이다(여러분도 'influenceatwork.com'에 들어가 뉴스레터 수신 신청을 할 수 있다). 즉, 설득 분야의 케이스 스터디 북이라고 보면 되며, 국내에서 번역된 《설득의 심리학 3》과 같은 성격이면서 보다 업데이트된 내용으로 보면 된다. 이 책이 서점에서 흔히 볼 수 있는 사례집과 다른 점은 모두 설득의 과학과 연결지어 분석해놓았다는 점이다. 다시 말해 과학적 근거를 갖고 사례를 분석했다는 점에서 차별화된다.

여기에서 설득의 기술이 아닌 과학이란 점은 매우 중요하다. '설득'이란 단어를 인터넷 서점 검색란에 넣으면 600권 가까운 서적이 검색된다. 평생 우리가 살면서 이 많은 설득 관련 책의 1퍼센트(여섯 권)도 읽기 쉽지 않다. 제한된 시간에 읽으려면 좋은 책을 골라 읽어야 한다. 로버트 치알디니는 설득을 특정 개인의 기술이 아닌 인간의 보편적 심리에 기반을 둔 과학으로 접근할 때 누구나 배우기 쉽고 활용하기 쉽다는 점을 강조한다.

이 책을 함께 번역하면서 가장 신경 쓴 부분은 국내 독자의 입장에서 알기 쉽도록 풀어놓는 문제였다. 번역하면서 문화적으로 이해가 힘든 부분은 이 책의 저자들 중 한 사람인 스티브 마틴과 협의해 조정했다. 'Contrast phenomenon'이란 용어는 '대조 효과'로 많이 알려져 있으나, 그동안 비즈니스 분야에서 워크숍을 진행해오면서 설득하고 자 하는 내용을 다른 것에 무조건 대조시키는 것이라는 뜻보다는 나의 요청사항이 잘 드러날 수 있도록 비교 대상을 맥락화해야 한다는 점에서 '대비 효과'로 번역했다. 또한 국내에《설득의 심리학 1》로 출간된 로버트 치알디니 책의 원제는《영향력Influence》이다. 따라서 이 책에 나오는 'influence'란 단어는 상황에 따라 영향력 혹은 설득 등으로 번역했다.

이 책을 번역하고 나서 저자들 중 두 사람에게 한국 독자를 위해 만약 한마디를 덧붙인다면 무엇인지 물었고, 다음과 같이 답장을 보내왔다.

오늘날처럼 정보가 넘쳐나는 세상에서 다른 사람들에게 성공적으로 영향력을 발휘하기 위해서는 '스몰'이 새로운 '빅'이다.

– 스티브 마틴

이 책의 '스몰 빅'은 단순히 비즈니스 현장에서 나온 성공 사례뿐 아니라 행동과학으로부터 나온 것이다. 이 책은 행동과학과 독자 여러분 사이에 이익을 낼 수 있는 파트너십을 시작하기 위해 마련된 것이다.

– 로버트 치알디니

마지막으로 독자 여러분에게 이런 상상을 해보라고 말하고 싶다. 취업을 앞두고 있다면 지원하는 회사의 담당자를, 기업에서는 상사나 동료, 부하직원, 고객을, 가게에서는 판매원을(판매원 입장에서는 고객을), 당신이 지지하는 정치인은 국민들을 그리고 당신이 연봉 협상이나 프로젝트 발표에서 발휘하는 영향력이 많이도 아니고 20퍼센트만 상승된다면 어떤 일이 벌어질까?

이 책은 당신의 영향력을 20퍼센트 높이는 데 분명한 효과를 줄 것이다. 물론 이론적 기반이 되면서 알기 쉽게 풀어 쓴 전작《설득의 심리학 1》,《설득의 심리학 2》를 함께 읽는다면 더 큰 효과를 기대할 수 있을 것이다.

다시 한 번 강조한다. 한끗 차이가 우리의 성공과 실패를 가를 수 있다는 점을!

김호
더랩에이치 대표 – '설득의 심리학' 공인 트레이너CMCT

서문

브리트니 스피어스의 법정 출두 거부가 언론의 헤드라인을 장식했다. 영화배우 제라르 드파르디외와 린지 로한 역시 마찬가지였다. 하지만 유명인들의 출석 거부, 불참no-show은 단지 법원 출두에 국한된 일만은 아니었다. 몇몇 유명인은 심지어 자신의 팬들까지 실망시켰다. 영국 록밴드인 오아시스는 공연 시간을 어기는 것으로 악명을 얻었다. 미국 컨트리 싱어인 조지 존스는 팬들로부터 '노 쇼 존스'라는 별명을 얻을 정도로 자신의 콘서트에 제시간에 맞춰 나타나는 일이 별로 없었다.

이렇게 언론의 헤드라인에 자주 등장하는 유명인들과 달리 일상에서 일어나는 약속 불이행이나 불참은 별다른 관심을 끌지 못한다. 레스토랑에 예약을 해놓고 나타나지 않고, 배심원으로 선정된 사람이 재판 날 법정에 등장하지 않고, 바쁜 임원들은 회의 시간을 깜빡하고 참석하지 않는다. 커피 한잔하자던 친구는 약속을 잊어버리고, 진료를 예약한 환자는 병원에 오지 않는다.

각각 따로 생각해보면 이렇게 약속을 어기는 것이 그리 대수롭지 않게 보일 수 있다. 하지만 한 해에 수백만 건의 비즈니스 회의와 미용실 예약, 레스토랑 예약과 영업 프레젠테이션, 학생 개인 면담이 아무런 예고 없이 취소되고 있다. 이런 사소한 실수를 모두 합산한다면 실로 엄청난 금전적 손해가 발생한다.

병원 진료 시간에 나타나지 않은 예약 환자를 생각해보자. 예약 환자가 나타나지 않는 일이 아주 가끔 발생한다면 바쁘고 할 일 많은 의사는 이 시간에 밀린 서류를 정리하거나 전화를 걸거나 잠시 휴식을 취할 수도 있다. 하지만 이런 일이 자주 발생한다면 효율성에 심각한 문제를 낳고 수익은 줄어들며 매몰 비용sunken cost은 크게 증가할 것이다. 영국 보건당국은 예약해놓고 일방적으로 나타나지 않는 환자 때문에 빚어지는 손실이 한 해에 8억 파운드(1조 6,000억 원)에 달하는 것으로 추산한다. 미국에서는 이런 일로 빚어지는 손실이 수십억 달러에 이른다고 의료 경제학자들은 추정한다.

서비스 산업에서는 예약을 해놓고 나타나지 않는 손님들 때문에 레스토랑 매출이 줄어들고 순익이 감소하며, 예약 불이행 문제가 해결되지 않은 상태로 이런 일이 증가하게 되면 폐점까지 고려해야 되는 상황이 벌어질 수 있다.

다른 업계에서도 의사 결정에 중요한 역할을 하는 사람이 회의에 등장하지 않거나 잠재적 고객이 약속한 영업 설명회나 프레젠테이션, 행사 등에 사전 고지 없이 나타나지 않아서 큰 비용을 들여 준비한 일정을 재조정하느라 고생하는 경우가 많다.

이럴 때는 어떻게 해야 할까?

다행히 사람들이 약속을 지키도록 설득하는 데 작은 변화로 큰 영향력을 발휘할 수 있다. 최근 보건소와 함께 연구를 진행하면서 우리는 두 가지 작은 변화를 활용해 예약 불이행을 상당히 줄일 수 있었다. 두 가지 변화를 실행하는 데에는 비용이 거의 들지 않았지만 금전적 효과는 엄청나서 관련 보건기관들은 잠재적으로 매년 수천만 달러를 절약했다.

뒤에서 그 두 가지 작은 변화가 무엇인지 설명하겠지만(당장 궁금해하는 사람들을 위해 8장이라는 점을 알려둔다), 사람들이 약속을 지키도록 만드는 것은 영향력의 도전 과제 중 한 가지에 지나지 않는다. 각기 다른 다양한 상황과 환경 속에서 다른 사람들을 설득해야 하는 경우는 수백 가지가 존재하기 때문이다.

누구를 설득해야 하는 문제와 상관없이 이 책에서 우리가 일관되게 보여주고자 하는 간단한 진실이 있다. 다른 사람의 행동에 영향을 미치려 할 때 가장 사소한 변화가 가장 큰 차이를 만들어낸다는 것이다.

이 책은 효과적이면서 윤리적인 방식으로 다른 사람에게 어떻게 영향력을 행사하고 설득하는지 방법을 알려준다. 사소하지만 핵심적인 변화를 만들어내기 위해 여러분이 즉시 활용할 수 있는 50여 가지 정보를 담고 있다. 중요한 점은 이제 읽게 될 각 장에서 어떤 사소한 시도가 큰 변화를 이끌어냈는지 규명하는 데에 막연한 예상이나 추측에 의지하지 않았다는 것이다. 대신 작은 변화가 광범위한 상황에 미친 큰 효과를 보여주는 데에 설득의 과학을 바탕으로 구체적인 근거를 들어 설명할 것이다.

30여 년 전 이 책의 저자들 중 한 사람인 로버트 치알디니는 《설득의 심리학 1 Influence: The Psychology of Persuasion》을 출간했다. 이 책은 당시 과학적 연구 결과들을 검토하고 치알디니 자신이 3년에 걸친 종합적인 현장 연구를 통해 밝혀낸 설득의 보편적인 여섯 가지 원칙을 소개했다. 그 후 연구자들은 치알디니가 처음 소개한 여섯 가지 원칙 외에 한 가지 원칙을 더해 일곱 가지 원칙을 꾸준히 입증해왔고 여러 분야의 실무자들은 이 원칙들을 지속적으로 사용해왔다. 상호성(사람들은 자신이 받은 호의에 보답해야 할 의무감을 느낀다), 권위(사람들은 자신이 무엇을 해야 할지에 대해 전문가의 견해에 귀를 기울인다), 희소성(제한된 자원일수록 사람들은 더 원한다), 호감(사람들은 좋아하는 상대에게 긍정적인 응답을 할 가능성이 높다), 일관성(사람들은 자신의 주장과 가치관에 따라 일관되게 행동하기를 원한다), 사회적 증거(사람들은 자신이 어떻게 행동해야 할지를 결정하기 위해 타인의 행동을 살핀다)가 바로 그 일곱 가지 원칙이다.

후속편인 《설득의 심리학 3 Yes! 50 Scientifically Proven Ways to Be Persuasive》에서 우리는 이런 법칙을 활용하는 구체적인 최신 조언뿐 아니라 설득의 과학을 통해 확인한 수많은 다른 전략들을 소개했다.

하지만 과학이라는 것은 잠시도 숨 고를 틈을 주지 않고 계속 발전해간다. 지난 몇 년 동안 뇌과학, 인지심리학, 사회심리학, 행동경제학 같은 분야에서 이뤄진 많은 연구의 도움으로 어떻게 영향력을 발휘하고, 타인을 설득하고, 행동 변화를 이끌어낼 수 있는지 보다 근원적인 이해가 가능해졌다. 이 새로운 책에서 여러분은 지난 몇 년 동안 수행돼온 최신 연구를 통해 확인한 50여 가지의 새로운 인사이트(통찰)와 아이디어를 살펴볼 수 있을 것이다.

이렇게 얻은 인사이트를 일부러 각각의 짧은 장chapter으로 담았다. 한 장을 읽는 데 평균 10여 분 정도밖에 걸리지 않는다. 이는 우리와 다른 많은 연구자들이 과학적 연구를 통해 밝힌 심리학적 원칙을 이해하기에 충분한 시간이다. 그리고 여러분이 사업은 물론 동업자와 고객, 동료들과 함께하는 업무 현장에서, 친구나 이웃들과 함께하는 순간에, 그 밖에 자주 마주치는 수많은 일상적인 인간관계에서 이런 아이디어와 발견을 어떻게 적용할 수 있을지 제안할 것이다. 또 누군가와 직접 얼굴을 마주 보고 이야기할 때 또는 그룹 미팅, 전화 통화, 전자메일, 온라인이나 사회관계망SNS을 이용할 때 이런 다양한 상황에서 아이디어를 적용하는 방법도 살펴볼 것이다.

설득의 과학과 관련한 최신 연구를 소개하는 것 말고 이 책에는 또 다른 새로운 장점이 있는데, 커다란 효과를 이끌어내는 작고 사소한 변화라는 주제에 집중했다는 점이다. 최초로 다른 사람들을 설득하고 영향력을 미치고자 할 때(물론 완벽하게 윤리적인 방식으로) 어떻게 최소의 변화로 최대의 효과를 낼 수 있는지 탐구할 것이다. 이런 종류의 변화를 우리는 '스몰 빅small BIG'이라 부른다.

과학을 근거로 하며 사소해 보이지만 영향력을 발휘하는 변화가 중요한 것은 사람들이 누군가를 설득하기 위해 사용하는 방식이 점점 더 효과가 떨어지기 때문이다.

　대부분의 사람들은 의사 결정을 할 때 자신이 사용 가능한 모든 정보를 활용하고 올바른 경로를 통해 결정을 내린다고 믿는다. 다른 사람들 역시 의사 결정을 할 때 자신과 비슷한 방식을 사용할 것이며, 다른 사람을 설득하는 최선의 방법은 그들이 필요로 하고 주의를 기울여야 하는 모든 정보와 판단 근거를 전하는 것이라고 믿는다.

　예를 들어 한 의사가 가볍지 않지만 그렇다고 치료 불가능할 정도는 아닌 병으로 오래 고생해온 환자를 진료한다고 가정해보자. 식사를 조절하고 적절한 처방약을 규칙적으로 복용하는 등 현 상황을 관리할 수 있는 몇 가지 방법을 설명하기에 앞서 이 병을 일으킨 원인과 예후에 관한 전반적인 정보를 전달할 수 있다.

　정품 소프트웨어 대신 불법 소프트웨어를 회사 컴퓨터에 다운로드 받아서 사용하는 직원이 점점 늘어나 당황스러운 IT 책임자가 있다고 생각해보자. 직원에게 그들의 행동이 어떤 의미인지, 이들이 왜 회사 방침을 위반한 것이 되는지 설명해주면 어떨까?

　사람들을 바람직한 방향으로 변화시키려는 사람이 비단 의사와 IT 책임자만은 아니다. 우리 모두 비슷한 일을 하고 있다. 자사 제품이 경쟁사 제품보다 훨씬 더 효과적이어서 20퍼센트 더 비싼 가격을 지불해야 한다는 것을 새로운 고객에게 이해시켜야 하는가? 그렇다면 부가적인 정보를 전달하고 자신의 주장을 뒷받침할 자료를 준비해야 한다. 최근 진행하는 혁신 프로그램이 과거에 해왔던 것과 다르다는 사실을 팀원들에게 납득시켜야 하는가? 그렇다면 다양한 근거를 마런해 새로운 변화가 팀원 개개인에게 어떤 혜택을 가져다주는지 직접 확인시켜줘야 한다. 고객을 설득해 주식 투자 계획에 동의를 얻어내기를 원하는가? 그렇다면 지금껏 얻은 가장 놀라운 성과를 강조해 설명하고 이 회사가 지금까지 해온 투자 관련 자료를 정밀하게 분석해 제안해야 한다. 아이가 숙제를 제시간에 끝내고 제시간에 잠자리에 들기를 바라는가? 그렇다면 아이에게 숙제를 제때 할수록 아이비리그 명문 대학에 진학할 가능성이 높아진다는 연구 결과를 이야기해주거나 제때 잠을 자면 어떤 혜택이 있는지 보여주는 몇몇 조사 결과를 들려줘야 한다.

최근 설득의 과학 관련 연구는 우리가 자주 놓쳐온 것들을 일깨워준다. 사람들에게 그저 변화해야 한다고 이야기해서는 실제로 변화를 이끌어내는 데 실패할 확률이 높다.

간단히 말하자면 사람들이 결정을 내리도록 이끄는 것은 현상 그대로의 정보가 아니라 이 정보가 전해지고 제시되는 맥락context이다. 우리는 그 어느 때보다 정보가 넘쳐나고 주변에 자극이 많은 시대에 살고 있다. 늘 시간에 쫓기고 주의해야 할 것이 넘쳐나는 바쁜 삶 속에서 사람들은 모든 정보를 일일이 고려할 수 없다. 성공적으로 영향력을 행사하려면 사람들의 인지 자체보다는 맥락을 활용해야 하고 정보가 제시되는 심리적인 환경을 잘 이해해야 한다. 그렇게만 하면 다른 사람을 변화시키고 교육시킬 수 있을뿐더러 접근 방식을 약간 바꿔 인간의 마음 깊은 곳에 자리 잡은 동기에 메시지를 연결한다면 누구나 충분히 다른 사람에게 영향력을 행사해 설득에 성공할 수 있다. 정보를 전달하는 방식과 관련해 배치, 구성, 시간, 맥락 등을 약간 바꾸는 것만으로도 사람들은 어떻게 받아들이고 어떻게 행동할지 크게 차이를 보인다.

영향력 행사와 설득에 대해 이론과 실제를 모두 탐구한 행동과학자인 우리는 의사소통을 하는 데 작고 사소한 변화가 얼마나 대단한 효과를 만들어내는지에 큰 매력을 느꼈다. 게다가 이런 변화를 실천하는 데 시간과 노력 그리고 비용이 거의 필요하지 않다. 이 책을 통해 우리는 어떻게 이런 작은 노력을 만들어갈 것인지, 어떻게 이를 전략적으로 또 윤리적으로 구사해 재정적 부담(인센티브, 할인, 리베이트, 벌금 등)이나 시간, 자원의 투자 없이 엄청난 결과의 차이를 만들어낼 수 있을지 주의 깊게 살펴볼 것이다.

설득의 과학을 잘 이해하면 충분히 설명할 수 있는 다음과 같은 추리와 질문에 관해서도 다루게 될 것이다.

— 어떻게 이메일을 수정하면 비즈니스 파트너와 벌이는 협상이 보다 쉬워질까?
— 허리케인, 99센트로 끝나는 가격 책정, 냉동 요구르트 사례를 통해 효과적인 설득을 가능케 하는 어떤 작은 변화를 배울 수 있을까?
— 접근 방식을 약간 바꿔 훨씬 더 생산적인 회의를 이끌 수는 없을까?
— 판매 목표를 달성하고, 체중을 줄이고, 새로운 취미를 익히고, 아

이들이 숙제를 제시간에 마칠 수 있도록 언어 사용에 변화를 주어 다른 사람(자기 자신도 물론)에게 동기부여를 하는 방법은 무엇일까?

요즘처럼 정보가 넘쳐나 클릭 한 번이나 스크린 터치 한 번만으로 온갖 정보를 바로 업데이트하는 세상에서 작은 변화의 중요성은 자주 간과된다. 하지만 그렇게 지나쳐버리고 만다면 정말 커다란 실수가 아닐 수 없다.

새로운 과학기술과 언제나 즉시 접속할 수 있는 정보들로 말미암아 우리 삶이 놀라운 혜택을 입었다는 점은 부정할 수 없다. 정보를 처리하는 데 사용해온 인간의 인지적인 하드웨어는 몇백 년 동안 아무런 변화 없이 그대로 유지돼왔다. 아이러니하게도 올바른 결정을 내리기 위해 활용 가능한 정보의 양은 늘어나고 있지만, 중요한 결정을 내려야 할 때 우리가 그 모든 정보를 사용할 가능성은 더 줄어들고 있다. 오늘날의 사람들은 수백 년, 수천 년 전 조상들과 마찬가지로 의사소통의 맥락 안에서 작은 변화만으로도 크게 영향을 받는다.

윤리적이고 효과적인 방식으로 다른 사람을 설득하고 영향력을 행사할 때에는 스몰(사소하고 작은 것)이 새로운 빅(정말 의미 있는 것)이나 마찬가지다. 앞으로 확인하겠지만 누군가를 설득할 때 작지만 과학적인 변화를 적절하게 활용한다면 그 효과는 엄청날 것이다.

세금 고지서의 단어와 문장을 바꾸는 것만으로 시민들이 세금을 제때 내게 돼 정부 차원에서 수백만 파운드의 부가 세수를 확보한 사례에서 볼 수 있듯이 더 새롭게 다가온 '설득의 과학' 속으로 여행을 떠나보자. 그리고 이 교훈들이 여러분의 설득 노력에 어떤 의미를 가질 수 있을지 함께 생각해보자.

로버트 치알디니
스티브 마틴
노아 골드스타인

차례

01
사람들이 제때 세금을 내도록 설득한
스몰 빅은 무엇일까?

◆

◆

수많은 나라의 조세 징수 공무원들처럼 영국 국세청 공무원들에게도 심각한 문젯거리가 있었다. 너무 많은 사람이 세금 환급 서류를 제때 제출하지 않고 세금을 제때 내지 않는다는 것이었다.

영국 국세청에서는 수년 동안 세금을 늦게 내는 사람들에게 다양한 방식으로 고지서를 보내고 의사 전달을 위해 애써왔다. 대부분의 경우 세금을 늦게 내면 가산금이 붙고 연체료가 더해지며 법적인 대응을 취하겠다는 식의 메시지를 전달하는 것이 전부였다. 몇몇 경우에는 이런 방식이 효과적이었지만 상당수의 사람들에게는 별 효과가 없었다.

2009년 영국 국세청은 우리가 운영하는 '인플루언스 앳 워크 INFLUENCE AT WORK'의 컨설팅을 받아 설득의 과학을 바탕으로 새로운 접근법을 활용했다. 우리가 한 것은 국세청의 기존 고지서에 한 문장을 더하는 아주 작은 변화였을 뿐이다.

이 작고 단순한 변화는 놀랄 만한 결과를 만들어냈다. 파일럿 연구에서 새로운 고지서를 보내자 미납분 6억 5,000만 파운드 중 5억 6,000만 파운드가 걷혀 납부율이 86퍼센트에 도달했다. 그 전해에는 5억 1,000만 파운드 중 2억 9,000만 파운드만 걷혀 납부율이 57퍼센트에 지나지 않았다.

새로운 고지서를 포함한 여러 가지 부가적인 조치를 적용한 결과 영국 국세청은 전해보다 연체된 세금 56억 파운드를 더 걷을 수 있었다. 또한 35억 파운드가량 장부상 부채를 줄일 수 있었다. 사소하고 비용도 별로 들지 않는 변화로 인한 매우 놀라운 결과였다.

그렇다면 고지서에 어떤 변화를 더한 것일까? 우리는 고지서를 받는 시민들에게 제때 세금을 낸 사람들의 숫자를 알려줬을 뿐이다. 해답은 과학자들이 사회적 증거라고 말하는 인간 행동의 근원적인 법칙에 있다. 사람들의 행동은 상당 부분 주위로부터 영향을 받는다. 특히 자신과 비슷하다고 생각하는 사람들로부터 큰 영향을 받는다.

연구자들은 수십 년 동안 이런 현상을 탐구해왔는데 거대한 대중의 힘에 영향을 받는 것은 인간에게만 국한된 일이 아니다. 새들은 떼를 지어 살아간다. 가축은 무리를 이루어 살고, 물고기는 함께 어울려 다닌다. 사회성 곤충들도 함께 모여 산다. 대뇌피질이 없는 유기체라고 해도 서로 비슷한 양상을 보일 만큼 주위의 다른 누군가는 근원적 영향을 미친다. 사회적 증거라는 개념이 새롭게 느껴지지 않을지도 모른다. 하지만 우리는 영향력에 관해 또 어떻게 하면 이 개념을 행동으로 옮길 수 있을지 그 방식에 관해 점점 더 많은 것을 배운다.

스스로 노력해 인지하는 것보다 주변의 다수 행동을 따르는 것이 낮다고 생각하는 것은 사람들에게 걱정거리이기도 하고 위안이 되기도 한다. 사람들은 레밍(집단을 이루어 다니는 나그네쥐 - 옮긴이)떼처럼 몰려다니는 것으로 보일까 봐, 남에게 결정권을 넘긴 것처럼 보일까 봐 걱정한다. 그와 동시에 이런 동조성이 자신을 옳은 방향으로 이끌어 간다는 사실에 안도감을 느끼기도 한다.

대중의 의견을 따르는 것은 이웃들의 행보에 발맞추려는 필요성에서 나온 행동인 것만은 아니다. 그보다 훨씬 더 근본적인 욕구에서 비롯된다. 가능한 한 정확한 결정을 내리려는 욕구, 다른 사람들과 연관을 맺고 다른 사람들의 승인을 얻으려는 욕구, 스스로를 긍정적으로 보려는 욕구와 같은 단순하고 강력한 인간의 세 가지 기본 욕구를 건드리기 때문이다.

영국에서 세금 고지서의 사소한 변화가 큰 차이를 가져온 것은 이 세 가지 욕구를 모두 건드렸기 때문이다. 바쁘고 복잡한 일상에서 '대부분의 사람이 하는 대로 따르는 것'은 현명한 결정을 내리는 가장 효율적인 방법이기도 하다. 어떤 영화를 볼지, 어떤 레스토랑에 갈지, 영국 국세청의 경우에는 사람들이 과연 세금을 낼 것인지 아닌지, 낸다면 언제 낼 것인지를 이런 측면에서 바라봤다.

세금 납부를 자극하기 위해 우리는 대부분의 사람이 다른 사람들과 연계하려는 욕구가 있다는 사실에 주목했다. 일반적으로 다른 사람들이 이미 하는 대로 따르면 대중의 승인을 얻고 사회적 연계를 맺을 확률이 높아진다고들 생각하기 때문이다. 국세청의 고지서를 받은 영국 시민은 세 가지 동기 중 마지막 요소, 즉 스스로를 긍정적으로 보려는 측면이 특히 강했다. 무임승차자가 되고 싶어 하는 사람은 거의 없다. 다른 모든 사람이 뻔뻔한 도피자나 연체자라고 믿는다면 도피자나 연체자가 되기 쉬운 법이다. 하지만 많은 영국인이 제때 세금을 낸다는 사실을 알게 되면 세금을 아직 내지 않은 사람들은 무임승차자가 되고 싶어 하지 않는다. 세금을 납부함으로써 책임을 다하는 사람으로 자기 이미지를 보여주고 싶어 한다.

사회적 증거의 영향력이 얼마나 강력한지 고려해볼 때 사람들이 그 대단한 영향력에 대해 잘 모르고 있다는 사실이 놀라울 뿐이다. 우리 저자들 중 두 사람이 행동과학자 제시카 놀란Jessica Nolan, 웨스 슐츠Wes Schulz, 블라다스 그리스케비시우스Vladas Griskevicius와 함께 캘리포니아의 주택 소유자 수백 명을 대상으로 에너지 절약에 영향을 미치는 네 가지 잠재적인 요소에 대해 질문한 적이 있다. 여기서 꼽은 네 가지 잠재적인 이유는 다음과 같다. ① 환경문제에 도움이 될 수 있으니까, ② 미래 세대를 보호하기 위해 에너지를 절약해야 하니까, ③ 에너지를 절약하면 돈을 아낄 수 있으니까, ④ 주위의 많은 사람이 이미 에너지를 절약하고 있으니까.

주택 소유자들 중 상당수가 자신의 행동에 가장 덜 영향을 주는 것으로 '이미 많은 이웃이 그렇게 하고 있기에'라는 응답을 골랐다. 이런 정보를 알고 난 뒤 우리는 캘리포니아 남부에서 실험을 해봤다. 무작위로 집을 골라 집 앞에 위의 네 가지 문구 중 하나를 적은 팻말을 세워놓았다. 한 그룹에는 에너지 절약이 환경보호에 얼마나 도움이 되는지, 다른 그룹에는 에너지 절약이 어떻게 후손들에게 도움이 되는지 또 다른 그룹에는 에너지 절약을 통해 돈을 얼마나 절약할 수 있는지 알려줬다. 그리고 마지막 그룹에는 대부분의 이웃이 에너지를 절약하기 위해 애쓰고 있다는 구체적인 조사 자료를 알려줬다.

한 달 후 에너지 사용량을 조사했더니 첫 번째 설문 조사에서 가장 효과가 없을 것이라고 답했던 사회적 증거 기반의 의사 전달이 가장 효과적인 것으로 나타났다. 흥미롭게도 첫 번째 조사에서 사람들은 환경보호를 위해 에너지를 절약하는 것이 가장 중요하다고 선택했다. 하지만 실질적인 두 번째 조사에서는 이 메시지가 에너지 절약에 별다른 영향을 미치지 못하는 것으로 나타났다.

사람들은 어떤 것이 자신의 미래 행동에 영향을 미치는지 잘 모를 뿐 아니라 일이 발생한 이후에도 자신을 설득한 것이 무엇이었는지 제대로 이해하지 못한다. 텔레비전 뉴스 프로그램의 요청에 의해 위급하지 않은 일반적인 상황에서 누군가를 돕도록 설득당하는 이유를 연구한 적이 있다. 우선 연구자들이 미국 뉴욕의 복잡한 지하철역에서 길거리 악사들에게 돈을 주고 가는 통근자의 수를 조사했다.

잠시 후 즉각적이고 인상적인 효과를 만들어낼 작은 변화가 더해졌다. 통근자가 음악가에게 다가가기 전 연구자가 고용한 사람이 먼저 다가가 통근자 앞에서 음악가의 모자에 동전을 떨어뜨린다. 결과는? 기부를 한 사람의 숫자가 여덟 배가량 늘어났다.

실험 후 기부한 통근자들과 인터뷰를 했다. 인터뷰 대상자들은 다른 사람이 돈을 주는 장면이 자신의 행동에 영향을 끼쳤다고 인정하지 않았다. 대신 나름대로 자신의 행동을 정당화했다. "그가 연주한 곡이 마음에 들었거든요." "저는 다른 사람들에게 관대한 편이랍니다." "저 음악가가 불쌍해 보였어요."

이렇게 사람들은 어떤 일이 일어나기 전과 후에 자신에게 영향을 미친 요소를 알아차리지 못한다. 사업체나 기업은 고객과 소비자들의 구매 결정과 행동에 영향을 미치는 요소를 알아내기 위해 시간과 노력은 말할 것도 없고 상당한 비용을 투자한다. 많은 고객이 기꺼이 응답하겠지만 이런 응답이 실제로 일어나는 일을 정확히 반영한다고 할 수 없다. 그렇기 때문에 고객 응답에 기반을 둔 마케팅 전략이 상당 부분 실패하는 것이다.

사람들이 자신의 결정에 영향을 준다는 것을 근거로 설득 전략을 세우는 대신 타깃 고객들이 동일시하는 대다수의 사람들이 어떻게 행동했는지를 보여주면 타깃 고객 역시 그렇게 행동할 가능성이 높아진다. 이를 위해 간단하고 즉각적인 작은 변화를 만들어낼 수 있다. 예를 들어 신사업 개발 담당 임원이 신제품 출시 관련 프레젠테이션에 고객의 참석을 유도하고 싶다면 우선 참석할 가능성이 가장 높은 사람들을 초대하는 것이 참석률을 높이는 데 도움이 된다. 그리고 목표 그룹을 초대하면서 "이미 많은 고객분들이 참여하기로 했습니다" 하고 정직하게 이야기한다. 물론 자신의 참석 여부 결정에 다른 사람이 영향을 미치지 않는다고 목표 그룹은 말하겠지만 이런 작은 변화는 상당히 효과적이다.

영국 국세청의 고지서 연구에서 확인한 사실을 적용해 사회적 증거의 효과를 극대화할 수 있다. 약간의 특수성을 더하는 것이다. 몇몇 고지서에는 세금을 제때 낸 영국인의 수뿐 아니라 고지서 수령자와 같은 우편번호를 쓰는 사람들 중 제때 세금을 납부한 사람의 비율을 넣었다. 그랬더니 응답률이 예전에 고지서를 보냈을 때의 67퍼센트를 훨씬 넘어서 79퍼센트에 달했다.

이런 통찰력을 적용해 혜택을 볼 수 있는 대상은 정부와 조세 공무원뿐만이 아니다. 다국적 발전회사부터 지역의 주택조합에 이르기까지 대부분의 사업체와 단체는 소비자와 고객으로부터 적절한 방식으로 각종 자금을 모으고 비용을 거둬야 한다. 소비자와 고객의 대다수가 정해진 기한 내에 요금을 내야 하는 곳이라면 우리는 그런 두드러진 정보를 각종 송장이나 계산서에 사용하라고 조언한다. 이 작은 변화만으로 모든 사람이 기한 내에 지불하도록 영향력을 행사할 수는 없겠지만 기한 내 납부를 피해왔거나 납부 자체를 거부해온 몇몇 사람을 설득할 수 있게 돼 납부율이 높아지는 것은 확실하다.

사람들은 타인들이 자주 실행하고 바람직해 보이는 행동에 주의를 집중한다는 점을 잊지 말자. 우리 저자들 중 한 사람이 의사인 수라즈 바시Suraj Bassi, 루퍼트 던바 리스Rupert Dunbar Rees와 함께 진행한 연구에 따르면, 이전 달 예약일에 보건소를 찾아오지 않은 사람의 숫자를 공표하면 다음 달 예약 불이행 건수가 오히려 늘어난다. 이 책 도입부에서 이야기했다시피 예약 불이행은 보건소뿐 아니라 모든 종류의 사업 영역과 공공 영역에서 엄청난 손실과 비효율성을 야기한다. 그렇기 때문에 바람직한 행동을 강조하는 동시에 사소하고 비용도 들지 않는 작은 변화가 놀라운 결과를 만들어내는 것이다.

만약 다수의 사람들이 이렇게 큰 영향을 미치는 행동이나 변화를 아직 실행하지 않고 있다면, 얼마나 많은 사람이 세금을 내고 약속을 지키고 숙제를 제시간에 마치는가 하는 바람직한 행동을 강조하는 전략은 그리 성공적이지 못할 것이다. 이 경우라면 다수가 되는 사람을 '꾸며내고' 싶은 충동을 느끼겠지만, 우리는 이런 시도에는 강력하게 반대한다. 비윤리적일 뿐 아니라 이미 제시한 사회적 증거가 꾸며진 것이라는 사실이 드러나는 순간 미래에 다시 영향력을 행사하고자 할 때 사람들이 더는 신뢰하지 않을 것이고, 최악의 경우 이 시도가 유해하다고 생각하게 될 것이다.

하지만 여기에 두 가지 대안이 있다. 두 가지 다른 접근법이 모두 효과적일 수 있다. 첫 번째는 주어진 상황에서 널리 인정받는 행동을 강조하는 것이다. 행동과학자들은 대부분의 사람들이 인정하거나 인정하지 않는 어떤 상황을 명령적 규범이라 부른다. 예를 들어 대부분의 사람들이 특정한 대의명분 또는 신념을 지지한다는 조사 결과를 강조하면 앞으로 변화를 가져오는 데 도움을 받을 수 있다. 캘리포니아 주민의 80퍼센트는 에너지 절약 프로그램에서 자신이 중요한 역할을 한다고 믿고 있으며 직원 10명 중 9명은 건강한 삶을 영위하는 방법을 배우는 데 관심이 있다고 대답했다. '스몰 빅'은 이 명령적 규범을 메시지 전략의 일부로 만들려는 전달자를 위해 의미 있는 역할을 수행한다.

사람들이 특정 아이디어나 행동을 광범위하게 수용한다는 사실을 보여주는 압도적인 수치를 발표하는 것 역시 효과적이다. 오파워사는 버지니아 알링턴에 기반을 둔 기업으로 각 가정에 에너지 절약을 독려하는 자료를 제공하고 있다. 오파워는 웹사이트를 통해 자사의 프로그램이 '전기 60억 킬로와트아워'와 '7억 5,000만 달러가 넘는 전기료'를 절약할 수 있게 도와줬다고 소개하고 있는데, 이 메시지는 자신과 비슷한 대부분의 사람들이 이미 참여하고 있다는 정확한 증거 없이도 다른 사람들의 참여를 격려한다. 특히 캠페인 초기 적절한 탄력을 받아야 할 때나 참여하는 사람의 증가세를 보여줘야 할 때 이런 메시지는 효과적인 전략이 될 수 있다. 예를 들어 지난 몇 달 사이에 웹 트래픽이 일주일에 몇백 명에서 1,000여 명으로 증가한 블로거라면 이렇게 짧은 시간에 방문자가 다섯 배 증가했다는 사실을 강조할 수 있을 것이다. 페이스북 사용자라면 '좋아요'의 증가를 강조할 수 있다. 물론 영국 국세청의 고지서 사례에서 설명했던 것 같은 사회적 증거 원칙을 모든 상황에 활용할 수 있다는 것은 순진한 생각일지 모른다. 하지만 사회적 증거 원칙이 수백만 달러, 몇천 달러가 아니라 수십억 달러의 부가 세입과 효율성을 만들어냈다는 점을 볼 때 이 원칙을 이해해야 할 필요성은 확실해 보인다.

여기서 연관되는 질문이 하나 떠오른다. 도대체 어떤 경우에 사람들은 주위의 이야기를 따르지 않고 자기만의 길을 걸어가게 되는 걸까?

02

대중의 뜻을 거스르도록 설득하는
스몰 빅은 무엇일까?

◆
◆

조용한 레스토랑 대신 복잡하고 사람 많은 레스토랑을 선택할 때, 스포츠 경기에서 파도타기[1]에 휩쓸려 참여할 때, 앞 장에서 이야기한 것처럼 세금을 제때 내도록 설득할 때 사회적 증거는 효율적인 의사 결정의 지름길이 될 수 있다. 뿐만 아니라 정확한 결정을 내릴 뿐만 아니라 다른 사람들과의 유대와 연계를 만드는 데 도움을 준다. 최근의 뇌신경학 연구에 따르면 타인의 행동을 따라 하려는 인간의 열망은 너무나 강해서 대중의 의견에 반하는 행동을 하는 것은 감정적으로 힘든 정도를 넘어 고통스럽기까지 하다고 한다.

솔로몬 애시Solomon Asch가 1950년대에 실시한 동조성 연구를 현대적으로 재현한 실험에서 뇌과학자 그레고리 번스Gregory Burns가 이끄는 연구팀은 한 그룹의 사람들에게 실시한 인지 연구에서 3D로 된 물체를 보여주고 나중에 크기와 모양이 같은 것과 다른 것을 구분하도록 요구했다. 그 그룹에서 한 사람만 옆방에서 기능성 자기공명영상fMRI

을 찍기로 하고 기계 작동을 준비하는 동안 나머지 참가자들은 대기실에서 기다리게 했다. 하지만 이것은 미리 짜놓은 계획으로 그룹에 속한 모든 사람은 연기를 하는 중이었다. 진정한 의미의 연구 참가자라고 할 수 있는, 즉 영상을 찍는 한 사람만 대다수의 의사에 반하는 선택이나 결정을 할 때 뇌 속에서 어떤 일이 일어나는지를 보여주는 흥미로운 실험이었다.

'선발된' 연구 참가자에게 뇌 스캐너를 연결하고 3D 영상을 보여준 뒤 어떤 것이 같고 어떤 것이 다른지 질문했다. 참가자가 대답하기 전

에 다른 방의 '자원자'들에게도 이미지를 보여줬고 그들은 이미 각 이미지에 대한 답을 알고 있다고 말했다. 이 그룹은 때로 연구 참가자가 사회적 압력에 어떻게 반응하는지를 보기 위해 일부러 잘못된 대답을 했다. '선발된' 참가자는 그룹의 응답이 틀렸다는 사실을 알고 있으면서도 약 40퍼센트가 그 답을 따랐다.

재미있는 것은 연구 참가자들이 그룹의 의견과 달리 독립적인 판단을 내렸을 때의 기능성 자기공명영상 사진이었다. 이때 뇌에서 감정과 연결된 부분이 활성화됐는데 집단의 의사에 반하는 결정을 할 때 매우 고통스러운 감정적 대가를 치르는 것으로 나타났다.

사회적 동질감과 관련해 자신이 중시하는 그룹의 의사에 반하는 결정을 내리는 것은 상당히 어려운 일이다. 다른 면으로 보면 그룹은 우리 자신이 누구인지, 우리 자신을 어떻게 바라보는지 규명하는 데 도움을 준다.

앞서 소개한 영국 국세청 공무원들이 대부분의 사람들이 마감 기한 전에 세금을 냈다고 고지서에 알림으로써 설득에 성공한 사례를 떠올려보자. 게다가 고지서에 같은 우편번호를 사용하는 사람들 중 제때 세금을 납부한 사람들의 수를 알렸을 때 응답률이 67퍼센트에서 79퍼센트로 올랐음을 확인했다.

세 번째 고지서는 저마다의 사회적 정체성을 좀 더 자극했다. 같은 우편번호를 사용하는 사람들 중 대부분이 이미 세금을 납부했다는 사실을 알리는 대신 고지서에 마을 이름을 적어 보냈다. 이 작은 변화는 응답률에서 더욱 커다란 변화를 이끌어냈는데, 세금을 납부한 사람이 무려 83퍼센트에 달했다.

이 결과로부터 우리가 사용할 수 있는 '스몰 빅' 중 한 가지는 바로 자신의 메시지를 목표로 하는 그룹의 사회적 정체성과 되도록 가깝게 연결시키는 것임을 알았다. 예를 들어 온라인 세상에서는 이런 방식으로 설득력을 발휘할 때 도움이 되는 데이터인 IP 주소IP address를 활용할 수 있다. 많은 조직이 특정 지역 사람들과 관련한 사회적 증거를 전달하기 위해 웹사이트 방문자들의 위치를 제공해주는 IP 주소를 활용한다. 다른 말로 하면 뉴욕이나 휴스턴의 웹사이트 방문자들에 관한 덜 특별한 사회적 증거('81퍼센트의 사람들이 프리미엄 패키지를 선택했다')를 전달하는 것보다 좀 더 맞춤화해서 사회적 정체성과 관련된 정보를 전할 수 있다('82퍼센트의 뉴욕 사람들이 프리미엄 패키지를 선택했다', '80퍼센트의 휴스턴 시민들이 프리미엄 패키지를 선택했다'). 물론 수치가 정확하다는 가정하에 말이다.

사회적 증거의 하이라이트는 지역적 유사성을 강조하는 데 그치지 않는다. 인명 유사성이라 부르는 개념을 고려해 사람의 이름을 통해 비슷한 시도를 진행할 수 있다. 2012년 미국 대통령 선거 기간 동안 오바마의 선거운동 조직인 오바마 포 아메리카Obama for America로부터 주목할 만한 이메일이 날아와 등록 유권자들에게 같은 이름을 가진 사람들이 얼마나 투표를 했는지 살펴볼 수 있게 해줬다. 그 내용은 다음과 같다. "안녕하세요, 에밀리. 멋지지 않나요? 에밀리라는 이름을 가진 다른 사람들이 얼마나 투표에 참여했는지 확인할 수 있습니다."

내용을 확인하면 친구들에게 이런 링크를 보낼 수 있다. "이 내용을 메건, 톰, 캐리, 애비, 모, 데니 같은 친한 주위 사람들과 공유하세요. 자신과 같은 이름을 가진 사람들이 얼마나 투표에 참여했는지 알 수 있답니다."

자신이 속해 있거나 속하고 싶은 그룹의 특성에 부합하게 행동하는 방식으로 동기 유발이 되지만 동시에 자신이 속하고 싶지 않은 그룹의 일상적인 행동을 피하도록 동기 유발이 되기도 한다. 연구자이자 베스트셀러《컨테이저스Contagious》를 쓴 조나 버거Jonah Berger는 역시 베스트셀러 작가로《스위치Switch》,《스틱Made to Stick》등을 쓴 칩 히스Chip Heath와 함께 자선 팔찌를 구입한 한 대학교 기숙사 학생들이 자기들과 똑같은 자선 팔찌를 찬 '공부벌레' 기숙사 학생들을 보고 어떻게 반응하는지 알아보는 흥미로운 연구에 들어갔다. 우선 연구조교들이 '목표 기숙사'를 찾아가 자선 팔찌를 건네고 기부금을 요청했다. 일주일 후 이 연구조교들은 근처의 '공부벌레' 기숙사를 찾아가 똑같은 일을 했다. 이 기숙사의 학생들은 과외로 수업을 더 듣거나 그룹 토론을 즐기는 등 별도의 학문적 활동을 했기에 괴상하다는 평판이 붙은 터였다. 두 기숙사가 같은 식당을 사용하고 있어서 목표 기숙사 학생들은 '공부벌레' 기숙사 학생들이 자기들과 똑같은 팔찌를 차고 있음을 쉽게 확인할 수 있었다.

연구조교들이 목표 기숙사 학생들에게 자선 팔찌를 제안하는 동시에 이들은 캠퍼스의 다른 쪽에 있는 기숙사를 대조군으로 삼아 비슷한 실험을 했다. 목표 기숙사의 학생들이 '공부벌레' 기숙사 학생들과 어떤 연관성을 지닐 것으로 기대한 반면, 상대적으로 거리가 먼 기숙사의 학생들과는 별다른 연관이 없을 것으로 기대했기 때문이다.

하지만 그 결과는 생각할 거리를 던져줬다. '공부벌레' 기숙사 학생들이 자선 팔찌를 사기 시작하자 이 팔찌를 찬 목표 기숙사 학생이 32퍼센트 감소했다. 팔찌 차는 것이 지겨워진 것이 아니라 '공부벌레' 기숙사 학생들과 연관되는 것을 피하기 위해 팔찌를 차지 않는다는 사실을 연구자들은 어떻게 확신할 수 있었을까? 같은 기간의 대조군이라 할 수 있는 조금 멀리 떨어진('공부벌레' 기숙사와 별다른 연관이나 만남이 없는) 기숙사 학생들은 6퍼센트만 감소했다.

특정 행동이 다른 사람들에게 완전히 공개돼 있을 때는 어떤 그룹과 자신을 떼어놓으려는 동기가 더욱 강해진다고 버거와 히스는 주장했다. 이 주장을 확인하기 위해 연구자들은 음식 선택과 관련해 또 다른 실험을 진행했다. 몇몇 학부생 참가자에게 캠퍼스에서 패스트푸드를 가장 많이 먹는 사람이 학부생이라고 이야기해줬다. 다른 참가자들에게는 (일반적으로 학부생들이 가장 연결되고 싶어 하지 않는 대상인) 대학원생이 패스트푸드를 가장 많이 먹는다고 이야기했다. 연구자들은 다른 참가자들 앞에서 또 다른 사람이 보지 않는 곳에서 학생들에게 먹고 싶은 것(건강한 음식과 정크푸드 중)을 고르도록 했다. 남이 보지 않는 곳에서는 정크푸드를 가장 많이 먹는 사람이 학부생이라는 이야기를 들은 쪽과 대학원생이라는 이야기를 들은 쪽을 놓고 볼 때 그 수에 별 차이가 없었다. 하지만 다른 학부생들 앞에서 선택해야 할 때에는 대학원생이 정크푸드를 가장 많이 먹는다는 이야기를 들은 학부생들이 정크푸드를 훨씬 적게 선택했다.

이런 점을 고려해 새로운 시장을 찾는 기업이 특정 제품을 새로운 소비자층에게 소개할 때에는 기존에 이 제품을 사용하던 소비자들이 새로운 소비자층과 연관되는 것을 피하기 위해 제품을 포기하는 상황이 벌어지지 않도록 주의해야 한다. 불건전한 식사 습관, 쓰레기 무단 투기, 지각 같은 특정 행동을 줄이고자 할 때에는 이런 행동을 바람직하지 않은 정체성과 연결시키도록 고려해야 한다.

　최근 삼성이 가장 중요한 경쟁 상대인 애플에 맞서 만든 텔레비전 광고를 떠올려보자. 10대의 애플 사용자들이 신형 아이폰을 사기 위해 줄을 서 있다. 그중 하나가 자신은 최근 삼성 핸드폰을 샀고 줄을 서는 것은 다른 사람의 자리를 맡아주기 위해서라고 말한다. 조금 뒤 우리는 이 10대 소년이 누구를 대신해 줄을 서고 있었는지 알게 된다. 10대들이 자신과 가장 동일시하기 싫어하는 사람 바로 중년인 그들의 부모였다.

03
메시지 프레임에 큰 차이를 가져오는
스몰 빅은 무엇일까?

◆

◆

　다른 사람들이 이미 바람직한 방식으로 행동하고 있다고 대중에게 알려주는 것만으로 당신의 제안이나 요청의 효과가 어떻게 달라지는지 앞 장에서 살펴봤다. 또 사람들이 사회적 동질성을 공유하고 같은 그룹에 속하게 되면 그때 전하는 메시지는 훨씬 더 설득력이 있다는 증거도 소개했다. 하지만 여기서 한 가지 더 고려할 것이 있다. 여기에 작은 변화를 하나만 더하면 훨씬 큰 효과를 볼 수 있다. 우리가 옹호하는 행동이 얼마나 일반적인가 혹은 일반적이지 않은가를 드러내도록 메시지를 구성하는 것이다. 다음 사례를 생각해보자.

　재채기를 할 때 코나 입을 가리지 않는 친구가 있다고 하자. 재채기를 할 때 얼굴을 가리는 사람의 긍정적인 면을 강조해야 할까? 아니면 얼굴을 가리지 않는 사람의 문제점을 강조하는 것이 더 효과적일까?

　심리학자 하트 블랜턴Hart Blanton과 그의 동료들은 메시지 프레임의 성공은 사람이 적절한 사회적 규범을 어떻게 인식하는지에 달려 있다고 믿었다. 앞서 말했다시피 사람들은 사회적 규범에 순응하려는 동기를 갖는다. 반면 스스로를 특별하게 만들어주는 것을 통해 자신을 규정하려고 한다. 즉, 자신의 행동에 따라 자기의 정체성이 어떻게 될지를 고려해야 하는 상황에서 사람들은 이미 알고 있는 규범에 순응할 때보다는 규범을 따르지 않을 경우 자신이 치러야 할 대가나 돌아올 혜택이 무엇일지에 더욱 신경 쓴다. 따라서 다른 사람의 행동에 영향을 미치려면 그 메시지가 사회적 규범에 순응하는 것보다는 규범을 어기는 것에 초점을 맞추고 구성하는 것이 훨씬 더 성공적이다.

예를 들어 재채기를 할 때 얼굴을 가리는 것이 규범이라고 생각하는 친구라면 이 규범을 어기는 사람의 부정적 측면을 강조하는 것이 효과적이다("재채기를 할 때 얼굴을 가리지 않는 사람들은 정말 무책임한 사람이야"). 만일 재채기를 할 때 얼굴을 가리지 않는 것이 규범이라고 생각하는 친구라면 그 친구의 규범과 반대편에 있는 사람의 긍정적인 측면을 강조하는 메시지로 구성하는 것이 훨씬 낫다("얼굴을 가리고 재채기하는 사람은 참 책임감이 있는 사람이야").

이런 가설을 확인하는 실험을 하며 블랜턴과 동료들은 참가자들에게 인플루엔자 예방접종을 선택하는 학생 수가 다르게 소개된 신문 기사 2개 중 하나를 읽도록 했다. 한 기사에서는 대부분의 학생이 예방접종을 할 것이라고 주장했고 다른 기사에서는 대부분의 학생이 예방접종을 하지 않을 것임을 강조했다. 그다음 예방접종을 한 사람과 하지 않은 사람의 행동을 특징짓는 또 다른 기사를 읽게 했다. 두 번째 기사의 메시지는 두 가지 중 하나로 구성됐다. 주사를 맞겠다는 결정을 긍정적으로 연결시키거나("예방주사를 맞은 사람은 다른 사람을 배려하는 것이다") 주사를 맞지 않겠다는 결정을 부정적으로 연결시키는 것이다("예방주사를 맞지 않은 사람은 다른 사람에게 무관심한 사람이다").

연구자들의 예상과 마찬가지로 실험 참가자들은 규범에 순응하기보다 규범을 어기는 것과 관련한 메시지에 더욱 영향을 받았다. 달리말하면 대부분의 학생이 예방주사를 맞았다고 생각한 참가자에게는 예방주사를 맞지 않은 사람들의 특징을 설명한 메시지가 더 설득력 있었고, 대부분의 학생이 예방주사를 맞지 않았다고 생각한 참가자에게는 예방주사를 맞은 사람들의 특징을 설명하는 메시지가 더 설득력 있었다.

이 연구는 특정 행동의 사회적 규범을 설명할 때 그 규범에서 벗어난 경우의 특징을 뒤이어 설명해줌으로써 메시지를 강화하는 방법을 잘 보여주고 있다. 탈의실을 깨끗하게 유지해야 하는 헬스클럽에서 새로운 회원이 오면 '회원들 모두 사용한 수건을 바닥에 던져두는 대신 세탁 바구니 안에 넣어둔다'는 점을 강조하고, 그렇지 않은 회원은 다른 사람에 대한 존중이 부족한 것이라고 이야기한다. 새로 들어온 직원을 위한 오리엔테이션에서 '대부분의 동료들이 정확하고 정직하게 정해진 날짜까지 비용을 정산해야 하며 그렇지 않다면 그건 부서 전체를 실망시키는 일'이라고 이야기한다. 막 당뇨병 진단을 받은 사람에게 당뇨 환자들은 운전하기 전에 혈당을 체크하는 습관을 들여야 하고, 그렇게 하지 않는다면 타인을 위험에 빠뜨리는 것이라고 이야기한다.

하지만 다시 생각해보자. 예방접종 사례는 물론 헬스클럽 회원과 신입사원, 당뇨병 환자의 사례를 볼 때 이렇게 사회적 규범에 관해 설명을 듣는 사람은 아직 규범을 잘 알지 못한 상태다. 그렇다면 어떤 행동이 상식이고 비상식인지 이미 나름의 신념을 갖고 있는 개인에게도 이와 비슷한 접근법이 효과가 있을까? 물론 있다.

또 다른 연구에서 블랜턴과 레지나 판 덴 에인덴Regina Van den Eijnden을 비롯한 연구자들은 참가자들에게 대학 캠퍼스 내에서 특정 건강 습관에 관해 어떻게 생각하고 있는지 적어달라고 요청했다. 2주 후 이들에게 가짜 경험담을 읽게 했는데 그 경험담들은 건강한 생활 습관을 실천하는 학생들과 긍정적인 특징(성숙하고 현명하고)을 연결하거나 혹은 건강한 습관을 실천하지 않는 학생들과 부정적인 특징(미성숙하고 어리석고)을 연결한 것이었다. 이 연구에서 참여자가 건강한 습관을 더 일반적이라고 인식할수록 건전하지 않은 습관을 행하는 사람들을 부정적으로 표현한 메시지에 더욱 영향을 받는다는 사실을 확인했다. 이와 대조적으로 건강한 습관이 덜 일반적이라고 생각할수록 건강한 행동을 실천하는 사람을 긍정적으로 표현하는 메시지에 더욱 영향을 받는 것으로 나타났다.

이 연구와 또 다른 유사 연구 결과를 통해 설득력 있는 메시지를 구성하기 전에 의사소통자들이 먼저 수행해야 하는 사소하지만 중요한 임무를 확인할 수 있다. 규범에서 빗나간 행동의 특징을 설명하기 전에 상대방이 사회적 규범에 관해 어떻게 생각하고 있는지 고려해야 한다.

　회사에서 시간 엄수를 강조하고 업무 효율성을 증진시켜야 하는 임원은 회의를 늦게 시작하는 것이 얼마나 문제가 되는지에 대해 직원들이 어떻게 생각하고 있는지 고려해야 한다. 만약 직원들이 시간을 어기는 경우가 너무 자주 일어나고 그것이 문제라고 생각하고 있다면 임원의 메시지는 늘 시간에 맞춰 도착하는 직원의 긍정적인 측면에 집중해야 한다. 반면 직원들이 약속에 늦는 것을 별로 대단치 않게 생각한다면 늦게 오는 사람들의 부정적인 측면을 강조해야 한다.

　사소하지만 과학적으로 확인된 설득 방법을 적절하게 실행하면 세상 사람들은 더 건강해질 것이고 동료들은 당신의 요청을 더 잘 들어줄 것이다. 또 위생을 고려해 샐러드 바에 설치된 재채기 보호막이 필요 없는 세상에서 살 수 있을 것이다.

04
잘못된 행동을 바로잡는 데 도움이 되는
스몰 빅은 무엇일까?

◆

◆

1990년대 뉴욕 시장 루돌프 줄리아니와 미국의 다른 정부 관료들은 사회과학자 제임스 윌슨James Wilson과 조지 켈링George Kelling이 제안한 '깨진 창문 이론'에 관심을 가졌다. 이 이론은 깨진 창문, 지저분한 가게 앞 같은 사소한 무질서가 사회 규범에 잘못된 메시지를 전달해 부정적인 행위를 더욱 확대한다는 내용이다. 이 이론을 지지하는 줄리아니 시장, 경찰서장, 다른 관료들은 무질서와 작은 범죄가 남긴 사소하지만 강력한 흔적과 싸우는 데 온 신경을 집중했다. 낙서를 지우고 거리를 청소하고 지하철 무임승차 같은 사소한 위반에도 무관용 원칙을 적용했다. 과학적인 증거는 아직 확실하지 않지만 이런 노력은 다른 심각한 범죄와 위반을 줄이는 효과를 낳았다.

그런데 행동과학자 키스 카이저Kees Keizer, 시그워트 린덴버그Siegwart Lindenberg, 린다 스테그Linda Steg는 특정 환경에서 사소한 규범 위반이 다른 행동에 미치는 영향에 관해 확고한 증거를 보여줬다. 더욱 중요한

것은 이들의 연구가 정책을 입안하거나 비즈니스를 하는 데 큰 진전
을 가져오는 작은 변화에 대해 잘 설명해준다는 사실이다.

　카이저와 동료들은 현장 연구를 통해 여러 가지 미묘한 무질서가
다른 바람직하지 못한 행동을 어떻게 야기하는지 알고 싶었다. 연구
자들은 이 실험을 하기에 완벽한 환경을 찾아냈다. 사람들이 흔히 자
전거를 세워두는 네덜란드의 한 쇼핑몰 근처 골목길이었다. 방문객
들이 쇼핑을 하는 동안 연구자가 이들 자전거 핸들에 고무줄로 상점
광고를 부착해놓았다. 첫 번째 실험에서는 골목길 상태 그대로 남겨

됐다. 두 번째는 골목길 곳곳에 낙서를 해뒀다. 근처에 쓰레기통이 없으므로 쇼핑을 마치고 돌아와 자전거 손잡이에 붙어 있는 광고 전단을 발견한 사람들에게는 별다른 선택이 없었다. 광고 전단을 떼어내 집으로 가져가거나 아니면 그냥 땅바닥에 던져버리는 것이다.

골목길에 낙서가 돼 있지 않은 경우 자전거 주인들 중 33퍼센트가 전단을 바닥에 버렸다. 낙서가 돼 있는 경우 69퍼센트가 전단을 떼어 던져버렸다.

또 다른 현장 연구에서 카이저와 동료 연구자들은 여러 개의 보행자 출입구가 있는 주차장 출입구 중 하나를 임시 가림막으로 막아뒀다. 가림막에는 이 입구를 사용하지 말고 200미터 정도 떨어진 출입구를 통해 주차장에 들어가라고 적어놓았다. 하지만 지나가겠다고 마음먹으면 지나갈 수 있을 정도의 틈을 일부러 내놓았다. 또 여기에 자전거를 묶어놓는 것은 금지돼 있다고 가림막에 적어놓았다. 그리고 자전거 네 대를 펜스 옆에 세워놓거나 가림막에 자물쇠로 묶어놓았다.

결과는 어땠을까? 가림막 옆에 자전거를 세워둔 경우 27퍼센트의 보행자들이 경고문을 어기고 가림막을 지나갔다. 경고를 어기고 가림막에 네 대의 자전거를 자물쇠로 묶어둔 경우 그 틈으로 통과한 보행자는 82퍼센트로 급상승했다.

이 연구를 살펴보면 주위에서 규범을 어기는 모습을 보면 자신도 규범을 어길 가능성이 높아질 뿐 아니라 그와 연관된 규범은 물론 전혀 상관없는 다른 규범을 어길 가능성도 높아진다. 예를 들어 다른 사람들이 개를 데리고 와 공원을 더럽히는 것을 봤기 때문이 아니라 쓰레기나 담배꽁초처럼 사회적 무질서를 보여주는 증거를 목격했기 때문에 개를 데리고 산책 나온 자신도 개를 공원에 풀어놓는다. 사무실에서 일하는 사람들은 복사기나 문서파쇄기를 지나가다가 주변에 종잇조각과 쓰레기가 흩어져 있다면 지저분한 커피잔을 선반에 올려놓거나 주방의 더러운 것들을 치우지 않는 등 사무실의 다른 규범도 위반하게 된다.

특정 상황에서 사소한 위반을 목격한다고 해서 남의 것을 훔치는 도난 행위까지 저지르게 될까? 이 질문에 대한 답을 찾기 위해 연구자들은 소인이 찍혀 있고 주소가 적혀 있는 우편 봉투에 돈을 넣어 지나가는 사람들이 볼 수 있고 마음먹으면 가져갈 수 있도록 우체통에 반쯤 걸쳐뒀다. 이 실험을 진행하며 차이를 둔 것이라곤 우체통 주변을 지저분하게 해놓거나 깨끗하게 해놓는 것이었다. 쓰레기가 눈에 띄지 않을 경우 지나가는 사람들 중 13퍼센트만 우편 봉투를 훔쳐 그 안의 돈을 가져갔다. 주변이 지저분할 경우 도난율은 두 배 정도 높아져서 25퍼센트의 행인이 우편 봉투를 가져갔다.

이는 주위 환경의 사소한 신호가 사람들의 행동에 영향을 준다는 사실을 확인할 수 있는 연구였다. 친사회적이고 바람직한 행동을 격려하는 데 책임을 느끼거나 관심이 있는 사람은 자신의 메시지에 변화를 주는 것뿐 아니라 주위 환경에도 작은 변화를 고려해야 한다. 사람의 마음보다 그들을 둘러싼 환경을 변화시키는 것이 더 쉽고 효율적이기 때문이다.

비교적 사소한 규범 위반의 징조는 훨씬 더 중요한 규범 위반으로 이어진다. 예를 들어 아웃렛에서 지저분한 탈의실이나 화장실에 대해 그리 중요하지 않게 생각할 수 있다. 하지만 연구 조사 결과를 보면 쓰레기가 많고 지저분할수록 매장 내 도난 사건이 더 많이 일어나는 것으로 나타났다. 무질서하고 훼손된 상황을 방치해두면 사무실에 미묘하게 영향을 미쳐 태만함을 불러오고 더 심하게는 부정행위나 위법행위를 가져올 수도 있다.

매니저, 시의원, 정책 입안자가 지역사회와 공공 영역에서 바람직한 행동을 격려하고 지원하기 위해 '스몰 빅'을 활용해 어떻게 커다란 차이를 만들어낼 수 있을까?

우리가 앞서 언급한 최근의 사회심리학적인 연구로부터 비교적 새로운 통찰을 얻을 수 있다. 일반적인 믿음과 달리 질서정연한 환경을 유지하는 것(직원들이 사용하는 사무실 주방에 더러운 컵을 놓아두지 않고, 공원에는 쓰레기가 없으며, 복도는 깨끗하게 반짝이는 것 등)만으로는 바람직한 행동을 이끌어내는 맥락을 만들기 어렵다. 바람직한 행동을 이끌어내는 가장 중요한 동인은 규범을 존중하는 다른 사람의 증거다. 따라서 가장 효과적인 '스몰 빅'은 이미 정돈된 환경에 사람들을 몸담게 하는 것이 아니라 질서가 복구되는 모습을 사람들이 직접 목격할 수 있도록 해야 한다. 다른 말로 하자면 직장 환경을 개선하려 할 때 최선의 '스몰 빅'은 주방과 직원 탈의실을 깨끗하게 청소하는 것이다. 직원들이 일을 끝내고 모두 퇴근한 후에 청소하는 것이 아니라 직원들이 아직 남아 있는 상태에서 주위 환경이 깨끗하게 변화되는 과정을 볼 수 있도록 청소 시간을 퇴근 시간과 적절히 겹치게 하는 것이 좋다.

정부 관료들이 활용할 수 있는 '스몰 빅'은 그저 바람직하지 않은 행위를 금지하는 것이 아니라 공적인 방식으로 다른 사람의 바람직하지 않은 행동을 되돌리는 프로그램을 기획하는 것이다. 지방자치 단체들은 호수나 해변의 쓰레기를 치우고 건물 낙서를 지우고 길거리 쓰레기를 줍는 등 무질서한 환경을 용납하지 않는 시민 단체 활동을 도와야 한다. 우리 저자들 중 한 사람이 레이몬드 레노Raymond Reno, 칼 칼그렌Carl Kallgren과 함께 진행한 연구에서 이런 노력의 결과를 확인했다. 일상적인 환경에서 전단을 건네받은 행인들 중 38퍼센트가 종이를 바로 버렸다. 하지만 다른 사람이 버려진 전단을 줍는 모습을 본 행인들은 단 4퍼센트만 전단을 그냥 버렸다.

상한 피자 조각이나 4주 지난 우유를 회사 냉장고에 넣어두는 직원들의 습관을 고치지 못하면 엔론처럼 부패한 기업이 된다고 말하는 것은 지나친 확대해석일지 모른다. 하지만 정보 콘텐츠의 양만큼이나 맥락이 행동을 규명할 수 있으므로 주위 환경에 작은 변화를 가져오는 것만으로 큰 차이를 만들어낼 수 있다.

05
'이름'에서 발견할 수 있는
스몰 빅은 무엇일까?

◆

◆

2012년 10월 하순 허리케인 샌디가 카리브 해와 대서양 중부를 휩쓸고 미국 북동부를 다시 강타해 엄청난 재앙을 남겼다. 엄청난 폭우와 시속 100마일이 넘는 강풍이 이 일대에 750억 달러가 넘는 손실을 입혔다. 그 후 미국 적십자사와 유엔 같은 단체는 물론 개인들도 구조 활동과 복구에 나섰다. 네트워크 뉴스 채널은 마라톤처럼 쉴 새 없이 프로그램을 방송하며 수백만 달러 모금에 나섰다. 크고 작은 기업들도 함께 나서서 도왔다.

네트워크 뉴스 채널은 구조를 위한 기부를 독려하는 데 그치지 않았다. 이들은 허리케인에 비공식적인 이름을 붙여야 하는 책임도 지고 있었다. 자극적인 것 혹은 두려움을 불러일으키는 이름말이다. 예를 들어 '스노위케인Snowicane'은 샌디가 수반한 엄청난 눈폭풍을 강조해 붙인 이름이고, '프랑켄스톰Frankenstorm'은 핼러윈을 앞두고 몰아닥친 폭풍이라는 의미로 붙인 이름이다.

허리케인에 두려움을 불러일으키는 별명을 붙이면 기부금이 늘어난다는 확실한 증거는 없지만, 허리케인의 공식적인 이름이 특정 개인의 기부에 영향을 미친다는 증거는 있다. 이 놀라운 증거는 작은 변화가 다른 사람을 설득하는 데 얼마나 큰 차이를 만들어내는지 중요한 통찰을 제공해준다.

심리학자 제시 챈들러Jesse Chandler는 허리케인 후 기부금을 낸 사람들의 이름을 분석했다. 이상하게도 사람들은 허리케인 이름이 자신의 이름과 비슷할 때 기부금을 많이 냈다. 예를 들어 허리케인 리타Rita가 불어닥쳤을 때 로버트Robert나 로즈메리Rosemary처럼 'R'로 시작하는 이름을 지닌 사람들은 그렇지 않은 사람들보다 기부금을 낼 가능성이 260퍼센트나 높았다. 허리케인 카트리나Katrina 때에도 비슷한 결과가 확인됐다. 'K'로 시작하는 이름의 사람들이 허리케인으로 인한 엄청난 재난과 피해를 덜기 위해 더 적극적으로 기부금을 냈다. 수년 동안 벌어졌던 비슷한 상황을 추적 조사했더니 역시 동일한 패턴이었는데, 허리케인의 이름과 첫 글자가 같은 이름을 가진 사람들의 기부금이 이상할 정도로 높았다.

마케팅 교수 애덤 알터Adam Alter는 《만들어진 생각, 만들어진 행동 Drunk Tank Pink》에서 주목할 만한 점을 지적했다. 만일 사람들이 자신의 이름과 같은 이니셜의 허리케인 재해 도움 프로그램에 기부하는 경향이 있다면, 허리케인에 이름 붙이는 권한을 갖고 있는 세계기상기구는 좀 더 일반적인 이름을 선택해 자선 활동에 큰 힘을 행사할 수 있다는 것이다. 최근 몇 년 동안 기상 예보 기술의 발전을 고려할 때

태풍이 지나갈 지역을 미리 예견할 수 있다. 따라서 이 지역 투표인 명부를 살펴보고 이 지역에서 가장 많이 등장하는 이름의 이니셜을 따서 허리케인의 이름을 짓는 것이다.

이런 연구는 언뜻 사람들을 깜짝 놀라게 할 뉴스 헤드라인이나 주말 저녁식사 자리의 화젯거리를 위해 괴짜 과학자들이 진행한 프로젝트 정도로 치부될 수 있다. 하지만 이 결과를 사소한 것으로 치부하는 것은 인간 심리의 기본적이고 강력한 측면을 포기하는 것과 마찬가지다. 사실 우리에게는 이름이 중요하지 않은가.

컨퍼런스에서, 회의에서 혹은 파티에서 동료나 친구와 함께 대화하다가 자신의 진정한 모습을 발견했던 경험이 있을 것이다. 완벽하게 주의를 집중하게 되는 그런 종류의 대화를 통해서 말이다. 이야기에 빠져들어 주변에서 일어나는 다른 활동이나 대화를 모두 잊어버리고 완전히 집중해 있는데, 어디에선가 내 이름이 불리면 곧바로 주의가 흐트러진다. 주변 환경을 돌아보며 이름이 불릴 때를 대비해 항상 준비하고 기다리는 보이지 않는 안테나를 장착한 것처럼 말이다. 이런 현상은 심리학자가 '칵테일 파티 현상'이라는 이름을 붙였을 정도로 많은 곳에서 발견할 수 있다.

이름이 그 사람에게 얼마나 중요한지 확인하고 싶다면 다음번 회의나 친구들의 만남에서 간단한 실험을 한번 해보자. 방 안에 있는 사람들에게 빈 종이를 나눠주고 가장 좋아하는 알파벳 5개를 쓰라고 요청한다. 진행된 연구 주제에서 볼 수 있듯 사람들이 선택한 알파벳을 살펴보면 그들이 고른 것과 이름에 쓰인 알파벳 사이에 피할 수 없는 유사성을 발견하게 될 것이다.

이런 발견이 다른 사람에게 영향력을 성공적으로 행사하는 데 어떤 도움을 줄 수 있을까? 모든 설득 전략에서 필수적인 부분을 고려할 때 누군가의 주의를 끌려면 그 사람의 이름을 분명하게 자주 사용하거나, 그들의 이름을 연관시켜 요청을 하거나 메시지를 전하라는 주장은 꽤 논리적으로 보인다. 영국 의사들과 함께 진행한 실험에서 진찰 예약을 확인하는 문자 메시지에 환자의 이름을 포함시키면 그렇지 않은 경우에 비해 예약 불이행률이 57퍼센트 정도 낮아지는 것으로 나타났다. 흥미롭게도 환자의 성과 이름을 함께 부르는 경우(예를 들어 존 스미스)나 공식적인 경어를 사용할 경우(스미스 씨)에는 별다른 차이가 나타나지 않았다.

이런 '스몰 빅'은 병원 진료 예약을 해놓고 나타나지 않는 환자를 줄이려는 노력처럼 비효율성을 제거하는 데만 사용하는 것은 아니다. 내야 할 벌금을 내도록 사람들을 설득하기 위해 사용할 수도 있다. 영국 정부 소속으로 활동하다가 이제는 상업적인 활동을 하고 있는 탁월한 행동과학자들의 모임인 '행동통찰팀Behavioural Insight Team'이 진행한 연구에 따르면, 범칙금 고지 문자 메시지를 보낼 때 위반자의 이름을 포함하면 그렇지 않을 때 23퍼센트였던 납부율이 33퍼센트로 올라갔다.

우리의 주목을 끄는 이런 이름의 특징은 새로운 비즈니스를 시작하며 지원을 이끌어낼 때에도 영향을 미칠 수 있다. 새로운 프로젝트를 준비하며 사람들의 관심과 주목을 끌기 위해 모호하고 신비롭게 들리는 이름을 짓고 싶은 유혹을 느끼는 경우가 많을 것이다. 허리케인 연구는 그 대안이 될 수 있는 접근법을 보여준다. 활활 타오른 후 남은 재에서 다시 탄생하는 신화 속 새에서 이름을 따와 직원들의 열정과 감성을 일깨우려 들지 말고, 프로젝트를 실행하는 부서 사람들의 명단을 훑어보고 그 부서에서 가장 일반적으로 등장하는 이름을 선택하면 훨씬 더 큰 응원을 받게 될 것이다. 아니면 그 부서 사람들의 이름 이니셜 중에서 가장 자주 등장하는 것을 선택해 프로젝트 이름의 기반으로 삼는 것이 좋다. 제약사 영업 담당 임원이라면 큰 성공을 기대하는 신약을 출시하면서 관련 약을 가장 많이 처방한 의사들의 이름을 살펴보고 이를 반영해보는 것이다. 페인어웨이Painaway의 출시를 앞두고 페인턴Painton 박사를 먼저 방문하는 것처럼 말이다.

　이런 행동은 이름을 바꾸는 것name changing으로 게임의 룰을 바꾸는 game changing '스몰 빅'이 될 수 있다.

06
관계와 파트너십, 팀워크를 키우는
스몰 빅은 무엇일까?

◆

◆

비즈니스란 안정적이지 않다. 변화는 빛의 속도로 우리 앞길에 예기치 못한 도전을 던져놓는다. 갑작스러운 인수합병으로 오늘의 경쟁자가 내일의 동료가 되기도 한다. 비즈니스 모델 변화로 오래된 라이벌이 가장 완벽한 합작투자 파트너로 갑자기 부상하기도 한다. 겉보기에 간단한 기업 구조 개혁은 서로 만날 일 없을 것 같았던 부서 간의 통합을 가져오기도 한다.

아무리 좋은 상황이라도 이런 만남 자체가 도전일 수 있다. 과거에는 적수로서 서로를 차별화하기 위해 무엇이든 하던 사람들이 이제 동료가 된 상황이라면 더욱 그럴 것이다. 그렇다면 합병이나 통합 상황에서 예전 경쟁자를 새로운 가족의 일원으로 수용하고, 새로운 동료와 협조하고 협력하며 공동 노력의 가치를 받아들이도록 격려하기 위해 어떤 작은 발걸음을 떼야 할까?

극렬한 경쟁심으로 악명 높은 일련의 그룹, 즉 스포츠팬으로부터

실마리를 얻을 수 있다.

스포츠에서 라이벌의식과 경쟁심은 빼놓을 수 없다. 모든 팬이 알고 있는 라이벌들은 심각한 경우 오랜 세월 적대적인 관계로 남아 있게 된다. 메이저리그의 뉴욕 양키스와 보스턴 레드삭스를 생각해보자. 미국 프로 농구에서는 보스턴 셀틱스와 LA 레이커스가 그렇고, 스페인 축구 프리메라리가에서는 FC 바르셀로나와 레알 마드리드가 그렇다. 미식축구에서는 시카고 베어스와 그린베이 패커스가 전통적인 라이벌이다.

라이벌의식이 얼마나 강한지 이들은 어떤 문제에서도 절대 협력하지 않을 것처럼 보인다. 하지만 영국 심리학자 마크 르바인Mark Levine 이 실시한 연구에 따르면, 극단적인 라이벌이지만 이들을 구분하기 보다는 함께 엮어주는 무언가가 존재한다.

르바인은 열성적인 맨체스터 유나이티드 팬들에게 설문지를 나눠 주고 이 팀을 좋아하는 이유를 적어달라고 요청했다. 설문지를 완성한 후 이들에게 대학 캠퍼스의 다른 건물로 걸어가 그다음 단계 연구에 참가하라고 전했다. 이동하는 도중 맨체스터 유나이티드 팬들은 조깅을 하던 사람(연구진 중 한 사람)이 무언가에 발이 걸려 넘어지는 모습을 목격했다. 첫 번째 실험에서 조깅하는 사람은 깨끗한 흰색 셔츠를 입고 있었고, 그다음 실험에서는 맨체스터 유나이티드 셔츠를 입었으며, 마지막 실험에서는 맨체스터 유나이티드의 가장 강력한 라이벌인 리버풀의 셔츠를 입고 있었다.

곳곳에 자리를 잡은 관찰자는 얼마나 많은 맨체스터 유나이티드 팬들이 걸음을 멈추고 이 사람을 도와주는지 확인했다. 그 결과 조깅을 나갔다 예기치 못한 부상을 당했을 때 입고 있는 셔츠가 도움을 받을 수 있을지 여부에 큰 영향을 끼친다는 사실이 드러났다. 연구에 따르면, 연구자가 흰 셔츠를 입고 있을 경우 맨체스터 유나이티드 응원단 중 3분의 1이 멈춰 서서 도와줬다. 연구자가 맨체스터 유나이티드 응원 셔츠를 입고 있는 경우 예상대로 가장 많은 사람이 도움을 줬다.

하지만 조깅하는 사람이 라이벌 팀인 리버풀의 셔츠를 입고 있었다면 어떤 일이 일어날까? 도움을 주기 위해 멈춰 선 사람이 거의 없어서 자신과 친밀한 그룹에 속한 사람들을 가장 적극적으로 돕는다는 사실을 보여줬다.

다행히 주변 맥락을 조금 바꾸는 것만으로 외부인이라고 생각하는 사람들에게 보다 더 호의를 베풀도록 만들 수 있다. 이 연구를 다시 되풀이해 맨체스터 유나이티드를 응원하는 사람들에게 이 팀을 좋아하는 이유나 이 팀의 매력이 무엇인지 묻는 대신 축구팬이 돼서 제일 좋은 것이 무엇인지 질문했다. 그랬더니 똑같은 상황에서 라이벌 팀 셔츠를 입은 부상자를 돕는 확률이 두 배나 높아졌다.

협동과 파트너십을 격려하기 위해 '스몰 빅'을 활용하려면 동질성 공유에 집중하는 것이 중요하다. 팀 내 협동과 지원 분위기를 확산시키고 싶은 매니저와 리더라면 팀이 공유할 수 있는 것에 관심을 집중하고 시간을 투자해야 한다.

유사성을 이용해 우호적 효과를 극대화시킬 수 있는 방법이 있을까? 베스트셀러 《기브 앤 테이크Give and Take》의 저자이자 와튼 경영대학원의 애덤 그랜트Adam Grant 교수는 우리 노력의 간단한 변화로 공통점을 높일 수 있는 해결책을 제안했다.

새로운 동료, 새로운 팀, 새로운 부서원과 공유할 수 있는 일상적인 특징이 아닌 특별한 특징을 찾아내어 강조하는 것이다. 새로운 동료와 공유하는 것 중 다른 그룹의 사람들에게서는 찾아보기 힘든 점을 강조하라는 것이다. 이렇게 특별한 공통점을 찾아내면(특히 관계 형성을 막 시작한 초기 단계에서) 비슷한 특징을 지닌 사람들과 잘 어울려 지내는 동시에 다른 사람(다른 경쟁 그룹)과 구분되려는 사람들의 욕구를 동시에 만족시킬 수 있다.

이런 특별한 공통점을 끌어내는 방법들 중 하나는 공식적인 업무를 시작하기 전 팀원들이 서로에 관해 알 수 있는 서식을 작성하는 것이다. 그렇다고 "가장 좋아하는 텔레비전 프로그램은 무엇인가?", "가장 좋아하는 여행지는?" 하고 질문을 던지는 것은 실수다. 이렇게 해서 찾아낼 수 있는 유사성은 극히 일반적이기 때문이다. 대신 팀원들에게 5개나 10개 정도 길게 목록을 만들라고 요청해보자. 가장 좋아하는 텔레비전 프로그램에 대한 긴 목록을 통해 자신이 좋아하는 텔레비전 프로그램이나 시청률이 높지 않은 마니아 프로그램을 다른 동료들도 좋아한다는 사실을 알게 되면 더 반가울 것이다.

비교적 간단한 내부 부서 통폐합이나 업계 거물 업체 간의 합병 같은 커다란 변화가 자리 잡으려면 시간이 필요하다. 새로운 팀의 구성원들이 적극적으로 일반적이지 않은 공통점을 찾을 수 있도록 격려해줘야 한다. 이런 작은 시도가 더해지면 협조와 협력, 파트너십을 빠르게 구축해 큰 진전을 이루게 될 것이다.

07
우리가 현명해지는 데
스몰 빅은 어떤 도움을 주는가?

◆

◆

〈신혼게임〉은 1966년 미국에서 처음 방송된 텔레비전 게임 프로그램이다. 50여 년이 넘는 동안 여러 방송국을 통해 재방영되면서 여전히 인기를 끌고 있는 이 프로그램은 신혼부부가 등장해 서로를 얼마나 잘 알고 있는지(혹은 그렇지 않은지) 확인할 수 있는 여러 가지 질문에 대답하는 형식으로 진행된다.[2]

사람들의 선호도와 갈망, 필요를 예측하는 능력은 〈신혼게임〉 같은 텔레비전 프로그램에만 국한되지 않고 영향력 행사를 위한 전략에도 중요한 역할을 한다. 영향을 미칠 대상이 무엇을 좋아하고 싫어하는지 거의 알지 못하는 관계 형성의 초기 단계라면 더욱 중요하다. 새로운 손님이나 고객에 대한 지식이 충분치 않아 걱정하다가 우리가 이미 오래 관계를 맺어온 사람들이나 서로 상호작용하며 비즈니스를 함께해온 사람들에 관한 충분한 지식이 있다는 사실을 떠올리며 걱정을 가라앉히게 된다. 사람들과 장기적인 관계를 맺고 규칙적으로 만날 때의 가장 큰 장점은 시간이 갈수록 사람들의 요구를 예측하기 쉬워진다는 것이다.

하지만 항상 그렇지만은 않다. 누군가를 오랫동안 알아왔고 그 사람이 뭘 좋아하고 싫어하는지, 뭘 필요로 하는지 잘 안다고 생각하지만 실상 생각대로 진행되지 않는 경우가 있다. 즉, 누군가를 오랫동안 알수록 그 사람의 기호를 정확히 예측할 수 있다는 증거는 없다.

행동과학자 벤자민 샤이베헨네Benjamin Scheibehenne와 주타 마타Jutta Mata, 피터 토드Peter Todd의 연구에서 참가자들은 118개의 서로 다른 항목을 1(전혀 좋아하지 않는다)에서 4(매우 좋아한다)로 나눠 평가했다. 여기에 덧붙여 다시 같은 참가자를 대상으로 오랫동안 알고 지내온 사람들이 이 118개 항목을 어떻게 평가할지 예측하도록 했다. 어떤 사람들은 비교적 짧은 시간(평균적으로 2년 정도) 동안 알고 지낸 사람들의 선호도를 예측하도록 했고, 다른 사람들은 훨씬 더 긴 기간 동안 알고 지내온 사람들(이 그룹에서는 평균 10년 동안 관계를 맺어온 사람들)에 대해 예측하도록 했다.

연구자들이 사용한 4점 척도는 이 연구에서 중요한 부분이었는데, 전혀 모르는 사람이라도 우연히 25퍼센트는 맞힐 수 있다. 다행히 모든 사람의 생각과 비슷하게 두 그룹 모두 완전히 모르는 사람보다 더 잘 예측했다. 하지만 그 차이는 크지 않았다. 2년 정도 알고 있는 사람의 선호도를 정확히 예측한 경우는 42퍼센트였다. 놀랍게도 10년 정도 오래 알고 지낸 사람의 선호도를 예측했더니 36퍼센트로 오래된 관계만큼 정확도가 높지 않았다.

그런데 이 모든 조사의 가장 인상적인 결과는 우리가 다른 사람에 관해 얼마나 모르고 있는지를 잘 인지하지 못한다는 사실이다. 연구자들이 실행한 사전 조사에 따르면, 참가자들은 알고 지내온 사람들이 무엇을 좋아하고 좋아하지 않는지 그 선호도를 60퍼센트 정도 맞힐 수 있다고 자신했다. 물론 이 시점에서 우리는 왜 그런지 확인해볼 필요가 있다.

오랫동안 알고 지낸 사람들의 선호도를 정확히 예측하지 못하는 이유로는 몇 가지가 있다. 한 가지 확실한 것은 서로에 대해 알고 싶은 동기부여가 꽤 높은 관계 초창기에는 서로에 대한 상당한 지식 탐구와 학습이 진행된다는 점이다. 시간이 지날수록 이런 관심은 조금씩 낮아진다. 그 결과 새로운 정보 교환이 점차 드물어지고, 환경과 상황이 달라졌다는 사실을 미처 눈치채지 못한 상태로 관계가 이어질 수 있다.

오랫동안 알고 지낸 사람들의 선호도를 더 예측하기 힘든 또 다른 이유는 저마다 지내온 긴 세월만큼 상대를 잘 안다고 여기기 때문이다. 그 결과 이들은 실제로 알고 있는 것보다 서로를 더 잘 안다고 생각하기에 태도와 선호도에 변화가 생긴 것을 알아차리지 못한다. 그 변화가 천천히 또 미묘하게 진행되는 경우라면 더욱 그러하다.

관계를 오래 이어온 사람들이 서로에게 악의 없는 거짓말을 하거나 솔직하고 진술한 대화를 피한다는 사실을 보여주는 증거가 있다. 중요한 관계를 보호하고 싶어 하는 맥락에서 충분히 이해할 만한 일이다. 오래된 관계를 유지하려다 오히려 서로에 대한 이해와 지식이

희석되기도 한다. 관계가 오래되면 어떤 영역에서는 더 현명해지지만 그 현명함이 꼭 관계를 넓혀주는 것은 아니다. 무엇을 좋아하고 싫어하는지 오랫동안 알아온 사람이라도 지속적으로 솔직한 교류를 이어오지 못했다면 상대의 선호도를 제대로 이해할 수 없다. 그런 지속적인 교류 과정은 현명할 뿐 아니라 건전한 것이기도 하다.

이런 접근법은 비즈니스의 상호관계에도 도움을 줄 수 있다. 구매 책임자에게 자사의 서비스를 팔아야 하는 사업 개발 담당자의 경우를 생각해보자. 혹은 대행사에서 근무하는 매니저를 생각해보자. 양쪽 경우에서 모두 볼 수 있듯 이런 역할을 하는 사람은 고객과 생산적이고 유익한 관계를 수립하기 위해 이미 상당한 시간과 노력을 투자했을 것이다. 해당 기업은 중요한 손님이나 고객을 위한 전담 직원을 두려고 할 것이다. 이들이 돌아가는 상황을 가장 잘 알 테니 말이다.

하지만 이 연구 조사는 때로 고객을 잘 모르는 직원을 회의에 참여시켜 일하면 그동안 발견하지 못했던 새로운 가능성을 찾아낼 수 있다고 강조한다. 경험 많고 익숙한 임원이나 매니저라면 이미 자신은 답을 알고 있다고 생각해 상대에게 물어보지 못했던 질문을 이 직원은 과감히 던질 수 있기 때문이다.

고객 중심 조직의 교육 및 훈련 부서라면 신규 직원을 뽑아 최고 성과를 내는 직원뿐 아니라 조직에서 가장 오랫동안 일한 직원과 함께 다니며 작업을 관찰하도록 배치할 수 있다. 이렇게 하면 두 가지 장점이 있다. 신규 직원은 고객들을 만나며 귀한 경험을 하게 되고, 오랫동안 일한 직원은 수년 동안 알아온 고객으로부터 새로운 아이디어를 얻을 수 있다.

오랫동안 관계를 맺어온 고객이건 오래 함께 일한 사업 파트너이건 간에 새로운 정보와 비공식적인 만남을 정기적으로 교류하는 '스몰 빅'의 중요성은 아무리 강조해도 지나치지 않다.

08

스몰 빅을 활용해
약속을 지키도록 하는 방법은 없을까?

◆

◆

"어디 한번 봅시다." 보건소 담당자가 서류를 보며 말했다. "지난달에는 353건이었고 그 전달은 309건이었습니다. 매달 300여 건 정도 발생하네요. 진짜 심각한 문제가 아닐 수 없어요."

진료 약속을 해놓고 제 날짜에 아무런 말없이 나타나지 않는 환자들의 예약 불이행no-show, 의료계의 용어로는 DNA^Did Not Attend라 불리는 현상에 관해 말하는 것이다. 약속 날짜의 제시간에 나타나지 않는 환자들은 보건소만의 문제가 아니라 의료업계 전체의 문제다. 이 책 앞부분에서 이야기했지만 사업 미팅, 미용실 예약, 레스토랑 예약, 세일즈 프레젠테이션, 학생 상담 등 사람들은 매년 수백만 건의 약속을 어기고 있다. 레스토랑 예약을 한 번 어겼다고 큰 문제가 되지는 않는다. 하지만 이 책은 작은 변화가 어떻게 큰 차이를 만들어내는지를 다룬다. 따라서 지켜지지 않은 약속 때문에 발생하는 손실 비용을 모두 더했더니 엄청난 금액에 이르렀다. 진료 예약을 어기는 사람들로 인한 손실 금액이 연간 8억 파운드(1조 6,000억 원)에 달한다고 영국의 의료경제학자들은 계산했다. 약속을 지키지 않는 사람들 때문에 엄청난 금액이 무의미하게 낭비된 것이다.

이 책 도입부에서 사람들이 자신의 책임을 다하도록, 자신이 한 약속을 지키도록 드라마틱하게 개선하면서도 비용이 거의 들지 않는 사소한 몇 가지 변화를 제안했다.

사회적 영향력의 기본적인 원칙들 중 하나는 약속과 그것에 이어지는 일관성이다. 이 원칙에 따르면 사람들은 일반적으로 자신이 이전에 한 약속 혹은 결정, 그중에서도 특히 능동적이고 자발적인 노력을 필요로 하며 다른 사람들 앞에서 공개적으로 한 약속일수록 여기에 부합하는 일관된 행동을 한다.

사례를 살펴보자. 연구자들은 해변에 놀러 온 관광객인 척하고 비치타월과 라디오를 모래 위에 두고 바다로 헤엄을 치러 가면서 가까운 곳에서 일광욕을 하는 사람들을 대상으로 실험을 진행했다. 우선한 연구자가 일광욕하는 사람(이 연구의 대상자)에게 자신이 자리를 비우는 동안 라디오를 살펴봐달라고 부탁했다. 대부분이 동의했고 친근하게 "예, 그럴게요" 하고 직접 말로 동의를 표현했다. 그다음번에는 일광욕하는 사람들에게 아무런 부탁이나 요청 없이 수영을 하러 갔다. 그 후에 진짜 실험을 시작했다. 또 다른 연구자가 마치 도둑인 척 라디오를 낚아채 달아났다. 그러자 연구자로부터 아무런 부탁을 받지 않았던 사람들은 20명 중 4명만 도둑을 쫓아갔다. 이와 달리 라디오를 지켜봐달라는 부탁을 받은 사람들은 20명 중에서는 19명이 행동으로 옮겼다. 왜일까? 구두로 약속했기 때문에 사건이 벌어졌을 때 도둑을 쫓아가는 것은 일관성 있는 행동이었다.

구두로 한 부탁 하나로 해변에서 도난을 줄일 수 있는 놀라운 효과를 확인하고 나면 보건소나 병원 예약을 하고 나타나지 않는 현상을 줄이는 데도 이 방법을 사용할 수 있지 않을까 궁금해질 것이다.

이 질문에 답하기 위해 우리는 의사 3명의 진료실에서 실험을 진행했다. 진료 일정 확인 전화를 받은 환자들에게 통화를 끝내기 전 진료 날짜와 시간을 스스로 소리 내어 확인하도록 요청했다. 이 사소한 요청은 약간의 변화를 이끌어내어 예약 불이행률이 3퍼센트 낮아졌다. 언뜻 보기에는 그다지 큰 변화 같지 않겠지만, 다음 두 가지 중요한 사실을 고려한다면 상당히 의미 있는 결과라 할 수 있다. 우선 이 전략은 실행하는 데 부가적인 비용이 들지 않는다. 그저 환자와의 상호작용에서 1~2초를 추가하면 된다. 두 번째로, 3퍼센트 감소라고 하니 상대적으로 적어 보이지만 전체 규모를 놓고 보면 꽤 큰 금액이다. 10억 달러에서 3퍼센트가 감소했다면 3,000만 달러나 되는 비용이다.

이 내용이 암시하는 바는 명확하다. 사람들은 바쁘고 복잡한 인생에서 이처럼 작은 상호작용이나 대화를 건너뛰고 다른 일에 주위를 돌린다. 그 결과가 대단치 않을지라도 서로 동의한 사안에 대해 구두로 확인하지 않는 것은 기회의 낭비다. 예를 들어 회의가 끝나는 순간에 팀원들이 앞으로 자신이 해야 할 일을 직접 소리 내어 말한다면 관리자는 이 회의를 통해 보다 확실한 행동 변화를 이끌어낼 수 있다. 아이들이 게임을 딱 한 번만 더 하겠다거나 이야기를 하나만 더 들려

달라거나 텔레비전 프로그램을 하나만 더 보겠다고 조를 경우 부모는 아이와 구두로 약속을 함으로써 잠들기 전 밀고 당기는 심란한 상황을 줄일 수 있다.

이런 구두 약속이 꼭 명시적일 필요는 없다. 예를 들어 신사업 개발을 맡고 있는 매니저가 잠재적인 고객의 컨퍼런스 참석을 바란다면 Q&A 세션 때 질문을 해달라고 요청하면 된다. 미리 고객에게 질문을 요청하는 것만으로도 그들이 행사에 참석할 가능성을 높이는 작은 약속 역할을 한다.

단순한 구두 약속처럼 별다른 비용이 들지 않는 '스몰 빅'으로 말미암아 효과적인 영향력을 발휘할 기회가 높아진다. 그렇다면 약속 이

행을 더욱 공고히 해줄 더 나은 방법은 없을까? 그 방법을 이해하기 위해 앞서 소개한 병원 의사들의 이야기로 돌아가보자.

우리 연구에 등장한 의료기관과 보건소 등에서 사용한 공통된 전략들 중 하나는 다음번 진료 날짜와 시간이 적힌 예약 카드를 환자에게 제공하는 것이었다. 일반적으로 예약 세부 정보는 병원의 수납 직원이 적는다. 사람들은 자신이 능동적으로 행한 약속일 때 더 일관성을 보인다는 원칙을 고려하면 이런 접근은 그리 현명해 보이지 않는다.

따라서 우리는 약간의 변화를 시도했다. 수동적이 아닌 능동적으로 환자를 진료 예약 과정에 개입시켰다. 그 작은 변화란 무엇이었을까? 수납 직원이 환자에게 다음번 진료 예약일과 시간을 예약 카드에 직접 적어달라고 요청하는 것이다. 4개월 동안 이런 접근법의 효과를 살펴봤더니 놀랍게도 예약 불이행률이 18퍼센트나 감소한 것으로 나타났다. 이 '스몰 빅'을 적절하게 환산해본다면 3,000만 달러가 아닌 1억 8,000만 달러를 절감하게 된 것으로 나타났다. 이 모든 것이 별도의 비용을 필요로 하지 않았다.

병원의 진료 예약 사례를 통해 오늘날 사람들 간의 상호작용과 회의에서 자주 등장하는 중요하지만 알아차리기 힘든 점이 있음을 알 수 있다. 어떻게든 진행될 거라는 생각으로 자신이 한 약속을 제대로 이행하지 않는 사람이 많다. 영업 담당 직원이 고객을 만나 이야기를 나눈 후 이후 상황이 잘 진행될 것이라 믿고 회의장을 빠져나간다. 정작 자신의 고객은 앞으로 있을 진행에 대해 별생각이 없는데도 말이다. 이런 상황이라면 영업 담당자가 고객보다 영업 과정 자체에 더 신경 쓰고 있다는 의미가 된다. 개인 트레이너는 고객을 위해 운동 프로그램을 짜며 자신이 얼마나 주의 깊고 집중력 있으며 서비스 마인드로 무장했는지 보여주고 싶어 하지만, 정작 고객이 이 프로그램에 별 관심이 없다는 사실을 놓치는 것과 같다.

잠재적인 고객들이 능동적이고 문서화된 약속을 하게 만들려면 어떻게 해야 할까? 다수의 사람들이 참석하는 회의에서는 어떨까? 그룹을 초월해 행동을 공유하는 것은 무분별한 일이고 한 사람에게 책임을 맡기는 것은 불공평한 일일까? 이런 상황에서 필요한 모든 행동을 적어 회람을 돌리고 맨 윗부분에 사소하지만 중요한 내용을 적어놓도록 한다. 메일을 받는 사람들에게 앞으로 진행될 내용이 저마다의 생각을 정확히 반영하고 있음을 확인하도록 간단히 "예."라는 응답을 부탁하면 좋은 출발점이 될 것이다.

하지만 때로는 아무리 열심히 노력해도 우리의 설득 노력이 충분하지 않을 수도 있다. 그런 상황이라면 약속과 일관성 원칙을 연결해줄 다른 어떤 노력을 시도해야 할까?

09
영향력을 행사하는 데
스몰 빅은 어떤 도움을 줄 수 있을까?

◆

◆

《설득의 심리학 3》을 읽은 독자라면 우리 저자들 중 두 사람이 블라다스 그리스케비시우스와 함께 진행한 연구에서 카드 문구를 약간 바꾼 것만으로 호텔 투숙객의 수건 재사용에 얼마나 큰 영향을 미쳤는지 확인했을 것이다(이 연구에 관해 잘 모르는 독자를 위해 설명하자면, 대부분의 투숙객들이 수건을 재사용한다는 사실을 적어 넣자 수건 재사용률이 26퍼센트나 높아졌다).

워크숍과 대담에서 호텔에 자주 투숙하는 수백만 명의 사람들에게 익숙해진 이 연구를 소개하자 열띤 논쟁과 토론이 벌어졌다. 투숙객들이 수건과 침대 시트를 재사용하도록 설득하기 위해 호텔 매니저가 사용할 수 있는 또 다른 전략이 있느냐고 묻는 사람도 있었다. 예를 들어 고객들이 투숙하기 전 체크인할 때 친환경적으로 행동할 의향이 있느냐고 물어보는 방식으로 작은 약속을 할 수 있지 않을까?

설득의 문제를 연구하는 과학자들이 이와 똑같은 아이디어를 실험해봤다. 호텔에 체크인할 때 이런 작은 약속을 하도록 부탁하면 수건과 침대 시트 재사용뿐 아니라 다른 여러 가지 긍정적인 면에서도 차이를 만들 수 있다.

한 달 정도의 기간 동안 케이티 바카 몬테스Katie Baca-Montes와 동료들은 꽤 유명한 캘리포니아 호텔의 투숙객을 대상으로 무언가를 요청했다. 어떤 경우에는 일반적인 요청을 했는데, 호텔에 머무는 동안 환경보호에 도움을 줄 수 있는지 네모 칸에 확인해달라고 부탁했다. 다른 경우에는 좀 더 구체적으로 요청했는데, 호텔에 머무는 동안 수건을 재사용할 것인지 확인해달라고 적어놓았다.

일반적인 요청과 좀 더 구체적인 요청을 덧붙여 몇몇 투숙객에게는 '지구의 친구들'이라고 적힌 배지를 줬다. 비교를 위해 호텔 체크인을 할 때 별다른 요청을 하지 않은 고객들에게도 배지를 나눠줬다. 마지막 투숙객에게는 늘 하던 식으로 배지를 나눠주지 않았고 환경보호 동참도 요청하지 않은 상태로 체크인을 진행했다.

그 결과 어떤 일이 일어났을까? 이 연구가 맨 처음으로 주목한 것은 약속에 참여한 손님의 비율이었다. 그 수치는 상당히 높았다. 일반적인 요청을 한 그룹에서 투숙객들 중 98퍼센트가 기꺼이 환경보호에 동참하겠다는 의사를 밝혔다. 좀 더 구체적으로 요청한 그룹에서는 이보다 조금 낮지만 여전히 상당히 높은 수치인 83퍼센트의 사람들이 네모 칸에 표시했다. 누군가를 설득하려면 구체적이고 특별한 약속보다 일반적인 약속을 하는 것이 성공 확률을 더 높여준다는 사실을 알 수 있다.

그런데 여기서 다른 질문이 등장한다. 어떤 약속을 지키는 것이 더 쉬울까? 일반적인 약속일까, 구체적인 약속일까? 연구자들은 체크인할 때 구체적인 약속에 동의한 투숙객들의 수건 재사용 가능성이 일반적인 약속을 한 투숙객보다 높았다는 사실을 확인했다(66퍼센트와 61퍼센트). 더욱 흥미로운 것은 수건을 재사용하겠다고 구체적으로 약속한 투숙객들은 자신이 한 말에 일관성을 부여하기 위해 객실을 떠날 때 불을 끄고 나가거나, 방을 비울 때 에어컨과 텔레비전을 끄는 등 친환경적인 행동을 받아들이는 데 적극적이었다. 이런 결과는 우리의 직관과 반대되는 것이다. 환경을 보호하겠다는 일반적인 약속을 한 사람들이 간단히 수건을 재사용하겠다고 약속한 사람들보다 훨씬 더 적극적으로 환경 친화적 활동에 참여할 것이라고 추측하기 쉬운데 말이다.

여기서 '스몰 빅'은 무엇일까? 행동하는 데 상호 연관된 몇 가지 변화를 만들도록 누군가를 설득할 때 간단한 두 단계 접근으로 결과를 극대화할 수 있다. 첫 번째 단계는 중요한 약속을 하며 구체적인 내용을 제안한다. 두 번째 단계는 처음의 구체적인 약속과 일관되는 맥락에서 다른 바람직한 행동의 방아쇠 역할을 하는 환경을 만들어준다.

예를 들어보자. 사무실 관리 책임자로 일하는데 재활용 노력을 격려해야 할 뿐 아니라 에너지 비용도 줄여야 한다. 그렇다면 우선 사무실 직원들에게 한 가지 구체적인 부탁을 하고(저녁에 퇴근하면서 종이와 서류들은 재활용 상자에 버려달라고 부탁한다) 그 후 에너지 비용을 줄일 수 있는 관련 활동을 활성화하는 실마리를 만들도록 한다(전기 스위치 옆에 재활용 종이 상자를 놓아둔다). 이렇게 하면 부탁 하나로 두 가지 성과를 얻는 영향력 행사 전략을 구사할 수 있는데, 전원 스위치 옆에 "환경보호에 동참한다는 당신의 약속을 잊지 마세요. 전등을 꺼주세요!"라고 적힌 작은 카드를 붙여놓는다면 더 큰 효과를 얻을 수 있다. 다음 장에서 이 '별도' 단계가 얼마나 중요한지 확인하게 될 것이다.

이야기를 계속하기 전에 배지를 받은 호텔 투숙객에게 어떤 일이 일어났는지 살펴보자. 예상대로 사소한 약속(설문지에 표시하기)을 하고 배지를 받은 투숙객들은 그냥 약속만 한 투숙객보다 수건 재사용률이 훨씬 높았다. 이들은 투숙 기간 동안 다른 환경보호 활동에 동참할 가능성이 높았는데, 이 작은 배지에는 두 가지 특성이 있다. 투숙객들에게 자신의 약속을 기억하게 해주고 다른 사람에게 그들의 약속을 알리는 역할을 한다. 자선단체들은 의미 있는 일에 기부금을 내도록 격려하는 것만으로는 부족하다. 상의 옷깃에 꽂는 배지, 창문에 붙이는 카드, 자동차 범퍼 스티커처럼 자신의 약속을 상징하는 일종의 공적 표식을 제공하는 것이 필수적이다.

하지만 환경보호와 관련해 아무런 약속을 하지 않았는데 그냥 배지를 받은 투숙객은 어떠했을까? 이들은 수건 재사용률이 가장 낮았다. 이 연구에 포함되지 않았던 사람들보다도 더 낮았다.

약속이 행동으로 옮겨지려면 자발적이고 능동적으로 이뤄져야 한다. 아무런 설명이나 약속 없이 그저 떠밀려서 배지를 받은 투숙객에게는 주인의식이 없기 때문에 반대의 결과가 나타난 것이다.

약속의 이행 여부에는 중요한 요소가 두 가지 더 있다. 약속이 행동으로 옮겨져야 한다는 것과 개인이나 집단이 공개적으로 약속을 해야 한다는 것이다. 호텔 직원들이 투숙객에게 환경보호 배지를 강요한다면, 이는 투숙객 스스로 행동할 수 있는 기회를 빼앗는 것이 되고 그럼으로써 투숙객이 공개적으로 자신의 약속에 대해 행사할 수 있는 선택 요소를 제거하는 것이 돼버린다. 두 가지 측면에서 모두 불운한 결과를 초래하는 실수라 할 수 있다.

물론 비즈니스에서 고객이나 소비자처럼 조직 외부에 있는 사람들에게만 영향을 미치고 싶은 경우는 드물 것이다. 따라서 도전의 일부는 직원이나 파트너처럼 내부에 있는 사람들을 설득해 행동 변화를 이끌어내야 한다.

고객이 수건을 재사용하겠다고 했는데도 하우스키핑 직원들이 가끔씩 수건을 교체해주는 호텔도 있다. 하우스키핑 담당 직원들이 적절하게 수건을 교체하게 하려면 고객에게 수건 재사용을 설득할 때와 비슷한 방법을 사용할 수 있다. 호텔 매니저는 하우스키핑 직원에게 우선 사소한 자발적 약속을 요청하도록 한다. 호텔 직원으로서 고객의 요청에 귀를 기울이는 것이 얼마나 중요한 일인지 이야기한다. 이렇게 되면 매니저는 하우스키핑 직원이 할 수 있는 일에 대해 설명해줄 수 있다. 고객들이 다시 사용하겠다는 의사를 밝힌 수건을 다시 수건걸이에 걸어놓는 것으로 고객의 의견을 경청하고 있음을 표현하는 것이다. 물론 호텔 매니저는 직원들에게 "우리는 고객의 목소리에 귀를 기울입니다"라고 적힌 배지를 달라고 강요해서는 안 되고 그들이 자신의 의지에 따라 배지를 달도록 기회를 제공해야 한다.

의도한 대로 잘 진행된다면 앞으로 더 많은 투숙객이 객실을 나갈 때 스스로 전등까지 끄고 나갈지 누가 알겠는가.

10
역효과 없이 영향력을 발휘하는
스몰 빅에는 어떤 것이 있을까?

◆

◆

우리는 늘 재활용을 하기 위해 노력한다. 그렇지 않은가? 회사에서는 종이 낭비를 줄이고 적극적으로 재활용을 강조하는 친환경 정책을 강조한다. 그뿐만이 아니다. 점점 더 많은 조직과 지역사회가 자원을 보호하기 위한 방편으로 재활용의 장점을 강조하고 있다.

하지만 재활용 설득 전략이 자원 낭비를 줄이는 대신 오히려 자원 낭비를 늘리는 결과를 가져온다면? 설득을 연구하는 학자들은 특정 상황에서는 원래 의도와 다르게 역효과를 낼 수 있다고 생각한다. 이런 사실은 회사의 환경 정책뿐 아니라 영향력을 행사하는 데도 중요한 의미를 지닌다.

'진공 상태'에서는 영향력을 행사할 수 없다. 특정 행동에만 관심을 집중하다 보면 의도치 않은 비생산적인 결과를 만들어내기도 한다. 여러분도 개인적인 경험을 통해 이런 사례를 찾아볼 수 있다. 좀 더 오래 운동했다는 느낌을 갖기 위해 러닝머신에서 10분을 더 뛴다면 모닝커피와 함께 달콤한 머핀을 맛볼 자격이 있다고 스스로 설득한다. 점심식사로 건강에 좋은 샐러드를 먹으면 디저트를 먹을 수 있다고, 점심을 먹고 돌아가는 길에 계단이 아닌 엘리베이터를 사용해도 된다고 생각한다.

행동과학자 제시 캐틀린Jesse Catlin과 왕 이통Wang Yitong은 환경보호에 적극적으로 참여하도록 다른 사람을 자극하는 과정에서 긍정적인 행동이 오히려 또 다른 긍정적인 행동을 방해하는 '라이선싱 효과licensing effect'가 발생하는 것은 아닌지 궁금해했다. 예를 들어 재활용을 장려하면서 종이 타월 모아놓을 곳을 제공해 오히려 이 설비가 없을 때보다 더 많은 자원을 낭비하게 만들기도 한다.

이 가설을 확인하기 위해 학자들은 두 가지 연구를 고안했다. 첫 번째 연구에서 참가자들에게 새로운 가위 브랜드를 평가해달라고 부탁했다. 이 평가 과정에서 가위가 얼마나 잘 드는지 보기 위해 200장의 흰 종이를 삼각형이나 사각형으로 잘라내도록 한다. 참석자들 중 절반은 아무런 재활용 설비가 없고 휴지통 하나만 있는 방에서 가위의 성능을 실험한다. 나머지 절반은 휴지통은 물론 다른 재활용 설비가 갖춰진 방에서 실험을 한다. 참석자들은 오려낼 모양의 크기나 사용할 종이의 분량에 관해 어떤 주의나 설명도 들은 바가 없다.

그 결과는 놀라웠다. 재활용 장비가 갖춰져 있는 방에 있는 참가자들이 그렇지 않은 상황의 참가자들보다 세 배나 많은 종이를 사용했다. 재미있게도 사전 설문 조사에서 확인한 참가자들의 '친환경적 태도'와 상관없이 자원 사용이 늘어난 것이다.

첫 번째 연구는 라이선싱 효과의 명확한 사례를 보여준다고 할 수 있다. 재활용을 위한 장치가 사람들로 하여금 종이를 더 많이 사용하게 만들었다. 통제된 실험실에서 진행됐기 때문에 현실 세계에서 실제로 일어나는 일을 반영하지 못한 게 아니냐고 문제를 제기할 수도 있다. 그래서 캐틀린과 왕은 대학 실험실이 아닌 남자 화장실에서도 비슷한 연구를 진행했다.

장소를 바꿔 실험을 진행하기 전 연구자들은 날마다 종이 타월이 얼마나 사용되는지 확인하기 위해 우선 15일 동안 남자 화장실에서 사용한 종이 타월의 양을 확인했다. 그 후에 "이 화장실은 종이 타월 재생 프로그램에 동참하고 있으며 사용한 종이 타월을 이 통에 넣으면 재활용합니다"라는 문구가 적힌 커다란 휴지통을 세면대 근처에 놓아뒀다. 그리고 15일 동안 계속해서 사람들이 종이 타월을 얼마나 사용하는지 관찰했다.

앞의 실험실 연구와 마찬가지로 재활용 휴지통을 가져다놓은 후 사람들의 종이 타월 사용량이 1인당 반 장 정도 늘어났다. 언뜻 약간의 증가일 뿐 큰 영향을 미치지 못하는 것으로 보일 것이다. 하지만 사람들이 하루에 이 화장실을 사용하는 횟수가 100회 정도라고 할 때 그 총계는 놀라웠다. 화장실 한 곳에서만 1만 2,500장의 종이 타월이 더 사용됐다. 재활용을 위한 수단이 자원 절약이 아닌 자원 낭비를 이끌어낸 것이다. 그것도 엄청난 정도로 말이다.

무슨 일이 일어난 것일까? 한 가지 가능한 설명은 죄의식과 관련 있다. 사람들은 물건을 소비하고 버릴 때 죄의식을 느끼게 되는데, 재활용한다는 말에 과소비로 말미암은 부정적인 감정을 누그러뜨리게 된다. 부정적인 감정이 줄어들다 보니 소비가 더 증대된 것이다. 과소비가 재활용을 통해 완화되기 때문이다.

재활용이 가능하다는 사실이 정당화의 근거가 되기도 한다. 사람들은 스스로 '재활용할 수 있는 거라면 조금 더 사용해도 문제될 거 없잖아'라고 생각한다.

라이선싱의 심리학적 메커니즘과 상관없이 한 가지만은 확실하다. 사람들이 환경 친화적으로 행동할 수 있도록 재활용을 쉽고 편하게 만들어주는 것만으로는 원하는 결과를 내기가 어렵다. 자원을 사용하는 사람이 거의 아무런 비용을 내지 않아도 되는 상황이라면 더욱 그러하다. 이것은 종이 재활용 연구에서도 살펴볼 수 있다. 동료나 직원들에게 영향력을 행사하려는 상황에서도 마찬가지다.

여기 적절한 사례가 있다. 몇 개월 동안 사무실 내 '환경보호 책임 사원'을 맡게 됐다고 가정해보자. 주위 동료들에게 종이를 적게 사용하고, 사용한 종이는 재활용하며, 사무실을 나갈 때에는 전등 스위치를 끄라고 친환경적인 활동을 설득해야 한다. 이때 재활용 상자 같은 장비들은 전략적으로 건물 안에 놓아두고 조명기구는 에너지 효율성이 높은 전구로 바꾼다. 이런 장치들은 필요한 것이긴 하지만 의도치 않게 동료들로 하여금 에너지를 덜 쓰게 하는 것이 아니라 더 쓰게 만들 가능성이 있다. 따라서 잠재적인 라이선싱 효과를 막으려면 사소한 준비를 몇 가지 더 해야 한다. 그것이 무엇일까?

첫 번째는 재활용이 이뤄지는 장소와 전등 스위치에 적절한 사인을 붙여 재활용이 환경보호에 도움이 되기는 하지만 에너지를 적게 쓰는 것이 훨씬 더 큰 도움이 된다는 사실을 알리는 것이다. 이것은 재활용의 효과에 대해서는 잘 알지만 재활용에 필요한 비용에 대해서는 잘 모른다는 사실을 지적한 최근의 연구와도 일맥상통한다.

또 다른 방법은 일관성 원칙을 활용해 책임을 강조하고 개개인이 환경보호를 위해 무언가 할 수 있도록 먼저 사소하고 편안하게 개입시키는 것이다. 이를 위해 프로그램을 시작하기 전 사람들에게 작고 사소한 약속을 요청할 수 있다. 9장에서 살펴본 것처럼 체크인하는 호텔 투숙객들에게 사전 약속을 받으면 수건과 침대 시트 재사용률이 높아지는 것은 물론 객실에서 나갈 때 전등이나 텔레비전을 끄게 된다는 '긍정적 확산'이 좋은 사례가 될 것이다.

잘 수립된 행동 변화 프로그램은 '사람들이 실행하기 쉬운 변화를 만드는' 것에서부터 시작한다. 이런 연구에는 조심해야 할 것이 있다. 실행하기 쉬운 변화를 만들어주는 장치를 제공해야 하지만 그것만으로는 충분하지 않다. 영향력을 효과적으로 활용하는 사람은 라이선싱 효과가 등장할 잠재적인 위험을 미리 고려해 적절한 전략으로 큰 성공을 이뤄낼 수 있을 것이다.

11
직원의 생산성을 높이려면
어떤 스몰 빅을 더해야 할까?

◆

◆

생산성을 발휘할 수 있도록 직원을 격려하는 일은 능력이 뛰어난 매니저에게도 상당한 도전이다. 다행히 많은 매니저가 동기부여를 위한 다양한 활용 수단을 저마다 가지고 있다. 예를 들어 직원들에게 동기를 부여하는 가장 일반적인 방식 중 하나는 특별히 생산성이 높은 직원에게 급여를 더 주는 것이다. 또 다른 대안으로 이익을 공유하는 프로그램을 만들어 직원들의 사기를 높여준다. 아니면 최고의 성과를 낸 직원에게 최신 휴대전화나 주말 휴가, CEO와 점심을 같이하는 등 보상을 통해 자신이 인정받고 있음을 느끼게 해준다.

이 모든 방법은 효과를 발휘하기도 하지만 문제점도 있다. 예를 들어 금전적 보상은 미래에 새로운 기준점으로 자리 잡는 경향이 있다. 단발적으로 업무 수행과 관련된 인센티브를 받은 직원은 앞으로도 비슷한 보수를 기대하게 되고, 그렇지 않을 경우 동기 유발의 정도가 떨어지게 된다. 이처럼 인센티브를 잘못 적용하면 금전적 보상이 오히려 본질적 동기를 서서히 파괴하게 된다. 여기서 가장 중요한 점은 인센티브를 실행하는 데 비용이 꽤 많이 든다는 것이다.

하지만 행동과학자들의 연구를 보면 생산성을 높이는 '레시피'에 재료를 하나만 더한다면 좀 더 나은 결과를 만들어낼 수 있다. 더구나 부가적인 비용도 들지 않는다. 필요한 것이라곤 딱 5분 정도 걸리는 작은 변화를 더하는 것뿐이다.

6장에서 이야기한 와튼 경영대학원의 애덤 그랜트 교수를 기억하는가? 그랜트 교수는 사람들이 기본적인 요소가 부족해서 자신의 가능성을 충분히 발휘하지 못한다고 믿는다. 자기 직업의 의미와 가치를 잃어버린 것이다. 자신의 일이 왜 중요한지 다시 떠올린다면 직원들은 좀 더 동기부여가 되고, 그 결과 더 높은 생산성을 보여줄 것이라고 생각한다.

이 가설을 검증하기 위해 그랜트 교수는 졸업생들에게 연락해 장학금 기부를 요청하는 대학교 콜센터 직원들을 대상으로 실험을 진행했다. 우선 무작위로 콜센터 직원들을 세 그룹으로 나눴다. 첫 번째 그룹에는 콜센터의 다른 직원들이 이 일에 대해 개인적으로 느끼는 장점에 대해 쓴 내용을 읽어줬다. 보통 자신이 받은 급여 조건에 관해 적거나 일을 통해 기술과 지식이 발전했다고 밝히는 내용이었다. 그랜트 교수는 이들을 '개인적 혜택' 그룹으로 분류했다.

다른 팀에는 이 대학으로부터 장학금 혜택을 받은 학생이 쓴 이야기를 읽어줬다. 이 학생은 장학금이 자기 인생에 어떤 긍정적인 영향을 미쳤는지, 장학금의 도움이 아니면 얻을 수 없었던 소중한 목표와 꿈을 어떻게 달성했는지 글로 적었다. 그랜트 교수는 이 그룹을 '의미 있는 업무' 그룹으로 불렀다.

마지막은 통제 그룹으로, 그 어떤 이야기도 읽어주지 않았다. 그랜트 교수는 연구 일주일 전과 연구 한 달 후에 각 그룹이 달성한 약정 건수뿐 아니라 기부금 액수를 측정했다.

그 결과는 놀라웠다. '개인적 혜택'을 이야기한 그룹과 아무런 내용도 읽어주지 않은 통제 그룹은 기부금과 기부 약정 건수에서 거의 비슷한 결과를 보여줬다. 그런데 '업무의 의미'를 강조한 그룹이 일주일 동안 받은 약정 건수는 무려 두 배 이상 늘어 평균 아홉 건에서 스물세 건으로 증가했다. 기부금도 주간 평균 모금액이 1,288달러에서 3,310달러로 높아졌다.

이렇게 놀라운 변화를 가져온 특별한 접근법은 무엇이었을까? 이전에는 아무런 동기부여 없이 일하던 직원들이 자신이 한 일이 누군가의 감동적인 이야기와 연결된다는 사실을 깨닫고 자극을 받았기 때문이라는 분석이다. 이 결과에 고무돼 이들은 시간당 더 많은 전화를 했고 더 많은 사람에게 요청했으며, 결과적으로 더 많은 기부금을 모을 수 있었다.

이와 같은 결과는 다른 누군가에게 동기부여를 해줘야 할 책임을 맡고 있는 모든 사람에게 적절한 교훈을 준다. 개인 기업이건 공공 부문이건 사회적 기업이건 상관없이 모든 직업은 그 의미와 중요성을 갖고 있다. 매니저들이 시도해야 하는 작은 변화는 직원들이 자기 직업의 의미를 확인할 수 있도록 적절한 도움을 주는 것이다.

그 도움이란 무엇일까? 직원과 제품, 서비스가 긍정적인 방식으로 도움을 준 고객 사례, 각종 경험담, 보고서 등에 관해 아무런 자료도 수집하지 않고 있다면 지금 당장 시작하라고 조언하고 싶다. 이미 고객의 이야기를 수집하고 있다면 이를 게시판이나 알림판에 붙여놓는 것이 더 큰 효과를 내는 작은 변화의 시작이 될 것이다. 직원들이 어쩌다 이 내용을 읽도록 내버려두지 않고 직접 관련 이야기를 직원들에게 전달하는 노력을 해야 한다. 같은 방식으로 매니저와 팀 리더가 직원 미팅 때마다 고객들의 만족스러운 경험담을 들려줌으로써 직원들이 자신의 노력이 어떤 결과를 만들어냈는지 확인할 수 있게 하면 어떨까. 앞서 말한 일관성 원칙과 관련된 약속 전략을 고려할 때 직원들이 가장 마음에 드는 이야기를 골라 동료들 앞에서 직접 읽도록 하면 매니저가 읽어줄 때보다 더 큰 효과를 기대할 수 있다.

똑똑한 매니저가 만들어낼 수 있는 또 다른 변화는 고객을 초청해 직원들에게 직접 고객들의 이야기를 들려주는 것이다. 요즘은 스카이프나 영상통화 같은 각종 기술의 도움을 받아 회사 사무실로 직접 오지 않아도 고객을 만날 수 있다. 미국 아이오와 주 에이미스에 있는 직원들도 자신이 만든 제품이 케냐 나이로비에 있는 고객들에게 어떤 영향을 미치는지 바로 확인할 수 있다. 이런 방식이 어떤 효과를 발휘하는지 애덤 그랜트의 연구를 참고해보자. 전화상담원들이 장학금 수혜자인 학생을 직접 만나 그들의 이야기를 듣게 된다면 동기부여에 큰 영향을 받아 설득 확률도 높아진다.

'스몰 빅'의 적용 분야에는 제한이 없다. 제약회사는 영업 담당 직원들이 약을 복용해 삶이 훨씬 편해진 환자를 만나보게 해서 자신의 일이 얼마나 중요한지 재확인하도록 도울 수 있다. 자신이 다른 사람의 인생에 어떤 변화를 가져왔는지 느낀다면 사회복지사와 교사도 훨씬 더 즐겁게 일할 수 있을 것이다.

마지막으로 콜센터에서의 경험을 이야기하며 그랜트는 한 직원의 책상 위에서 다음과 같은 쓸쓸한 문구를 발견했다고 한다.

"이런 곳에서 일을 잘하는 것은 어두운 색 양복을 입고 오줌을 싸는 것과 마찬가지다. 따뜻한 기분은 들지만 다른 사람은 눈치채지 못한다."

이럴 때가 바로 매니저가 사소한 변화를 시도해야 하는 순간이다. 무언가 이전과 다른 시도를 해 좋은 결과를 만든 직원에게 "참 잘했어요" 하고 말해주는 것만으로 변화가 시작된다.

12
성공적인 의사 결정을 위해 피해야 하는
스몰 빅은 무엇일까?

◆

◆

　1973년 미국 방송사인 ABC의 방송 편성 담당 부사장인 배리 딜러 Barry Diller가 〈포세이돈 어드벤처〉라는 영화 한 편을 텔레비전으로 방송하기 위해 330만 달러를 지불한 일이 있었다. 이 엄청난 금액(오늘날로 환산하면 1,530만 달러)은 사람들의 눈살을 찌푸리게 했지만, 더 놀라운 것은 딜러가 계약서에 사인을 하는 순간부터 이미 적어도 100만 달러를 손해볼 것임을 알았다는 것이다.

　업계에서 오랜 경험을 한 중역인 딜러가 필요 이상의 돈을 지불하게 된 데는 어떤 이유가 있었을까? 당신이 협상을 벌여야 하는 상황이라면 어떤 작은 변화로 이런 실수를 피할 수 있을까?

　1970년대 이야기는 잠시 접어두고 완전히 다른 환경이라 할 수 있는 오늘날의 경영대학원으로 장소를 옮겨보자. 하버드 경영대학원 협상 수업의 첫째 날 맥스 베이저먼Max Bazerman 교수는 재미있는 실험을 했다. 그는 지갑에서 20달러짜리 지폐를 꺼내 경매에 부쳤다. 두 가지 규칙만 준수한다면 누구나 경매에 참여할 수 있었다. 1달러 단위로 입찰 금액을 올릴 수 있고, 최종 낙찰자가 아닌 2위 응찰자는 자신이 부른 마지막 금액을 게임에서 진 벌칙으로 내놓아야 한다. 경매가 시작되자 학생들은 20달러를 얻을 수 있는 기회를 놓칠세라 손을 들기 시작했다.

"언제나 패턴이 똑같습니다. 입찰은 빠르고 정신없이 진행되지요."

베이저먼 교수는 실험 상황을 간단히 설명했다.

입찰 금액이 14~16달러에 이르자 경매에서 낙찰받기를 바라는 사람이 자신만이 아니라는 사실이 확실해졌다. 그러면서 갑자기 사람들은 팔을 옆구리에 붙이고 손은 주머니에 깊숙이 찔러 넣었고 입찰자가 하나둘 줄어들며 마지막에는 가장 높은 금액을 제시하는 2명만 남았다. 이쯤 되면 진짜 재미있는 일이 벌어진다. 자신도 깨닫지 못하는 사이에 2명의 입찰자가 새로운 게임을 시작하게 된다. 이기기 위해 경매를 계속하는 것이 아니라 지지 않기 위해 경매를 하는 것이다.

경매가 자신의 통제를 벗어나기 전 손실을 줄이는 것이 당연하다. 하지만 참가자들은 대부분 그렇게 하지 않았다. 베이저먼 교수는 지금까지 200여 회나 비슷한 실험을 했는데, 입찰액이 20달러에 도달하기 전에 끝난 경우는 단 한 번밖에 없었다고 말했다. 때로는 20달러짜리 지폐가 100달러가 넘는 금액에 낙찰되기도 했다. 지금까지 최고 기록은 204달러였다고 한다.

무슨 일이 일어난 것일까? 경매를 진행하는 동안 두 가지 요소가 경매자의 행동에 영향을 미쳤다. 하나는 약속과 일관성에 관한 것으로, 사소한 약속을 하게 되면 그 후에도 스스로 혹은 다른 사람으로부터 자신이 한 약속에 일관되게 행동해야 할 압력을 받게 된다. 경매를 시작할 때 1달러는 그리 큰 돈이 아니었기에 모두들 쉽게 참여할 수 있다. 그러니 그토록 많은 사람이 손을 든 것도 무리가 아니다. 이어진 입찰에서는 1달러씩 금액이 올라가기에 일관성을 지키려는 참가자들의 욕망에 불이 붙기 시작한다. "이미 1달러를 걸었잖아. 얼마 되지 않는 돈이니 1달러를 더 건다고 해도 대단치 않은 금액이야." 마치 스스로에게 이렇게 말하는 듯하다. 그러나 이제 다른 많은 사람이 경매에 참가해 희소한 자원(단 한 사람만 20달러짜리 지폐를 손에 넣을 수 있다)을 놓고 경쟁을 벌인다는 사실이 분명해졌다.

두 번째로 설득력 있는 요인은 이기려는 열망이 아니라 지는 걸 피하려는 잠재적인 열망이 작용하기 때문이라는 사실이다.

ABC의 딜러 부사장에게 일어난 일이 바로 이랬다. 경쟁 방송업체들이 이 영화의 텔레비전 판권을 사는 데 관심 있다는 사실을 알고, 입찰에서 이기기 위해 이미 상당한 시간과 자원을 쏟아 붓고 자신의 명성을 건 상황에서 딜러는 오직 한 방향만 본 것이다. 입찰금은 계속 올라갔고, 너무 높은 금액을 불렀다는 사실을 깨닫는 순간을 지나쳐 적정한 선을 넘어가고 말았다.

딜러 부사장의 이야기는 '몰입상승 효과'라고 부르는 상황에 빠진 경쟁심 강한 협상 담당자의 모습을 극대화해 보여주는 사례다. 이런 상황은 개인에게만 국한된 것이 아니다. 딜러 부사장이 협상을 진행하던 비슷한 시기에 롱아일랜드 라이팅 사는 7,000만 달러짜리 원자력 발전소 건설 공개를 앞두고 있었다. 비용이 초과되고 발전소의 경제성에 대한 확신이 없는 이 프로젝트를 취소하기까지 10여 년이 걸렸고 그때까지 들어간 비용은 60억 달러로 치솟았다.

몰입상승이 형편없는 결과를 가져와 엄청난 돈과 자원의 손실을 야기한다는 사실을 깨닫고 많은 사람들은 그 영향력을 줄이기 위해 전략을 세웠다. 가장 일반적인 것은 협상을 할 것인지 말 것인지 결정할 사람을 정하고, 협상을 진행할 또 다른 사람을 지명하는 것이다. 예를 들어 새로운 컴퓨터 시스템을 구매하려는 기업에서 새로운 시스템의 선택 책임을 한 사람에게 맡기면 그다음 구매와 관련해 협상을 벌이는 일은 다른 사람에게 맡긴다. 결정권자와 협상 담당자를 분리함으로써 몰입상승과 그에 따른 금전적 위험을 피하자는 것이다.

이론상으로는 꽤 괜찮은 전략처럼 들리지만 아주 간단하고 자주 간과되는 이유 때문에 이 전략은 여전히 실패 확률이 높다. 결정권자와 협상 담당자가 분리되면 양쪽 당사자 간의 물리적 연결은 사라지겠지만, 반면 존재할지도 모를 심리적 연결을 완전히 제거하지는 못한다. 이는 골치 아픈 질문을 불러온다. 의사 결정자와의 관계 때문에 협상 담당자가 스스로 의사 결정자의 약속에 얽매이게 되면 어떻게 될까? 만일 이런 일이 일어난다면 그로 말미암아 야기되는 결과는 배리 딜러나 맥스 베이저먼 교수의 학생들이 경험한 것과 유사할 것이다.

사회학자인 브라이언 구니아Brian Gunia, 니로 시바나탄Niro Sivanathan, 애덤 갈린스키Adam Galinsky는 이런 사실을 확인하기 위한 실험에 나섰다. 참가자들에게 기업의 소비자 부서에 500만 달러 투자를 결정한 재무 담당 부사장의 설명을 읽게 한다. 또한 지난 5년 동안 이 부서는 부사장이 투자하지 않은 다른 부서에 비해 훨씬 저조한 실적을 기록했다는 사실도 알려준다. 그러고 나서 참가자들은 자신이 지금 새로운 재무 담당 부사장으로 임명돼 새로운 일에 1,000만 달러를 투자해야 한다고 상상해보라는 주문을 받는다. 결정을 내리기 전 참가자들 중 절반은 이전 부사장이 어떻게 느꼈고 어떻게 투자 결정을 내렸는지 '관점 수용'에 몇 분 정도를 투자한다. 나머지 절반은 그저 객관적으로 평가하고 전임자의 관점은 고려하지 말라는 이야기를 듣는다.

전임 부사장의 입장에서 고려해보라는 요청을 받은 참가자들은 예전의 잘못된 결정에 영향을 받았을 뿐 아니라 이전에 결정한 내용을 더욱 심화시키는 경향이 있었다. 비교 그룹보다 40퍼센트나 더 많은 돈을 이 부서에 투자한 것이다. 흥미로운 것은 최상의 재정적 결과를 도출해내는 참가자에게 50달러의 현금을 보너스로 준다는 사실에도 불구하고 이런 일이 일어났다는 것이다.

하지만 잠시 생각해보자. 오늘날처럼 빠르게 변하고 경쟁이 심한 사회에서 다른 사람의 관점을 바꾸는 것은 말할 것도 없고 자기 자신의 관점을 바꿔보는 것조차 쉽지 않다. 회사를 대표해 결정을 내리고 협상을 해야 하는 구매 책임자와 바이어는 아무런 연관이 없는 상대와 일하게 된다면 자신의 결정이나 행동에 상대방이 과도하게 영향을 주는 일은 없을 것이라고 생각해 안도의 숨을 내쉰다.

하지만 다른 연구에 따르면, 이런 확신은 잘못된 것이다. 그 연구에서 태어난 달이나 졸업 연도처럼 사실 아무런 의미 없는 연관성이 한

개인을 다른 사람의 약속에 얽매이게 한다는 증거를 찾아냈다. 당신이 회사의 조달 부서를 책임지는 매니저이고, 협상 담당자와 구매 담당자로 이뤄진 팀을 이끌고 있다고 생각해보자. 연구 결과들에 따르면 당신은 다른 모든 조건이 동일하다면 직원을 선발하는 데 협상 대상이 되는 부서의 직원과 가장 연관이 없는 사람을 선발하려 들 것이다.

매니저 역시 이런 연구가 의미하는 바를 고려하게 된다. 예를 들어 당신이 맡고 있는 영업 부서에서 가장 성과가 좋은 직원을 승진시키고 싶을 것이다. 하지만 그는 전임 영업 매니저와 연관이 있기 때문에 이 직원을 승진시킨다면 당신이 배제하고 싶어 하는 이전 매니저의 결정과 전략이 유효하게 연장될 우려가 있다. 그러나 전임 매니저가 진행하던 접근 방식과 전략을 계속 이어가기로 한다면 이 직원을 승진시키는 것은 극히 타당한 일일 수 있다.

협상과 결정을 할 때 그 행동과 결정에 영향을 미칠 사소하지만 강력한 요소를 인식하는 것이 매우 중요하다. 이런 인식에 맞춰 행동하는 것은 〈포세이돈 어드벤처〉에 못지않은 심각한 재난을 야기해 비즈니스를 침몰시키지 않도록 대비하는 데 도움이 된다. 예를 들어 스탠퍼드 경영대학원의 제프리 페퍼Jeffrey Pfeffer 교수가 설명한 것처럼 특정 프로젝트를 감독해왔다면 조직 내 다른 사람에게 그 일의 성공 여부를 판단할 책임을 넘겨줘야 한다. 당신은 프로젝트의 가치를 과대평가할 위험이 있기 때문이다. 선발된 판단자가 당신과 연관이 없을수록 프로젝트에 대해 객관적인 평가를 할 것이다.

13
설득을 준비하는 데 중요한 역할을 하는
스몰 빅은 무엇일까?

◆
◆

다른 사람을 설득해 특정한 행동을 이끌어내려 할 때 '예'라는 말은 가장 아름다운 단어로 들릴 것이다. 하지만 다른 사람이 우리의 부탁에 그저 "예"라고 대답하는 것만으로는 일을 제대로 해결할 수 없다. 어떤 행동을 하는 데 동의하는 것과 이를 실제 행동으로 옮기는 것 사이에 지연이 생기면 특히 그렇다. "다음 주 회의에서 네 제안을 상정할게." "보고서를 정리해 보내줄게." "나에게 맡겨. 새로운 부사장과 연결시켜줄 테니까." 이렇게 도와주겠다고 말했던 동료들을 기억할 것이다. 하지만 결국 이들은 약속을 지키지 못했다. 물론 사람들이 당신의 요청에 립 서비스로 그렇게 말한 것은 아닐 것이다. 요청에 기꺼이 응하고 나서 실제로 행동하기 전 그사이에 다른 수많은 일이 주의를 끌어 당신이 원하는 약속 실행이 뒤로 밀린 것이다.

다행히 설득의 과학을 통해 작지만 간과돼온 전략을 활용해 사람들이 약속을 지키도록 도울 수 있다. 약속한 책임을 완수하기 위해 어디서, 언제, 어떻게, 무엇을 할지 구체적인 계획을 세우도록 한다면 말이다. 행동과학자들은 이런 구체적인 계획을 '실행 의도implementation intentions'라 부른다.

데이비드 닉커슨David Nickerson과 토드 로저스Todd Rogers가 진행한 연구를 살펴보면 실행 의도를 작동시키는 작은 변화를 통해 결과적으로 큰 차이가 생겼다는 것을 알 수 있다. 유권자들에게 선거일에 투표를 하러 갈 것이냐고 묻는 것이 실제 투표 참가에 영향을 미칠 수 있는지 궁금했던 두 사람은 실험에 들어갔다. 2008년 미국 대통령 투표 예비 경선에 참여하는 유권자 그룹을 대상으로 각기 다른 원고를 기반으로 전화 통화를 시도했다.

첫 번째는 '기본형 원고'였는데, 전화를 걸어 선거가 가까이 다가왔고 선거 참여는 시민의 소중한 책임이라며 투표를 독려했다. 두 번째는 '자기 예언형 원고'로, '기본형 원고'와 기본적으로 비슷하지만 그와 더불어 투표를 할 것이냐고 간단하게 질문했다. '자기 예언형 원고'는 사회적으로 바람직한 행동을 할 것이냐고 사람들에게 질문하면 "예"라고 답하면서 실제 행동으로도 옮길 가능성이 높아지고 자신이 한 약속에 책임감을 느끼게 된다는 연구에 바탕을 두고 만들어졌다.

세 번째는 '투표 계획 원고'로 '자기 예언형 원고'와 흡사하지만 투표 의사를 밝힌 사람들에게 세 가지 질문을 통해 구체적인 진행 계획을 물어봄으로써 참여를 자극한다. "몇 시쯤 투표할 예정입니까?", "어디서 올 예정인가요?", "투표 전에 뭘 할 예정입니까?" 이런 구체적인 질문에 대답하면 그날 해야 할 다른 업무를 모두 고려해 계획을 세우게 되고, 그렇게 하면 투표 당일 계획대로 진행할 가능성도 높아진다. 마지막으로 투표 예상자와 아무런 연관을 맺지 않은, 즉 조건을 달지 않은 대조군도 있다.

선거 후 투표를 했는지 안 했는지 물어보면 선입관이나 편견이 개입해 부정확한 데이터가 모이므로 연구자들은 공식적인 투표자 기록을 살펴 누가 투표를 하고 투표하지 않았는지 확인했다. 그 결과 가장 효과적으로 영향력을 발휘한 것은 '투표 계획 원고'로 대조군보다 투표율이 4퍼센트 더 높았다. 가족 구성원 중 혼자만 투표 자격이 있는 경우 영향력이 훨씬 커서 9.1퍼센트나 높았다.

몇 가지 설명이 가능하겠지만 가족 내 투표 가능한 사람이 여러 명인 가구는 조정해야 할 스케줄이 훨씬 많다 보니 혼자 일정을 조정하면 되는 가구보다 영향을 덜 받았다. 투표 가능자가 혼자인 경우 투표 계획에 관해 질문했을 때 영향력이 훨씬 크게 나타났다.

다른 사람으로부터 단순히 "예"라는 이야기를 듣는 것은 설득이 끝나는 지점이 아니라 설득의 시작점일 뿐이다. 의도한 대로 상대가 행동에 옮길 가능성을 높이려면 약속한 목표를 진행하기 위해 어떤 계획을 세울지 구체적인 질문을 몇 가지 해보는 것이 좋다.

그렇다고 해서 지나치게 세세한 것을 묻거나 공격적인 방식이 돼야 할 필요는 없다. 그저 관련된 과제의 세부 사항이나 구체적인 특징에 관한 것이면 충분하다. 예를 들어 체중 감량 클럽을 이끌고 있는 리더라면 매번 세션이 끝날 무렵 다음번 세션에 어떤 교통수단을 이용해 도착할 것인지, 사무실에서 몇 시쯤 떠날 것인지, 아이들을 보살펴줄 도우미는 구했는지 등을 편안하게 물어보는 것만으로 두 가지 이점을 누리게 된다. 다른 사람 앞에서 (책임과 일관성 원칙에 부합하는) 실행 계획을 밝히게 됨으로써 회원들이 앞으로의 약속을 공고히 하는 정보를 공유하게 된다. 예를 들어 두 회원이 서로 가까운 곳에 살고 있음을 확인하고 앞으로 세션에 참석할 때 함께 오자고 약속하는 것이다.

조금 다른 관점에서 다른 부서 직원들을 주례회의에 참석하도록 설득할 때 "이번 수요일 오후 4시 회의에 참석하실 거죠?"라고 묻는 대신 약간의 변화를 줘 이렇게 물어볼 수 있다. "이번 주 수요일 4시 회의 전에 어떤 일정이 있으신가요?"

질문을 약간 바꾸는 것만으로 큰 영향을 미칠 수 있다는 사실은 재취업을 돕기 위해 진행한 연구에서도 확인됐다. 실업급여 청구인이 구직센터를 찾아올 때 지난 2주 동안 어떤 구직 활동을 했는지 물어보는 대신 미래를 향한 실행 의도에 관심을 보였다. "안정된 일자리를 구하기 위해 앞으로 2주 동안 어떤 일을 할 예정입니까?" 영국 정부 소속의 행동통찰팀이 진행한 이 연구는 작은 변화로 큰 차이를 만들어내는 좋은 사례가 됐다. 3개월 동안 실험적으로 앞으로의 구직 계획을 구직자들에게 질문했더니 13주 후에 실업률이 20퍼센트 떨어졌다. 일상적인 질문을 했던 통제군에서는 아무런 변화가 없었는데 말이다.

이런 설득 전략은 예방접종에도 적용할 수 있다. 행동과학자 캐서린 밀크먼Catherine Milkman과 동료들은 대기업 직원들에게 무료 예방주사 접종과 관련한 실험을 진행했다. 직원들은 회사 지정 병원에서 무료로 인플루엔자 예방접종을 실시한다는 우편을 받았고, 나중에 다시 날짜와 병원의 위치를 알려주는 리마인드 카드를 받았다.

이 연구는 두 가지 조건을 달리해서 실행됐다. 첫 번째 실험에서는 확인 메일에 자신들이 예방주사를 맞을 날짜를 적어 넣게 돼 있었고, 두 번째 실험에서는 첫 번째와 내용이 같지만 실행 의도와 관련해 한 발 더 나아간 접근 방식을 선택했다. 리마인드 카드에 날짜만 요구한 것이 아니라 주사를 맞을 시간까지 적도록 했다. 날짜만 적은 리마인드 카드의 경우 아무것도 적혀 있지 않은 카드의 경우에 비해 접종률이 1.5퍼센트 높았다. 그런데 날짜와 시간을 동시에 적도록 해 좀 더 구체적인 정보를 요구한 카드의 경우 접종률이 4.2퍼센트가 더 높았다.

이런 차이가 별로 대단치 않아 보이겠지만 다국적 대기업에서 실시할 경우 어떤 차이를 만들어낼지 생각해보자. 예방접종은 직원들 자신이 인플루엔자에 걸리는 것을 막아줄 뿐만 아니라 다른 사람의 감염을 막아준다. 더욱이 이 연구는 직원들이 대중 앞에서가 아니라 남이 보지 않는 곳에서 직접 자신의 의도나 목적을 밝혔다는 점(이 경우 자신들이 직접 날짜를 적어 넣었다)에서 먼저 이야기한 실행 의도 관련 연구들과 달랐다. 앞에서는 대중 앞에서 한 약속에 관해 이야기했지만 이 연구는 개인적으로 한 약속도 효과적일 수 있음을 보여줘 설득 전략의 다면성을 증명했다.

14
설득으로 상대를 고정시키는
스몰 빅은 무엇일까?

◆

◆

　다른 사람을 효과적으로 설득하기 위해 아무리 열심히 노력하고 준비해도 전략이 잘 먹히지 않는 경우가 있다. 하고 싶지는 않지만 해야만 하는 일을 하도록 누군가를 설득할 때 다른 때에는 제대로 활용되는 전략이 원하는 결과를 내지 못하는 이유는 여러 가지가 있을 수 있다. 내가 후원하는 자선단체에 관심을 유도하거나, 건강한 식습관을 지켜가는 일이나, 현재의 공급업체에서 다른 공급업체로 거래선을 바꾸는 일이나, 사무실에서 새로운 업무 방식을 채택하는 일 등 누군가에게 확신을 주고 싶지만 성공적으로 설득하지 못한 이유는 간단하다. 사람들은 자신의 행동을 바꿔야 한다는 사실을 알고 있지만 바로 지금 바꾸고 싶어 하지는 않는다.

　댄 길버트Dan Gilbert와 야코브 트로페Yaacov Trope, 니라 리버먼Nira Liberman이 진행한 실험에 따르면, 사람들은 가까운 미래에 일어날 일과 먼 미래에 일어날 일을 전혀 다르게 생각했다. 사람들은 가까운 미래에 일어날 일은 매우 구체적으로 생각하지만, 먼 미래의 일에 관해서는 추상적으로 생각하는 경향이 있다. 예를 들어 주말 노숙자 쉼터에서 자원봉사를 해달라고 동료에게 부탁할 때 다음주 주말을 이야기하는 것인지, 아니면 8개월 후 주말인지에 따라 상대방의 평가가 달라진다. 다가오는 주말에 자원봉사를 부탁하는 것이라면 동료들은 자신이 자원봉사에 응할 경우 치르게 되는 구체적인 비용을 고려한다. 예를 들면 주말 쇼핑을 포기해야 하고 텔레비전의 스포츠 경기 중계도 포기해야 하며 밀린 잠을 잘 기회도 포기해야 한다.

한편 8개월 후 주말에 자원봉사를 해달라고 부탁한다면 이들은 자신의 가치관, 도덕심, 이데올로기와 관련해 이 요청을 훨씬 더 일반적인 차원에서 평가한다. 지금으로부터 몇 개월 후에 이뤄질 자원봉사 활동을 요청받은 사람은 자신이 이 일을 하고 싶은지가 아니라 자신이 이 일을 해야 하는지 스스로에게 묻게 된다. 누군가에게 도움이 되고 싶어 하는 것이 자신의 가치관과 부합한다고 인식하는 경우 이 요청에 "예"라고 대답하고 자신이 한 약속을 지킬 가능성도 높아진다.

행동과학자 토드 로저스와 맥스 베이저먼은 이런 약속 전략을 '미래 고정화future lock-in'라고 이름 붙였는데, 이를 적절히 활용하려면 작지만 중요한 변화가 필요하다. 변화에 대해 바로 동의하도록 요청하는 대신 미래의 어느 시점에 실행될 변화에 동의하도록 요청하는 것이다. 물론 이 변화는 자신들에게 돌아가는 혜택이 있으며 이상적으로 그들의 개인적인 가치관과 부합하는 것이어야 한다. 이런 작은 변화의 효과를 확인하기 위해 연구자들은 참가자에게 에너지 소비를 줄일 수 있도록 휘발유 가격을 갤런당 20센트 올리는 정책에 관해 이야기했다. 참가자들 중 절반에게는 이 정책이 가능한 한 빨리 실행될 것이라고 이야기했고, 나머지 절반에게는 4년 후에 실행될 것이라고 말했다. 이 정책이 즉시 실행된다고 이야기한 경우 26퍼센트만 지지했지만 공식 실행 전 4년의 유예 기간을 거칠 것이라고 이야기한 경우에는 40퍼센트가 넘는 사람들이 휘발유 가격 인상을 지지했다. 자선활동 후원과 건강 관련 문제 등 이 연구팀이 실행한 다른 몇 가지 실험을 통해서도 비슷한 결과가 나타났다.

행동경제학자들은 다른 중요한 영역인 미래를 대비한 저축과 관련해 이 기법의 효과를 확인시켜줬다. 설득 전략의 가장 강력한 증명 중 하나로, 《넛지Nudge》의 공동 저자인 리처드 탈러Richard Thaler와 공동 연구자인 슐로모 베나치Shlomo Benartzi는 미국의 퇴직연금 제도인 401(k) 프로그램 실행 비율을 급격히 높이는 방법을 보여줬다. '세이브 모어 투모로우Save More Tomorrow'라고 이름 붙인 프로그램을 사용해 대상자들에게 바로 가입하라고 권하는 대신 미래 소득의 일정 부분을 이 프로그램을 통해 저축하라고 설득했다. 이 프로그램이 성공한 데는 여러 가지 이유가 있겠지만, 가장 중요한 이유는 이 프로그램에 대한 근로자의 생각과 관련해 구체적인 표현("연금에 가입하면 매달 통장에 들어오는 돈이 줄어들 텐데")을 조금 더 넓은 의미에서 목표와 가치를 달성하는 데 도움을 주는 포괄적이고 추상적인 표현("나와 내 가족의 미래를 위해 중요한 일이기에 해야 하는 거야")으로 바꿨기 때문이다.

즉각적인 행동 변화를 요구할 경우 저항에 부딪힐 것 같다면 미래

어느 시간의 변화를 요청함으로써 성공 확률을 높일 수 있다. 예를 들어 당신이 모두에게 혜택을 줄 새로운 시스템이나 절차를 받아들이도록 직원을 설득해야 하는 매니저라고 상상해보자. 새로운 변화를 이끌어내려는 이전 시도들이 그리 성공적이지 않았기에 또다시 이 계획을 실행하기가 쉽지 않을 것이다. 하지만 3개월 안에 변화를 시도해보도록 직원들에게 요청하는 접근법으로 바꿔보면 의미 있는 시작이 가능하다. 즉각적인 변화를 요구하는 것과 비교할 때 이렇게 하면 새로운 절차에 대한 동의를 얻어낼 수 있을 뿐만 아니라 미래와 관련한 약속을 더욱 잘 지키게 된다.

'미래 고정화'를 사용할 수 있는 또 다른 분야는 인터넷 광대역망, 케이블TV, 휴대전화 신청 같은 일상의 영역이다. 고객이 매력을 느껴 구매할 경우 18개월이나 24개월이라는 확정된 기간 동안 취소나 변경을 할 수 없다. 이런 즉각적인 고정화에 대해 알게 되면 몇몇 고객은 즉시 비용을 지불해야 한다는 사실에 집중해 반감을 느낄 수도 있다. 하지만 계약을 체결하고 나서 3개월 후에 그 계약의 효력이 발생한다면 고객의 반대를 줄일 수 있을 뿐만 아니라 저마다의 공급업체는 3개월 동안 고객을 유지할 수 있게 된다. 고객들은 3개월 동안 서비스가 만족스러운지 유연하게 생각하고 결정할 수 있기 때문에 관련된 모든 사람이 행복한 게임이 될 것이다.

물론 기다릴 필요가 전혀 없는 이상적인 상황이 좋긴 하다. 하지만 때로 우리가 책 편집자들에게 말하듯이 조금 늦는 것이 아예 아무것도 하지 않는 것보다 나은 경우도 있지 않은가.

15
스스로 행동하는 데
스몰 빅을 어떻게 활용할 수 있을까?

◆

◆

우리는 날마다 다른 사람에 대한 의무와 도덕적 책임을 떠올리게 하는 설득 메시지를 만난다. 광고에서는 가족을 위해 생명보험에 가입하라고 이야기하고, 정치가들은 자국민을 위해 국산 제품을 사야 한다고 말한다. 환경보호주의자들은 미래 세대를 위해 전 세계의 천연자원을 아끼고 보호해야 한다고 주장한다. 부모가 그동안 우리를 보살폈던 것처럼 나이 들어가는 부모를 돌봐야 한다고 우리의 양심은 말한다. 인생에서 올바르게 살도록 수많은 사람이 도움을 줬다는 사실은 명백하다. 그런데 그중 가장 고마운 사람은 누구일까? 미래의 자기 자신이 아닐까?

연구자 크리스토퍼 브라이언Christopher Bryan과 할 허시필드Hal Hershfield는 미래의 자기 모습에 대한 도덕적 책임감 때문에 사람들이 장기적으로는 자신에게 이롭도록 행동하는 방향으로 설득된다는 가설을 확인하러 나섰다.

꽤 많은 사람이 미래의 재정적인 안정을 위해 충분한 돈을 저축하지 않는다는 사실을 고려해 브라이언과 허시필드는 은퇴를 대비하는 저축 습관을 살피기로 했다. 이를 위해 별다른 은퇴 계획을 마련하지 않은 200명의 대학교 교직원을 대상으로 연구했다.

이 연구에 참여한 모든 직원에게 은퇴 후를 대비한 저축의 중요성을 강조하며 저축률을 높이도록 격려하는 메시지를 보냈다. 다만 메시지의 마지막 단락은 무작위로 나눠놓은 그룹마다 약간씩 달랐다.

예를 들어 '기본적 미래의 자기 이익'을 강조한 메시지에는 "장기적인 이익을 고려해 지금부터 저축을 시작하길 권합니다. 장기적 측면의 복지가 위험한 상태에 놓여 있습니다. 지금 내리는 결정이 은퇴 무렵 어느 정도의 자산을 보유하게 될지 좌우할 것입니다"라는 글을 더했다.

'미래의 자신에 대한 의무'라는 조건에서는 "은퇴를 대비해 자기 자신에 대한 책임을 져야 하고 그러려면 지금부터 저축을 해야 합니다. '미래의 당신'을 결정짓는 것은 지금의 당신입니다. 지금의 결정이 앞으로 당신이 의지하게 될 미래의 재정적 안전을 책임질 것입니다"라는 글을 덧붙였다.

2주 후 연구자들은 메시지를 받은 뒤 직원들이 은퇴 계획과 관련해 저축률을 변경했는지 대학의 복지센터에 문의했다. '미래의 자신에 대한 의무'를 강조한 그룹은 '기본적 미래의 자기 이익'을 강조한 그룹에 비해 저축률이 0.85퍼센트 증가했다. 언뜻 대단치 않은 차이로 보이겠지만 미국 평균 임금인 연수입 4만 5,485달러, 30세 남성이 5퍼센트의 연금 분담금을 5.85퍼센트로 올릴 경우를 생각해보자. 평생 연봉이 오르지 않는다고 가정할 때(극도로 보수적인 추정을 위해) 총 저축 금액은 65세 은퇴 시 6만 8,797달러에 이르는 차이가 나타난다. '자기 자신에 대한 책임을 져야 한다'라는 메시지에 응답한 결과로 다른 사람보다 1년 반 일찍 퇴직할 수 있는 것이다.

이 연구를 살펴보면 자신의 미래에 관한 도덕적 책임에 호소하는 것이 얼마나 강력한 설득 전략인지 알게 될 것이다. 물론 '미래의 자신에 대한 의무'를 강조한 메시지가 모든 사람에게 효과를 발휘할 수 없다는 사실을 알아야 한다. 미래를 얼마나 가깝게 느끼는지는 사람에 따라 다르기 때문이다. 자신의 미래에 별 관심을 느끼지 못하는 사람들은 이 두 가지 메시지에 비슷하게 반응했다.

미래의 재정 계획을 세우도록 사람들을 격려할 때 자신의 미래에 특별히 신경 쓰는 이들을 찾아내어 세분화된 그룹에 맞게 메시지를 전해야 할까? 사실은 그렇지 않다. 이 전략이 모두에게 적용되는 것은 아니겠지만 미래의 자신과 별다른 연결을 느끼지 못하는 사람들에게는 '미래의 나에 대한 책임'을 강조한 메시지가 '일반적인 관심' 메시지와 크게 다르지 않았다는 사실은 '미래의 나에 대한 책임' 메시지가 일반적으로 사용하기에는 최상의 전략임을 보여준다.

미래에 대한 도덕적인 책임을 자극하는 사소한 행위로 말미암아 은퇴 대비 저축에서 엄청난 차이가 나타났다는 사실은 재무설계사, 인사담당자, 정책결정자에게 의미하는 바가 크다. 하지만 미래에 대한 고민이 얼마나 중요한지 사람들의 관심을 모으는 더 효과적인 방

법이 있다. 미래에 자신이 어떤 모습이 돼 있을지 사진으로 보여주는 것이다.

할 허시필드와 6명의 연구자가 진행한 연구에서 참가자들은 연구 시작 몇 주 전에 그들의 사진을 올렸다. 연구를 시작하며 참가자들에게 스크린에 연결하는 슬라이드 장치를 사용해 은퇴 연금에 어느 정도 수입을 할당할 것인지 보여달라고 요청했다. 참가자들 중 절반은 처음에 올린 '현재' 사진이 눈앞에 펼쳐진 상태에서 저축률을 조정했고, 나머지 절반은 70세가 됐을 때 어떻게 변해 있을지 보여주는 '노화 상태' 사진을 보며 저축률을 조정했다. 이 작은 변화는 큰 차이를 만들어냈다. '미래의 자신'을 본 참가자들은 자기 수입의 6.2퍼센트를 할당한 반면, '최근의 자신'을 본 참가자들은 4.4퍼센트만 할당했다.

노화 상태의 사진을 통해 자신의 미래를 본 참가자의 경우 저축액에서 40퍼센트의 차이가 난 것이다.

이 사례가 암시하는 것은 분명하다. 상당 시간 동안 변화가 주는 혜택을 경험하지 못한 사람의 행동을 변화시키려면 미래의 자아에 대한 의무뿐 아니라 미래의 자신이 어떻게 보일지 설명해줘야 한다. 예를 들어 환자에게 금연을 설득하는 의사라면 담배가 어떻게 노화를 앞당기는지 앱을 사용해 나이 든 환자의 모습을 보여줄 수 있을 것이다.

다른 사람을 설득하면서 미래의 모습을 보여주는 것이 문제가 된다면 다니엘 바텔스Daniel Bartels와 올레그 유르민스키Oleg Urminsky가 진행한 연구에 등장하는 좀 더 쉬운 접근법을 생각해보자. 세월이 흐르면 인생의 몇몇 측면은 변하겠지만 사람들의 가장 중요한 정체성, 즉 내가 누구인가의 여부는 그대로 남아 있다는 사실을 다시 일깨워주는 것만으로 자신과 미래의 자신을 연결시켜줄 수 있다.

과소비나 과식을 줄이기 위해 죄의식 전략이나 복잡한 인센티브 프로그램을 고안하는 대신 미래의 자기 모습을 그려보게 함으로써 유혹에 굴복하지 않고 미래를 내다보며 결정을 내릴 수 있도록 도와준다.

이 책에서 추천하는 전술적인 변화가 너무 사소해 업무에 활용할 수 없다고 생각할지도 모른다. 하지만 최소한 새로운 전술을 시도하고 결과가 어떤지 살펴보는 것은 미래의 나에게 필요한 일일 것이다.

16
사람들에게 일의 목적을 상기시키는
스몰 빅은 무엇일까?

◆

◆

1919년 〈캔자스시티 스타〉에 정치적인 만화를 그리던 월트 디즈니가 해고를 당했다. '충분히 창의적이지 못해서'가 그 이유였다.

2012년 영국의 생물학자 존 거든John Gurdon 경은 생리의학 분야에 대한 탁월하고 오랜 공헌을 인정받아 노벨상을 받았다. 이튼 학교 시절 거든 경을 가르쳤던 교사는 성적표에서 그를 이렇게 평가했다.

"거든은 과학자가 되려는 생각을 하고 있는데 지금 상태로 보자면 쉽지 않은 일이다."

할리우드에서 일하는 사람들의 말에 따르면 RKO 영화사의 스튜디오 매니저는 영화배우 프레드 아스테어Fred Astaire의 스크린 테스트를 한 후 이렇게 썼다.

"연기도 못하고 노래도 못하며 머리는 벌써 벗겨지기 시작했고 그나마 춤은 좀 추는 편이다."

다행히 이런 초기의 평가가 그들이 스스로 세운 삶의 목표를 가로 막지 못했다. 이들은 계속 노력해서 놀라운 일을 해냈다. 하지만 사람들은 때로 자신의 목표에서 멀리 떨어져 방황한다. 이 목표란 노벨상을 수상한다거나 할리우드 스타가 된다거나 하는 일생일대의 화려한 꿈이 아니라 작지만 중요한 일상의 목표다. 즉, 좀 더 많이 저축한다거나 몸무게를 조금 줄인다거나 카드빚을 갚는다거나 이번 달 영업 목표를 달성한다거나 등의 목표다.

사람들은 종종 스스로 세웠던 목표와 재회해야 할 필요가 있다. 매니저나 팀 관리자, 교사, 부모들은 직원, 학생, 아이들이 자신의 꿈을 다시 확인할 수 있도록 도와줄 임무가 있다. 전통적으로 스스로 혹은 다른 사람을 위해 새로운 목표를 세울 때에는 성취해야 하는 것이 무

엇인지 구체적으로 정하는 것이 좋다. 일주일에 1킬로그램을 빼거나 60분 동안 10킬로미터를 달리거나 내년 휴가를 위해 매달 100달러씩 저축하겠다는 것처럼 말이다.

그렇다면 우리 스스로 혹은 다른 사람을 설득해 이전 목표에 다시 도전하도록 할 때에도 마찬가지로 적용될 수 있을까?

마케팅 교수인 마우라 스콧Maura Scott과 스티븐 놀리스Stephen Nowlis는 새로운 목표나 시도에서는 특정 수치 하나로 목표를 세우는 것이 직관적으로 볼 때는 합당하겠지만, 예전에 세웠던 목표에 다시 접근할 때에는 반드시 그럴 필요가 없다고 생각했다. 특정 수치(일주일에 1.5킬로그램 감량 등)보다 평균을 중심으로 한 적절한 범위(일주일에 1~2킬로그램 감량)를 고려하는 것이 예전 목표에 좀 더 편하게 접근하는 방법이라는 것이다.

이 가설을 확인하기 위해 연구자들은 체중 감량 클럽을 대상으로 일련의 실험을 준비했다. 10주간 프로그램에 참가하는 데 동의한 회원들은 우선 이 기간 동안의 감량 목표를 정하고 두 그룹 중 하나를 배정받는다. 한 그룹은 구체적인 목표 수치를 확정했고, 또 한 그룹은 최대값과 최소값을 중심으로 하는 구간으로 설정했다. 예를 들어 구체적인 수치를 확정한 그룹에 배정되면 '이번 주에 1킬로그램 감량'이라는 목표를 세우게 되고, 최대값과 최소값 범위로 목표를 설정한 그룹은 '이번 주에 500그램에서 1킬로그램 감량'을 목표로 하게 된다.

매주 시작될 때마다 참가자들은 체중을 재고 그다음주의 감량 목표를 설정한다. 그리고 건강한 라이프스타일에 관해 배우는 그룹 세션에 참가한다. 10주간의 기간이 끝나갈 무렵 연구자들은 양쪽 그룹의 최종 결과 그동안 얼마나 몸무게가 줄었는지, 또다시 10주간 프로그램에 도전할 것인지를 측정했다. 두 그룹 사이에 감량한 몸무게의 차이는 그리 크지 않다고 해도(첫 3주간 범위를 정한 그룹은 평균 1.2킬로그램을 감량했고, 수치를 확정한 그룹은 1킬로그램을 감량했다) 범위로 산정한 목표는 다이어트 도전자들이 다시 10주간 프로그램에 등록하도록 설득하는 데 커다란 효과가 있었다. 수치를 확정한 그룹의 50퍼센트 이상은 다시 체중 감량 프로그램에 등록하겠다고 말했지만, 구간으로 목표를 산정한 그룹은 80퍼센트가 앞으로 다시 프로그램에 등록하기 위해 회비 25달러를 내겠다고 했다.

다이어트 클럽 운영자와 헬스클럽 매니저는 주의해야 한다. 두 그룹의 감량 체중은 비슷했지만 영양사들이 이야기하는 것처럼 가장 중요한 것은 감량한 체중을 유지하는 것이다. 목표를 다시 상정하는 것이 무언가 지속해갈 수 있는 중요한 요소라고 할 때 이런 방식으로 작은 변화가 큰 차이를 만들어낼 수 있다. 그 이유는 무엇일까?

이 연구는 목표를 추구하는 사람들에게 도전과 달성 가능성의 두 가지 요소가 중요한 영향을 미친다는 사실을 보여준다. 성취감을 안겨주기 때문에 사람들은 목표로 말미암아 도전을 받는다. 물론 목표를 달성할 수 있다는 현실적 확률이 있을 때만 가능하다. 정확한 수치를 정해놓은 목표와 달리 비교적 쉽게 달성할 수 있고 도전적이며 어느 선에서 타협할 수 있는 범위에서 정해놓은 목표는 이 두 요소를 만족시켜주는 장점이 있다. 요점을 말하자면, 달성 가능하고 도전적인 목표에 의해 성취감을 제공함으로써 목표에 다시 도전하는 데 영향을 준다는 것이다.

디즈니, 프레드 아스테어, 존 거든 경은 처음에 실패처럼 보였지만 나중에는 큰 성공을 거뒀다. 목표 수립 방식을 약간 바꾸는 것으로 이런 성공을 거두는 것은 힘들다. 노벨상을 받거나 할리우드의 아이콘이 되려면 커다란 희생, 엄청난 재능과 이 재능을 키우고 발전시키기 위해 여러 해에 걸친 헌신적인 노력이 필요하다. 이런 요소는 '스몰 빅'이 아니라 '빅 빅'이라 부를 수 있다.

하지만 이 책에서 계속 이야기했지만 작고 사소한 요소 역시 중요하다. 연구에서 살펴볼 수 있듯 나 자신과 다른 사람의 목표를 세우는 데 '작은' 변화를 만드는 것이 큰 차이를 만들어낸다. 영어 철자법 시험에서 좋지 않은 성적을 낸 학생에게 목표를 재조정할 경우 다음 시험에서 10점 만점에 8점을 내라고 하는 것보다 7~9점을 얻으라고 하는 것이 좋다. 상담 건수를 늘리려는 콜센터 관리자라면 한 번 교대하기 전까지 구체적인 수치를 목표로 정해놓고(날마다 고객 ○○명과 상담한다) 실험한 후 다음번 교대 근무자들에게는 일정 범위를 목표로 주고(날마다 ○○통에서 ○○통 정도의 고객 상담을 한다) 이 작은 차이가 만들어내는 결과를 비교 측정하도록 해보자. 예를 들어 매달 30달러씩 상환(저축)하는 대신 28~32달러처럼 일정 범위의 상환(저축) 목표를 세운다면 부채관리회사와 금융회사는 고객들의 분할상환(저축)을 좀 더 길게 유지할 수 있을 것이다.

사람들을 목표와 다시 연결시켜주는 작은 변화는 정책 집행에도 적용해볼 수 있다. 세계보건기구의 조언에 따르면, 미국, 영국, 독일을 포함한 여러 나라가 하루에 과일과 채소를 다섯 번 섭취하도록 하는 5A 데이 프로그램을 채택했다. 여러 가지 이유로 이 프로그램을 채택한 나라들은 성공과 실패가 엇갈렸다. 이 연구는 5A 데이 프로그램에서 약간의 변화(하루에 4~6회로 조정하는)를 주는 것으로 이전 시도에서 실패했던 사람들을 다시 목표와 연결시킬 수도 있음을 보여준다.

17
효과적인 디폴트 옵션을 만드는
스몰 빅은 무엇일까?

◆

◆

    당시에는 알아차리지 못했을 수 있지만 수많은 정보로 뒤덮인 우리 인생의 선택은 사실 선택의 고민조차 필요 없었던 것들이다. 미국 정부의 정책 입안자, 퇴직연금인 401(k) 제도, 자동차 딜러는 지정하지 않으면 자동적으로 선택되는 디폴트 옵션의 강력한 효과를 알고 있으며, 그것을 우리의 행동에 영향을 주는 데 활용한다.

    예를 들어 세금 혜택이 있는 401(k) 연금 계획에서 고용주가 '옵트 인opt-in(사전 동의를 얻어야 진행할 수 있는 방식 – 옮긴이)'이 아니라 '디폴트 default 방식(사전 동의 없이 자동으로 선택되는 방식 – 옮긴이)'을 실행하면 등록하는 사람이 50퍼센트 더 증가한다. 본인이 특별히 거부하지 않는 한 자동적으로 장기 기증 찬성으로 간주되는 옵트 아웃 방식을 실행하는 나라에서 장기 기증 진행 건수가 네 배나 높았다. 수신 거부를 하지 않으면 계속해서 이메일 편지와 마케팅 메시지를 보내는 인터넷 마케터들도 '디폴트'를 최대한 활용하고 있다.

디폴트 상황은 관성으로 가려는 경향에 '반하기'보다 '함께하는' 특징이 있다. 그래서 다른 사람의 결정과 행동에 영향을 주려고 할 때 유용하고 효율적인 도구가 될 수 있다. 상대가 알아차리지 못하게 상황에 약간의 변화를 주는 것이 가능한데, 무엇 때문에 변화를 만들어내기 위해 고생을 무릅써야 하는가? 물론 폭넓은 적용과 편한 접근 방식이긴 하지만 디폴트 옵션에 문제가 없는 것은 아니다. 가장 중요한 문제는 디폴트가 능동적이라기보다 수동적이라는 사실로, 앞서 살펴봤다시피 자신의 약속을 지키며 살려는 사람들을 설득할 때에는 문제가 될 수 있다. 또 최선의 행동이 하나만 존재하는 상황에서 가장 큰 효과를 발휘하기 때문에 결정 전 사람들이 몇 가지 선택을 고려하거나 저마다의 요구에 맞춰 선택을 특화할 때에는 제대로 작동하지 않을 수 있다.

더 효과적인 다른 전략을 선택하고 디폴트 옵션은 그냥 무시해야 하는 것일까? 그렇지는 않다. 행동과학에 따르면, 작은 변화 한두 가지로 디폴트 전략의 효과를 높일 수 있으며 이는 별도의 시간과 자원을 더 투입하지 않고도 가능한 일이다.

일련의 연구를 통해 푸남 켈러Punam Keller와 그의 동료들은 '능동적 선택 강화'라 이름 붙인 접근법에 두 단계를 더해 디폴트 전략을 활성화하는 방법을 알아봤다.

'능동적 선택 강화'의 첫 번째 단계에서는 옵트 인과 옵트 아웃을 구분하는 대신 디폴트 세팅에 작은 변화를 줘서 두 가지 제안 중에서 진정한 의미의 선택을 하도록 했다. 한 실험에서 켈러와 동료들은 교육 단체의 직원들을 두 그룹으로 나눠 배치했다. 두 그룹에 자신의 건강을 지킬 뿐만 아니라 건강보험금에 프리미엄을 줌으로써 돈을 절약하게 만들어주는 예방접종을 맞을 기회를 제공했다.

첫 번째 그룹(옵트 인)에는 그저 "올가을 인플루엔자 예방접종을 하려면 네모 안에 체크하라"고 요청했다.

두 번째 그룹은 전통적인 디폴트 방식이 아니라 두 가지 선택 중에서 적극적인 결정을 내릴 수 있도록 했다. 즉, 다음과 같은 선택 중 하나를 고르도록 요청한 것이다.

"올가을 나는 예방접종을 할 것이다."
또는
"올가을 나는 예방접종을 하지 않을 것이다."

그 결과 능동적 선택 상황(62퍼센트)에서 예방접종에 찬성한 사람이 옵트 인 상황(42퍼센트)에서 예방접종에 찬성한 사람보다 더 많았다. 옵트 인 전략이 상당히 성공적이긴 하지만 능동적 선택을 하게 만드는 약간의 변화로 더 큰 변화를 가져올 수 있다는 것을 보여준 확실한 증거다.

하지만 연구자들은 여기서 끝내지 않았다. 능동적 선택이 어떻게 더 증대되는지 궁금해했고, 또 다른 설득의 과학 원칙 중 하나에서 그 답을 찾아냈다. 바로 '손실 회피loss aversion 성향'으로, 사람들은 손실이나 배제를 피하고 싶어 하는 경향이 강하다는 것이다. 이런 인간의 성향을 염두에 두고 연구자들은 행동을 취하지 않으면 잃게 될 것들을 강조하는 능동적 선택을 강화하기 위한 실험에 들어갔다.

참가자들에게 다음과 같은 두 가지 선택 중 하나를 고르게 했다.

"인플루엔자에 걸릴 위험을 줄이고 50달러를 절약하기 위해 나는 올 가을 예방접종을 할 것이다."

또는

"인플루엔자에 걸릴 위험이 늘어날 수 있고 50달러를 절약하지 않는 선택일 수도 있지만 나는 예방접종을 하지 않을 것이다."

손실loss을 강조한 메시지로 능동적 선택을 가능케 한 사소한 변화가 커다란 차이를 만들어냈다. 75퍼센트에 이르는 사람들이 예방접종을 하겠다고 표시했다. 매우 인상적인 결과를 본 켈러와 동료들은 1만 1,000명의 약제비 보험 프로그램Pharmacy Benefit 회원들을 상대로 비슷한 접근법을 가지고 다시 실험해봤다. 그 결과 능동적 선택 강화 전략이 훨씬 더 효과적인 것으로 나타났다.

인플루엔자 예방접종에 동의하도록 공공보건 환경에서 진행한 연구였지만, 이 능동적 선택 강화라는 접근법은 다른 맥락에서도 여전히 효과적이었다. 예를 들어 무료로 사용할 수 있는 제한적인 기능의 소프트웨어 대신 제대로 된 기능에 정가로 판매하는 소프트웨어를 추천하려는 프로그램 개발자들은 기본적인 디폴트 접근을 사용하는 대신 두 가지 옵션에서 능동적 선택이 가능한 팝업창을 띄워 변화를

가져왔다. 무료 버전을 계속 사용할 때 잃게 되는 혜택(더 빠른 다운로드
와 다양한 특징을 활용할 수 없다는 것)을 강조하며 능동적인 선택을 강화하
는 것이다.

저축 계좌를 바꾸도록 유도하려면 고객들이 온라인 뱅킹에 로그
인할 때 현재 계좌와 더 개선된 계좌 사이에서 능동적 선택을 할 수
있도록 제안하는 것이 좋다. 물론 이때에도 새로운 계좌로 바꾸지 않
으면 잃게 될 것들을 강조해야 한다. 학교 교장이 학부모를 대상으로
'걸어서 등교하기' 프로그램의 참여를 유도하려면 차로 아이를 데려
다주는 것과 걸어서 데려다주는 것 사이에 능동적 선택을 요청하는
것이 좋다. 이때에는 신선한 공기, 운동, 사회적 수용 등 걸어서 등교
하지 않을 때 경험할 수 없거나 잃게 되는 것들을 강조하도록 한다.

어떤 대상에 어떻게 영향을 줘야 하건 간에 이 두 단계 접근법을 활
성화하는 방법은 동일하다. 우선 청중들이 적극적으로 개입할 수 있
는 두 가지 선택을 만들고, 그다음에는 선택과 관련해 잃게 되는 것들
을 강조함으로써 원하는 방향에 무게를 싣는다. 이 두 가지의 작은 변
화가 성공을 가져다주는 큰 차이를 만들어낼 것이다.

18
미루고 지연하려는 경향을 줄여주는
스몰 빅은 무엇일까?

◆

◆

미국 유통업체인 베스트 바이가 사용 기간을 넘긴 선물 카드를 통해 4,000만 달러의 이익을 얻었다는 기사가 난 적이 있었다. 단지 베스트 바이에 국한된 것이 아니다. 소비자 연구기관인 타워 그룹은 유효기간을 넘겨 사용하지 않은 선물 카드 관련 금액이 연간 20억 달러에 이른다고 추산했다.

이렇게 사용하지 않은 엄청난 현금에 대해 알게 되자 몇몇 소비자 그룹은 선물 카드의 사용 기한 연장법을 유통업자에게 요구했다. 연구를 통해 배운 것을 설득 과정에 적용하면 이런 변화는 상황을 낫게 하는 것이 아니라 오히려 악화시킬 수 있다. 이 경우에는 행동하는 데 중요한 차이를 이끌어내는 작은 변화를 활용하는 전혀 다른 접근 방식이 필요하다. 별다른 비용도 필요하지 않은 이런 변화는 사촌에게 사준 25달러짜리 아마존 선물 카드의 사용 가능성을 높여줄 뿐 아니라 오늘 해야 할 일을 내일로 미루는 경향을 줄이도록 설득할 수도 있다.

우리는 일상에서 무언가 미루고 지연시키는 사례를 자주 접한다. 운동을 좀 더 하거나 새로운 공부를 시작하거나 아니면 집 앞 잔디를 깎는 일과 관련해 많은 사람들이 시간을 자꾸 미루며 다양한 변명거리를 보여준다.

'내일이야말로 한 주 중에서 가장 바쁜 날이다'라는 스페인 속담이 있다. 사람들은 즐겁지 않은 일을 미루는 경향이 있지만 동시에 정말 재미있고 즐거운 일을 다음으로 미루기도 한다. 왜일까?

주의를 다투는 일에 집중해야 하기 때문에 급히 해결해야 할 문제가 있으면 즐거운 일을 할 시간은 앞으로 충분히 있다고 잘못 판단하게 된다. 급한 문제가 하나만 있는 게 아니고 여러 개가 함께 떼를 지어 밀려온다는 것을 이들은 아직 깨닫지 못한 것이다. 지금뿐 아니라 미래에도 바쁠 것이고, 따라서 즐거운 일조차 즐기지 못하고 시간은 계속 흘러가게 될 것이다.

정보 과잉 시대에 사는 사람들은 점점 더 자신이 싫어하는 일뿐 아니라 좋아하는 일까지도 미루게 된다는 점을 고려해 수잔 슈Suzanne Shu와 에이옐릿 그니지Ayelet Gneezy는 일련의 재미난 실험을 했다. 마감일에 약간의 변화를 주는 것만으로 임무를 완수하려는 사람들의 기본적인 열망을 자극하고 격려할 수 있다는 사실을 발견했기 때문이다.

실험을 시작하기 전 연구자는 참가자에게 지역의 고급 베이커리에서 커피와 빵을 먹을 수 있는 6달러짜리 교환권의 가치를 평가해달라고 요청했다. 또 이 교환권을 받으면 사용할 것이냐고 물었다. 참가자들에게 알리지 않았지만 교환권의 액면 가격은 똑같은 반면 유효기간에서는 차이가 났다. 하나는 유효기간이 3주였고 또 다른 하나는 유효기간이 2개월이었다. 이 교환권의 가치를 평가해달라고 했을 때 유효기간이 긴 쪽이 짧은 쪽보다 더 긍정적으로 평가받는 것은 당연한 일이었다.

재미있게도 이 긍정적인 평가는 교환권을 사용할지의 여부에도 영향을 미쳤다. 2개월 유효기간인 교환권은 70퍼센트에 가까운 사람들이 사용하겠다고 말했고, 3주 교환권은 50퍼센트만 사용하겠다고 했다. 유효기간이 길어서 유연성이 큰 제안을 선호한 것이다. 책 첫머리에서 사람들이 자신의 미래를 얼마나 잘 예측하지 못하는지 그 증거를 소개했다. 사람들이 유효기간이 긴 교환권을 더 좋아하기는 하지만 혹시 유효기간이 짧은 교환권을 더 활발하게 사용하지는 않을까?

연구자들은 이 질문에 대한 실험을 했고 놀라운 결과를 얻었다. 참가자들의 예측과는 반대로 유효기간이 짧은 경우가 유효기간이 긴 경우보다 다섯 배나 더 많이 베이커리를 방문해 커피와 빵을 먹었다. 사람들은 사용할 기회가 훨씬 많은, 즉 유효기간이 긴 교환권을 선호한다고 말했지만 현실에서는 달랐다.

이 실험에 영향을 미치는 요소가 미뤄두는 습성 때문인지 확인하기 위해 연구자들은 일련의 후속 연구를 진행했다. 교환권을 사용한 사람들은 즐겁고 가치 있는 경험을 누렸다고 말했다. 교환권을 사용하지 않은 사람은 후회를 표현하며 "잊어버렸어", "빵을 좋아하지 않아", "너무 번거로워" 같은 설명 대신 "너무 바빠서 시간이 부족했어",

"나중에 사용하려고 계속 생각했어" 같은 설명에 가장 적극적으로 동의했다.

이 연구 결과는 고객이나 손님에게 제안할 때 즉각적인 작은 변화가 어떤 역할을 하는지 설명해준다. 소비자들에게 더 매력적으로 보일 것이라는 잘못된 믿음으로 목표 대상이 반응할 수 있는 것보다 긴 유예 기간을 제공하는 대신 기간을 짧게 두는 것이 낫다는 사실을 보여준다. 예를 들어 소프트웨어 회사가 새로운 사용자 등록을 촉진하고 싶다면 "지금 바로 등록하겠습니다", "내일 다시 문의해주세요", "다음주에 다시 문의해주세요" 같은 팝업창을 띄우는 대신 "지금 바로 등록하겠습니다", "내일 다시 문의해주세요" 그리고 "(등록 마지막 날인) 3일 후 다시 문의해주세요"로 바꾸고 일찍 등록한 사람에게는 혜택이나 보너스를 줄 수 있을 것이다.

재정 상담사나 투자 매니저라면 잠재적 투자자를 설득하기 위해 최신 투자 정보를 알려주는 웹 세미나나 설명회를 준비하고 있다면 "○월 ○일까지 참석 확인 부탁합니다"라고 초대장에 확인 날짜를 예상보다 촉박하게 바꾸는 것만으로 참석률을 높일 수 있다. 이메일로 초청장을 보내며 등록 마감일을 촉박하게 했더니 클릭해서 등록하는 확률이 8퍼센트나 올랐다는 다른 연구 조사와도 일치하는 부분이다.

마지막으로 배우자나 친구, 사업 파트너가 멋진 와인을 함께 마시기로 약속해놓고 특별한 일이 있을 때까지 기다리게 만든다면, 연구자인 슈와 그니지는 영화 〈사이드웨이〉에 나왔던 한 장면을 통해 이런 상황일 때 상대방을 설득하는 실마리를 소개한다.

마일즈 몇몇 와인은 잘 보관하고 있어요. 그중 스타급이라고 하면 1961년 슈발 블랑이지요.

마야 61년산 슈발 블랑이 앉아서 마냥 기다리고 있다는 말이에요? 이미 너무 늦었는지도 모르겠네요. 도대체 뭘 기다리고 있었던 거예요?

마일즈 나도 잘 모르겠어요. 그냥 특별한 순간을요. 딱 맞는 사람과 함께할 시간. 결혼 10주년 기념일에 마실까 생각하고 있었죠.

마야 당신이 61년산 슈발 블랑을 따는 순간이 바로 특별한 순간이에요.

19
고객을 매혹시키는 스몰 빅은 무엇일까?

◆
◆

　1981년 VH1 톱 100 최고 인기 하드록 차트에 등장한 영국 펑크록 밴드인 클래시가 질문을 던졌다. '머물러야 하나, 가야 하나?Should I stay or should I go?' 이 노래에 등장한 질문은 30년 전 처음 발매됐을 때처럼 지금도 자주 등장한다. 위 질문은 감정의 문제와 연관돼 있을 뿐 아니라 비즈니스와도 연관된다.

　수백만 명의 고객이 날마다 스스로 물을 것이다. "계속 기다릴 것인가, 가버릴 것인가?" 서비스를 받기 위해 긴 줄에 서서 얼마나 오래 기다려야 할지 모를 때도 이렇게 물을 것이다. 쇼핑을 마친 사람들은 계산대에서 이 줄에서 저 줄로 옮겨 다니며 더 빨리 움직이는 줄을 찾아나선다. 웹 사용자는 다운로드가 좀 더 빨라지리라는 희망에 브라우저를 재구동하고, 전화 상담을 하려던 고객은 다음에 전화하면 기다리는 시간이 짧아질까 하는 바람으로 전화를 끊고 나중에 다시 걸까 생각한다. 그 어느 때보다 빨리 움직이고, 그 어느 때보다 정보가 넘쳐나는 환경에서 살고 있지만 동시에 상당한 시간을 줄 서는 데 사용하고 있다.

미국인이 자기 인생에서 평균 2년을 줄 서는 데 사용한다는 사실을 확인한 나라얀 자나키라만Narayan Janakiraman, 로버트 메이어Robert Meyer, 스티븐 호크Stephen Hoch는 사람들을 설득해 계속 줄 서서 기다리게 하는 요소가 무엇인지 또 기다리는 것을 완전히 포기하도록 만드는 것은 무엇인지에 대해 연구했다. 이 연구 결과는 사업체나 고객 서비스 조직이 작은 변화를 통해 고객 유치와 고객 만족, 서비스 평가 등에서 커다란 발전을 가져오는 데 활용됐다.

이 연구의 핵심에는 '참여할 가치가 있는 줄 서기는 집요하게 기다릴 가치가 있는 줄 서기'라는 조언이 거의 먹히지 않는다는 단순한 통찰이 자리 잡고 있다. 예를 들어 콜센터에 연락했을 때 통화 중 대기 상태에 놓이게 되면 3분의 1의 사람은 통화를 끊었다가 단순한 조바심으로 다시 전화를 건다. 언젠가 다시 전화를 하게 되고, 그러면 기다린 시간의 총합은 더욱 길어질 테니 이런 전략으로 이득을 보는 사람은 거의 없다.

설득의 과학이라는 렌즈를 통해 바라보면 '계속 기다릴 것인가, 가버릴 것인가'를 결정할 때 인간의 기본 동기 두 가지가 서로 상충된다. 한편에서는 줄을 서서 더 오래 기다릴수록 그 대신 달성할 수 있었던 다른 행동에 초점을 맞춘다. 그런 다른 행동에 관심을 갖지 않는 것은 '손실(손실을 피하려고 하는 인간의 기본적인 욕구를 고려할 때)'로 보일 수 있고 줄을 서 있는 사람들은 더 이상의 손실을 피하기 위해 줄 서기를 그만두고 싶은 생각이 들 것이다.

세상일이 보이는 것처럼 곧이곧대로 되는 경우는 드물다. 줄을 선 사람들은 적극적인 약속을 한 것이고, 따라서 일관성 원칙이 작동하며 그대로 줄을 서 차례를 기다리는 경우도 있다. 기다리는 동안 시간이 흐르면서 목표에 가까이 다가가면 줄을 서 있으려는 동기가 강화된다.

손실을 피하려는 것과 일관성을 유지하려는 것 사이에 긴장이 생기면 어떻게 행동할까? 연구를 통해 자나키라만과 동료들은 대부분의 사람이 중간쯤에서 기다리기를 포기하면서 최악의 결정을 내린다는 사실을 알아냈다. 최선이 아닌 이 결정에는 짜증과 실망, 불편함 등의 감정이 동반되는데, 가망성 있는 고객이 비즈니스를 하려고 기다리고 있는 회사가 바로 우리 회사라면 결코 바람직한 상황이라고 말할 수는 없다.

여기서 질문이 등장한다. 이런 감정을 누그러뜨리려면 또 회사의 누군가와 이야기하기 전에 전화를 끊는 고객의 수를 줄이려면 어떻게 해야 할까? 전화 상담을 하는 직원을 더 많이 고용해 더 많이 훈련시키거나 고객들의 요청과 대응 방법을 분석해 대기하는 고객의 수를 줄이고 효율적으로 대처하면 된다고 대답할 수 있다. 이런 해결책도 중요하고 의미 있지만 여기에는 비용과 노력이 상당히 많이 필요하다. 이 책에서는 가장 사소하고 다른 자원도 거의 투입하지 않는 방법을 찾는 일에 집중하고 있다. 그러므로 다른 방식의 해결책을 찾으면 어떨까.

인도의 콜센터 현장뿐 아니라 실험실 내 테스트를 포함한 일련의 연구에서 자나키라만과 동료들은 쉬운 '스몰 빅'을 통해 좋은 결과를 내는 상황을 실험했다. 통화 대기 중인 고객들에게 간단한 기분 전환과 다른 활동을 제공하는 것만으로 대기 중 전화 끊는 것을 상당 부분 방지할 수 있었다. 이 방법은 아주 쉽고 간단하게 들리지만 큰 효과를 낳았다.

비즈니스를 하는 데 당황스러운 경험을 긍정적인 경험으로, 더 나아가 앞으로 충성심을 만들어낼 수 있는 기회로 삼을 수는 없을까 궁금해질 것이다. 금융회사들은 고객들이 통화를 기다리는 동안 자동 응답 시스템을 통해 재무 관련 정보를 들려줄 수도 있고, 은행을 방문해 기다리는 고객을 위해서는 아이들에게 금전 감각을 가르쳐줄 수 있는 프로그램을 운영할 수도 있다. 레스토랑의 주인이라면 자리가 나기를 기다리는 가족에게 색칠 공부를 할 수 있도록 만들어진 플레이스 매트를 건네주면 좋지 않을까. 대사관에서 비자 신청을 하느라 긴 줄을 서야 하는 사람들에게 일상적인 표현이나 간단한 인사말 번역, 팁 주는 방법이나 줄 서기 방법 등 현지 정보를 정리해 나눠주면 기다리는 사람들에게도 도움이 될 것이다.

기분 전환을 시키는 것에는 두 가지 놀라운 사례가 있다. 첫 번째는 우리가 만든 인사이드 인플루언스Inside Influence 블로그에 올라온 내용이다. 휴대전화 공급업자에게 전화를 했더니 고객 서비스 담당자가 받아 시스템 속도가 느리니 기다리는 시간을 줄이기 위해 나중에 다시 전화해주면 좋겠다고 말했다. 이미 통화를 위해 상당히 긴 시간을

기다렸기에 이 고객은 그냥 조금 더 기다리겠다고 말했다. "예, 잘 알겠습니다. 그러시다면 가장 좋아하는 노래가 무엇인지 알려주세요." 고객은 이 질문이 이상했지만 어쨌든 대답을 했다. "프랭크 시나트라의 '뉴욕 뉴욕'이요." 그랬더니 놀랍게도 고객 서비스 담당자가 그 노래를 부르기 시작했다.

두 번째는 고양이보호협회에 전화했던 영국 기자의 이야기다. 통화를 기다리는 동안 음악 대신 고양이가 사람에게 아양을 떠는 가르렁 소리가 나오는 것이었다.

통화 대기음을 자신이 좋아하는 것으로 선택할 수 있도록 하는 것이 '스몰 빅'이라면, 이 책의 저자들은 어떤 음악을 고를까? 그 답은 물론 펑크 밴드 클래시의 음악일 것이다.

20
가능성을 현실로 바꿔주는
스몰 빅은 무엇일까?

◆
◆

아주 매력적인 계약을 앞두고 새로운 잠재 고객을 설득해야 하는 상황이라고 가정해보자. 아니면 새로운 일자리나 승진을 위해 스스로를 포지셔닝해야 한다고 생각해보자. 이전 경험과 과거의 성공에 중점을 두겠는가? 아니면 고객이나 구인업체에 당신이 앞으로 할 수 있는 일을 강조하며 미래의 가능성에 중점을 두겠는가?

간단한 조사(과학적이라고는 말할 수 없는)를 통해 사무실에서 일하는 직원들에게 물어봤더니 확실한 대답이 돌아왔다. 지난 경험과 과거의 달성에 대해 이야기해야 한다는 것이다. 언뜻 보기에는 말이 되는 듯하다. 실제로 획득한 업적은 미래에 어떤 이유로 달성하게 될 가능성보다 훨씬 더 설득력이 있다. 이미 달성한 일은 확실하게 결과가 나와 있는 일이다. 의심의 여지가 없다. 따라서 다른 조건이 모두 동일하다면 새로운 계약을 잘 진행할 곳을 선정할 때 이제 막 일을 시작한 경험 없는 신생 회사보다는 수년간의 경력과 업계 수상 경력을 자랑하는 회사를 고를 가능성이 높아진다. 이와 비슷하게 승진의 경우에도 가능성이 높은 후보자는 이미 상당한 경력과 성공을 거둔 사람이지 앞으로 성공할 가능성이 갖고 있는 사람은 아니다.

하지만 현실이 언제나 그런 것만은 아니다. 미래의 가능성만 보고 눈이 튀어나올 만한 금액에 계약한 신인 운동선수들을 보자. NFL의 쿼터백이었던 자마르쿠스 러셀JaMarcus Russell은 2007년도 NFL 드래프트에서 첫 번째로 지명된 선수였는데, 오클랜드 레이더스와 6,100만 달러에 계약했다. 러셀에게서 잠재력을 본 레이더스가 최고의 금액을 지불한 것이다. 가능성이란 현장에서 성공으로 바로 연결될 수 있는 것이 아니다. 회사에서도 경험이 풍부한 직원을 제치고 전망은 있지만 경험 없는 직원이 먼저 승진하는 경우가 있을 것이다. 사업 기획이나 영업 분야에서 일해본 경험이 있다면 경험이나 과거의 성취가 한참 떨어지는 경쟁자를 만나게 되는 경우도 있을 것이다.

그렇다면 다른 사람을 설득할 때 어디에 초점을 맞춰야 할까? 가능성일까 아니면 현실일까?

설득 과학자 자카리 토르말라Zakary Tormala, 제이슨 지아Jayson Jia,《당신이 지갑을 열기 전에 알아야 할 것들》의 저자인 마이클 노튼Michael Norton은 직관에 반하긴 하지만 기존의 성과보다 가능성에 집중하라고 이야기했다. 어떤 영역에서 가능성은 일하는 데 실제의 탁월함보다 의사 결정자에게 더 와닿기 때문이다. 다른 말로 표현하자면 가능성이 주는 유망함이 현재를 압도하는 것이다.

연구를 통해 토르말라와 동료들은 참가자들에게 대기업의 금융 부문 선임 직책 후보자를 평가해줄 것을 요청했다. 모든 참가자에게 후보자가 코넬 대학교에서 경제학을 전공해 평균 학점 3.82점을 받았고 뉴욕 대학교에서 경영학 석사 학위를 받았다고 알려줬다. 그러고는 몇몇 참가자에게는 후보자가 2년간 비슷한 은행 관련 업무에 경험이 있으며 최근 리더십 성취도 평가에서 100점 만점에 92점을 받았다고 알려줬다. 또 다른 참가자들에게는 후보자가 은행 관련 경력은 없지만 리더십 가능성 평가에서 100점 만점에 92점을 받았다는 것만 이야기했다. 모든 참가자에게는 이런 평가가 지난 2년 혹은 앞으로 2년을 기준으로 진행된 것이라고 설명했다.

눈에 띄게도 참가자들은 이미 무언가를 달성해 증명해 보인 후보자보다 가능성 있는 조건의 후보자를 고용하는 것이 낫다고 생각했다. 이전 관련 경력이 없기 때문에 객관적으로 조건이 좋지 않다고 생각하면서도 말이다. 5년 후 어떤 후보자가 일을 더 잘할 것인가 예측해보라고 요청하자 흥미롭게도 참가자들은 여전히 가능성 있는 후보자를 선택했다. 이어지는 연구에서도 토르말라와 동료들은 같은 결과를 얻었다. 참가자들은 가능성과 현실의 성공을 대표하는 두 사람 사이에서 하나를 선택해야 했고, 가능성에 더 높은 점수를 줬다.

현실 대신 미래의 가능성을 선택하는 것이 직원 채용에서만 나타나는 일은 아니다. 토르말라와 동료들은 사회관계망 서비스SNS 웹사이트의 소비자 중심 환경을 통해 가능성 선호 효과에 대한 증거를 확인했다. 페이스북 사용자들에게 한 코미디언에 관한 일련의 소개를 보여줬다. 절반의 참가자에게는 "이 사람은 차세대 거물이 될 것이다", "내년에는 모든 사람이 이 코미디언에 관해 이야기하게 될 것이다" 등 코미디언의 가능성에 중점을 둔 코멘트를 보여줬다. 나머지 절반에게는 "평론가들은 그가 차세대 거물이 될 것이라고 한다", "모든 사람이 이 코미디언에 관해 이야기하고 있다" 하는 방식으로 코미디언의 현재 성취에 집중한 코멘트를 보여줬다.

은행 담당자를 뽑을 때의 사례처럼 이 실험 참가자들 역시 현재의 성취보다 미래의 가능성을 더 선호했고 페이스북 사용자들은 현재의 성취보다는 미래의 가능성에 관해 이야기했을 때 훨씬 더 많은 관심(클릭률로 확인할 수 있는)과 더 높은 선호도(팬의 수로 확인할 수 있는)를 보여줬다.

왜 이런 결과가 나왔을까? 연구자들은 왜 가능성이 현실보다 더 많은 관심을 받는지 궁금했다. 그들은 그 이유들 중 하나로 현실은 이미 일어난 일로 완벽하게 확실하기 때문이라고 추측했다. 메시지나 커뮤니케이션상에서 명백하게 불리한 조건을 가졌는데도 가능성 있는 사람을 평가할 때 관객이 경험하는 불확실성이 갖는 놀라운 이점 덕분에 더 많은 관심을 불러일으키는 경향이 있다.

그렇다면 결정을 내릴 때 사람들은 현실보다 가능성이 더 중요한 요소라고 믿는 것일까? 그렇지는 않다. 가능성은 주위를 환기하는 특징이 있어서 다른 사람들로부터 더 많은 관심을 끌게 된다는 점을 고려할 때 커뮤니케이터라면 이런 것들과 연결지어 호소하는 것이 의미 있음을 알게 될 것이다. 연구를 진행한 학자들은 바로 이 점을 계속 탐구했는데, 그 결과 가능성에 집중해 주의를 끈 다음 도움이 되는 정보를 즉시 전달할 경우(예를 들어 믿을 만한 출처에 의한 증명, 높은 리더십 점수, 다른 어떤 형태의 설득 메시지) 상대의 태도나 호감이 증가할 가능성이 높아진다고 밝혔다.

사업 파트너가 될 가능성 있는 고객에게 이 상황을 적용시켜보자. 우리 회사가 제공할 수 있는 장점이 새로운 방식의 사고와 과거 관련 경험의 결합이라고 생각해보자. 이런 장점을 소개하는 순서에 대해 관심을 기울여야 한다. 제안을 할 때는 가능성 있는 미래의 혜택에 집중해 고객의 관심을 끈 다음 회사가 예전에 실행한 성공 사례와 성과를 보여주는 것이 좋다.

연구에 따르면, 승진을 원하거나 누군가를 추천할 때 바로 지난 경험을 보여주는 대신 미래의 가능성을 강조하는 쪽이 더 효과적이라고 한다. 이렇게 하면서 구인자들의 관심을 끌 수 있는 기회를 늘릴 수 있고, 이어서 적절한 정보를 통해 실제 달성한 성취와 경험을 더한다면 더욱 관심을 끌 수 있다. 이와 비슷하게 고등학교 졸업생들은 대학 지원서와 함께 준비해야 하는 자기소개서에서 입학사정관에게 자신이 갖고 있는 가능성을 먼저 소개하는 것이 좋다.

그리 매력적이지 않은 매물을 시장에 소개해야 하는 부동산 중개업자라면 매물의 가능성에 더 집중하는 작은 변화를 통해 구매자에게 호의적인 이미지를 만들 수 있다. 예를 들어 황폐한 건물을 홈 오피스 내지는 사랑하는 장모나 시어머니의 유쾌한 은신처로 바꿀 가능성을 강조할 수 있고 "리노베이션을 통해 꿈꿔왔던 집을 가져보시라"고 제안할 수 있다.

다른 경쟁자보다 경력이 부족한 이력서를 들고 일자리를 구하는 경우라면 가능성을 강조하는 접근법이 무엇보다 큰 도움이 될 것이다. 여기서도 경험에 초점을 두는 대신 상승하고 있는 가능성의 증거에 집중하는 추천서가 도움이 될 것이다. 이렇게 미래의 가능성을 강조하는 것만으로 일자리를 얻을 수 있을까? 아마 그렇지는 않을 것이다. 하지만 적어도 면접의 기회를 가져오는 열쇠가 될 수 있을 것이며, 면접에서 좋은 결과를 만들기 위해 이 책에 나오는 수많은 '스몰 빅' 인사이트를 활용할 수 있을 것이다.

21
생산적인 회의를 가능하게 하는
스몰 빅은 무엇일까?

◆
◆

　누구나 한 번쯤 '회의란 회의록이나 쓰고 시간을 흘려버리는 것'이라는 말을 떠올리거나 도대체 회의에서 어떤 생산적인 결과를 만들어내는지 궁금해하며 회의실을 나왔던 경험이 있을 것이다. 25년 전 심리학자 가롤드 스타서Garold Stasser와 윌리엄 티투스William Titus는 사람들이 의사 결정 그룹에서 어떻게 커뮤니케이션을 하는지에 대한 중대한 연구를 수행한 적이 있다. 이 연구는 25년 전에 진행됐음에도 오늘날까지 여전히 의미 있는 결과를 보여준다.

　회의에서는 사람들이 이미 다 알고 있는 것을 서로 이야기하고 듣느라 상당히 긴 시간을 보내게 된다. 더 힘든 일은 새로운 정보를 갖고 있는 사람들이 다른 사람들에게 아무런 정보도 전해주지 못한 채 회의에 참석하고 있다는 사실이다. 그러다 보니 이런 회의에서 내린 결정은 잘해야 그럭저럭 괜찮은 정도이고 최악의 경우 형편없는 결과를 내곤 한다.

최근의 연구도 이런 사실을 재차 확인해준다. 제임스 라슨 주니어 James Larson Jr.와 동료들은 여러 명의 의사에게 두 가지 임상 사례 영상을 보여줬다. 실험에 참가한 의사들은 소그룹으로 나뉘어 각기 약간 씩 다른 비디오를 봤는데, 물론 참가자들은 그 사실을 알지 못했다. 여기에 더해 몇몇 의사에게는 각 임상 사례의 개별적인 정보가 전달됐다. 그 결과 모든 의사가 두 환자의 시나리오에 관해 약간의 정보를 갖게 됐지만 모든 정보를 갖고 있는 의사는 아무도 없는 상황이었다.

비디오를 보고 난 의사들은 두 사례에 관해 다른 그룹과 토론하고 진단과 이에 필요한 처방에 합의했다. 모든 의사가 자신이 지닌 지식을 그룹을 위해 공헌할 때 가장 정확한 진단과 처방이 이뤄질 것이다. 하지만 의사들은 최상의 진단을 하기 위해 정보를 공유하고 교환하는 일을 거의 하지 않았다. 그 결과 미진한 결론에 도달하고 또 문제되는 처방으로 이어지는 것을 연구자들은 확인했다. 간단히 말해 좋은 결과가 나오지 않는 것이다.

정보를 자유롭게 교환하고 효과적으로 커뮤니케이션을 하려면 어떻게 해야 할까? 사무실에서나 집에서 일할 때 '스몰 빅'을 활용하는 네 가지 방법을 알아보자.

큰 차이를 만들 수 있는 첫 번째 작은 변화는 회의 전에 참가자들에게 적절한 정보를 제공하도록 요청한다. 당연하게 들리는 말이지만 이를 규칙으로 실행하고 있는 곳은 극히 드물다. 이 작은 변화만으로 회의에서 다른 사람의 의견에 영향을 덜 받은 상태에서 자신의 아이디어를 개진하는 기회를 얻을 수 있다. 새로운 아이디어를 도출하는 것이 목적인 회의에서는 특히 효과적이다. 미리 회의에 적극적으로 기여해달라고 부탁하면 다양한 의견을 들을 수 있게 되고 훨씬 더 많은 아이디어를 만들어낼 수 있다.

비슷한 접근법을 트레이닝이나 가족회의에서도 사용할 수 있다. 예를 들어 그룹 구성원 모두가 다 같이 참여하는 것이 도움이 되는 경우 모든 사람에게 아이디어와 제안을 같은 시간에 제출하도록 요구하는 대신 얼마 동안 조용히 시간을 보내며 아이디어를 생각한 뒤 이를 적어서 제출하도록 하면 더 효과적인 결과를 볼 수 있다. 이렇게 하면 말수가 적은 구성원이 목소리가 큰 다른 사람 때문에 혼란스러울 일 없이 통찰력 있는 아이디어를 낼 수 있다. 이런 작은 변화에는 별다른 추가 비용 없이 잠깐의 침묵만 필요할 뿐이다.

큰 차이를 만들어내는 두 번째 작은 변화는 회의를 주재하는 사람이 맨 마지막에 이야기하는 것이다. 회의를 주재하는 사람은 자신이 행사하는 영향력을 제대로 인식하지 못한다. 리더, 매니저, 가족 내 연장자가 아이디어를 먼저 내면 나머지 사람들 대부분은 이 아이디어를 따르게 되고 다른 아이디어나 제안은 사라지게 된다. 이렇게 잠재적으로 도움이 되지 않는 영향력 행사를 피하려면 리더들은 자신이 아이디어나 제안을 내기 전에 먼저 다른 사람들의 아이디어나 제안을 들어야 한다.

세 번째로 체크리스트의 가치를 인식하는 것이 도움이 될 것이다. 의사들이 체크리스트를 사용하면 최선에 미치지 못하는 결정을 피할 수 있고 올바른 행동을 할 수 있다. 아툴 가완디Atul Gawande가 자신의 책《체크! 체크리스트Checklist Manifesto》에서 말했다시피 이 목록에는 놀라울 정도로 당연하지만 만일 실수로 빠뜨리면 심각한 재앙을 불러올 내용이 담겨 있다. 환자 신원은 확실한가? 이 환자의 의료 기록은 갖고 있나? 환자에게 특별한 알레르기가 있지 않나? 혈액형은 무엇인가?

이처럼 회의 제안자는 회의 전 체크리스트에 정리해야 할 필수 요소들을 고안해야 한다. 적절한 사람들이 참석하는가? 전문성은 적절히 안배됐는가? 긍정적인 방식으로 다른 견해를 내놓을 만한 사람도 참석하는가?

마지막으로 최근 줄리엣 주Juliet Zhu와 J. J. 아르고J. J. Argo는 회의 테이블의 자리 배치에 미묘한 변화를 주는 것만으로 사람들의 관심 집중 방식에 영향을 줄 수 있다고 했다. 예를 들어 빙 둘러앉게 자리를 배치하면 소속감을 강화할 수 있다. 이렇게 자리를 잡으면 사람들은 그룹 전체의 목표에 집중하고 개인보다는 그룹의 혜택을 강조하는 메시지와 제안에 더 쉽게 설득된다. 이와 달리 자리를 L자 모양이나 사각형으로 배치한다면 반대 효과가 나기도 한다. 이런 자리 배치는 독특함에 대한 사람들의 욕구를 활성화한다. 그 결과 사람들은 자기중심적이고 개인주의를 강조하는 메시지와 제안에 더 민감하고 더 호의적으로 반응한다.

사람들 사이에 협조와 협동 분위기를 만들어내는 것이 회의의 목적이라면 둥그렇게 둘러앉는 것이 훨씬 도움이 될 거라고 연구자들은 조언한다. 스태프들을 설득해 다음 단계의 업무와 미래 행동 계획을 세워야 하는 자리라면 원형으로 앉도록 준비하는 것이 좋다. 주로 주변부에 머무르며 논의에 적극적으로 참석하지 않는 사람이 많다면 이렇게 앉는 것이 특히 더 중요해질 것이다.

만일 리더가 팀원들에게 개인 차원에서 각각의 책임을 부가하려 한다면 그때는 모서리가 있도록 사각형이나 직사각형으로 자리를 배치하는 것이 좋다.

물론 어떤 경우에는 회의가 집단적인 동시에 개인적인 요소를 갖고 있을 수 있다. 그렇다면 회의 도중에 자리 배치를 바꾸는 것도 한 가지 방법이 될 것이다. 예를 들어 컨퍼런스 진행자가 회의 초반부에 협조와 공동 작업이 필요하다고 느낄 경우에는 참석자들이 원형으로 앉도록 행사장을 배치할 수 있다. 그러다 회의의 목적이 개인의 주의와 집중을 필요로 하는 주제로 전환되는 경우에는 진행자가 사각형 좌석 배치를 해 작은 변화를 줄 수 있다.

회의 기획자가 시도할 수 있는 또 다른 작은 변화는 참석자들이 자기 마음대로 좌석에 앉는 것이 아니라 특정 좌석에 앉도록 지정해주는 것이다(항상 비슷한 사람들끼리 모이게 마련이라는 점을 기억하라). 한 웨딩 플래너의 말에 따르면, 결혼식 참석자 대부분이 좌석에 있는 자기 이름표를 따라 제자리에 앉는다고 한다.

22
옷 입기에서의 스몰 빅은 무엇일까?

◆

◆

　몇 주 혹은 몇 달에 걸친 노력과 고집이 필요한 일이었다. 하지만 이런 노력이 마침내 그 몫을 해냈다. 전화가 울려 받았더니 새로운 고객이 될 가능성 있는 상대의 비서였다. 다음주에 있을 회의를 확인하기 위해 연락했다고 한다. 회의를 위한 계획을 세우기 전에 스스로 축하하는 순간을 잠시 즐긴다. 이와 같은 만남은 좀처럼 이뤄지기 힘든데 멋진 인상을 주려면 기회는 단 한 번뿐이다. 이 상황이라면 신뢰할 만하고 믿음직한 커뮤니케이터의 모습을 보여줘야 한다. 또한 친근하고 호감 있고 가까이하기 쉽고 영향력 있는 사람으로 보여야 한다.

　그렇다면 이런 자리에 어떤 옷을 입어야 할까? 수년 동안 설득을 연구해온 과학자들은 영향력을 행사하려는 사람의 옷차림이 주는 효과에 대해서도 연구했다. 사회심리학자 레너드 빅먼Leonard Bickman은 멋진 차림새의 강력한 영향력에 대한 연구로 잘 알려져 있다.

　빅먼은 지나가는 행인을 잠깐 멈춰 세우고 몇 가지를 요청하는 실험을 했다. 바닥에 떨어진 쓰레기를 주워달라거나 버스정류장 옆 특정한 장소에 서 있어달라는 등과 같은 부탁을 했고, 때로는 전혀 모르는 사람에게 주차 자동 정산기에 넣을 동전을 빌려달라고 부탁했다.

빅먼은 각각의 경우에 요청 자체가 아닌 요청하는 사람의 옷차림에 약간씩 변화를 줬다. 때로는 요청자가 캐주얼한 차림을 했고, 때로는 경호원처럼 제복을 입기도 했다. 이 연구 이전에 실시한 조사에서 대부분의 참가자들은 유니폼이 사람들의 반응과 결정에 어떤 영향을 미칠지 과소평가했다. 하지만 실험 결과 완전히 다른 상황이 연출됐다. 경호원 제복을 입은 요청자에게 두 배나 더 많은 사람이 응답했고 그의 요청을 들어줬다.

최근 실행한 다른 연구에서도 비슷한 효과가 확인됐다. 영국에서 실시한 조사에 따르면, 청진기를 걸고 있는 의료진과 그렇지 않은 의료진을 비교할 때 사람들은 청진기를 걸고 있는 의료진이 전해준 메시지를 훨씬 잘 기억하는 것으로 나타났다. 청진기를 사용할 필요가 전혀 없었는데도 말이다. 청진기는 전문 의료진이 진단을 내리는 데 도움이 될 뿐 아니라 청진기를 걸고 있는 사람의 신뢰성과 지식을 환자에게 알려주는 효과적인 수단으로 작용했다.

깔끔한 비즈니스 정장 차림이 설득하는 데 상당한 영향을 미친다는 연구도 있다. 실험을 했더니 슈트를 입은 사람이 빨간 신호등이 켜져 있을 때 길을 건너면 캐주얼한 차림을 한 사람이 건널 때보다 350 퍼센트나 더 많은 사람이 따라 하는 것으로 나타났다.

이런 모든 연구에서 보듯이 입고 있는 옷은 아주 단순한 이유로 사

람들의 행동에 영향을 미친다. 요청자의 전문성을 보여주는 정보로 존재하는 것이다. 옷차림이 주는 암시는 분명하다. 누군가 처음 만날 때에는 자신의 전문성과 신뢰를 보여줄 수 있는 옷을 입어야 한다. 이렇게 하는 것은 설득의 과학에서 가장 기본적인 원칙인 '권위 원칙'과도 부합된다. 권위는 불명확한 상태에서 충분한 지식과 신뢰를 지닌 사람이 해주는 조언이나 충고를 따르도록 사람들에게 큰 영향력을 행사한다.

오늘날 비즈니스와 관련한 각종 회의가 수월하지만은 않다. 포멀 비즈니스 룩에서 드레스 같은 캐주얼, 그 사이 어디쯤인가 자리한 옷차림 등 비즈니스와 관련해 다양한 드레스 코드가 존재하는데, 인간의 의사 결정에서 중요한 역할을 하는 유사성을 고려해 옷을 입으면 효과적일 것이다. 앞 장에서 청중들과 공유하고 있는 독특한 점을 강조함으로써 목표가 되는 대상을 훨씬 효과적으로 설득할 수 있다고 설명했다.

특정 조직의 드레스 코드를 알아내고 이를 비즈니스 미팅 때 적용하는 것보다 더 효과적으로 동질성을 강조하고 차이점을 줄이는 방법이 있을까? 물론 이런 접근법에도 함정이 있다. 평상시 당신이 선호하거나 익숙한 드레스 코드가 아니라면 어떻게 할 것인가? 그들이 만들어놓은 기준을 따름으로써 진정한 친밀성을 보여줄 것인가? 유사성을 강조하다가 자신의 권위와 신뢰에 흠을 입히는 것은 아닐까?

좀 더 간단히 질문을 해보자면 이렇다. 권위와 유사성 중 어느 것이 더 설득력 있는지 확실한 해답이 존재할까? 아쉽게도 이 질문에 관해 직접적인 답을 들려주는 연구 조사는 아직 없다. 그렇다고 해도 설득이라는 대상에는 두 가지 접근법을 모두 구사하는 것이 훨씬 더 효과적일 것으로 보인다. 영향력을 행사하려는 대상과 비슷한 방식으로 옷을 입되 한 단계 더 높은 수준으로 옷을 입어야 한다. 예를 들어 조금 더 편안하고 캐주얼한 복장 규범을 보유하고 있는 회사에 갈 때는 넥타이를 하고 재킷을 입는 것이 좋다.

23

팀을 전문가로 포지셔닝할 때
효과적인 스몰 빅은 무엇일까?

◆

◆

커뮤니케이터의 역할은 상대방의 태도와 의사 결정, 행동을 변화시키는 메시지를 개발하고 전달하는 것이다. 여기서 중요한 것은 어떻게 이 메시지를 잘 만드는가의 여부다.

사회심리학자들이 수년 동안 이 문제에 관해 많은 통찰력과 아이디어를 제공했지만, 그중 가장 의미 있는 것은 설득에 관한 생각에 미묘하지만 중요한 변화를 가져온 앤서니 그린월드Anthony Greenwald의 '인지적 반응 모델'이다. 이 이론에 따르면, 커뮤니케이션이 어느 정도의 변화를 만들어내는지를 살펴볼 수 있는 최고의 지표는 커뮤니케이션 자체가 아니라 커뮤니케이션하는 상대방이 커뮤니케이션 결과를 당신에게 무엇이라고 말하느냐다.

설득을 하는 데 커다란 차이를 이끌어내는 메시지의 변화를 규명하려 할 때 연구자들은 전통적으로 메시지의 명확성, 구조, 논리 등과 같은 요소에 집중한다. 수신자의 메시지 이해 여부가 설득에 중요한 역할을 하기 때문이다. 분명히 맞는 이야기지만, 인지적 반응 모델은 메시지 자체가 변화의 직접적인 원인이 아니라고 강조하며 중요한 통찰을 선사했다. 자기 자신과의 대화, 메시지에 노출된 후 보여주는 내적인 인지반응이 변화의 원인이라는 것이다. 더 간단히 말하면 메시지를 받은 후 수신자 스스로가 뭐라 말하는지가 중요하다는 것이다.

수많은 연구가 이 모델을 지지한다. 예를 들어 앤서니 그린월드의 설득 실험 중 하나를 살펴보면, 어떤 주제에 관한 상대방의 태도 변화는 호소력 있는 설득 요소 때문이 아니라 당시 자기 자신에게 했던 언급을 기억하기 때문에 가능하다.

누군가를 설득해야 할 때 이런 의견은 어떤 의미를 지니는 걸까? 고속도로 제한속도를 더 낮추자는 의견에 동조해줄 마을 주민들에게 편지를 쓴다고 생각해보자. 청중들이 어떻게 반응할지 생각해보지 않고 무작정 편지를 쓰는 것은 어리석은 일이다.

그렇다면 커뮤니케이션 효과 면에서 큰 차이를 만들어주는 작은 변화는 무엇일까? 우선 독자들이 편지를 읽고 스스로에게 긍정적으로 이야기하도록 자극하는 방법을 고려해야 한다. 자신이 의도한 메시지의 가장 중요한 특징(논쟁거리가 될 만한 강점과 논리)에 덧붙여 긍정적인 반응을 자극할 일련의 다른 요소들도 고려해야 한다. 예를 들어 지역신문이 고속도로 교통사고의 문제를 소개할 때까지 편지 보내는 것을 미뤄두면 어떨까. 이런 뉴스가 보도된 후 편지를 받게 되면 그 메시지는 다른 정보와 잘 어울려 편지 수신자들에게 훨씬 더 타당성 있게 느껴질 것이다. 또 고급 종이에 편지를 인쇄하는 것으로도 사람들로부터 더 많은 호의적인 반응을 이끌어낼 수 있다. 자신이 주장하는 캠페인에 더 많은 관심을 표현하고 더 많은 비용을 투자하는 것은 그만큼 그 사람이 확신이 있기 때문이라고 청중들은 생각한다.

메시지가 긍정적인 자기 대화를 만들어내는 것보다 더 중요한 것은 부정적인 자기 대화를 피할 수 있게 해주는 작지만 중요한 단계다. 특히 언급할 내용이 듣는 사람이 속으로 반론을 갖게 될 내용이라면 더욱 주의해야 한다.

설득을 연구하는 사람들은 메시지에 대해 청중이 제기하는 반론이 메시지의 효과를 얼마나 떨어뜨리는지 보여준다. 그렇기 때문에 편지 내용에 과속이 심각한 자동차 사고를 불러온다는 저명한 교통안전 전문가의 언급을 넣으면 좋을 것이다.

얀 엥겔만Jan Engelmann, 모니카 카프라Monica Capra, 찰스 누사이르Chalres Noissair 그리고 그레고리 번스Gregory Burns는 최근 진행한 뇌 영상 연구에서 왜 이런 수단이 효과가 있는지 이야기해준다. 연구 참가자들에게 익숙하지 않은 재정적 선택을 하도록 요청했다. 그중 어떤 것에는 전문가(유명한 경제학자)의 조언을 첨부했다. 경제학자의 가이드가 있을 때 참가자들의 선택은 전문가의 조언에 상당한 영향을 받았다. 참가자들의 뇌 활성 패턴을 통해 그 이유를 알 수 있었다. 전문가의 조언이 등장하자 비판적 사고, 반론과 관련된 부분이 비활성화되는 것으로 나타났다.

커뮤니케이션 전문가들이 어떻게 그토록 효과적인 기술을 구사하는지는 이런 발견을 통해 짐작할 수 있다. 하지만 사람들이 중요하게 여기는 것은 오직 합법적인 권위만은 아니다. 무언가를 선택하는 데 권위가 영향을 미치는 유일한 요소는 아니다. 하지만 스스로 확신이 없을 때 사람들은 다른 요소에 대한 인지적인 고려를 중단하고 권위 있는 의견을 따른다. 연구자들 중 한 사람은 새로운 발견이 기존의 이성적 결정 모델에 어떤 도전이 됐는지를 다음과 같이 이야기했다.

"전통적인 세계관을 따른다면 사람들은 조언을 받아들이고 이 조언을 자신이 갖고 있는 정보와 통합해 결론을 내게 된다. 그것이 사실이라면 결정을 관장하는 뇌 영역에서 활동이 일어날 것이다. 하지만 우리가 확인한 바에 따르면, 전문가의 조언을 받게 될 경우 그런 뇌 활동은 사라져버린다."

여기서 두 가지 교훈이 등장하는데, 영향력을 행사하려는 커뮤니케이터라면 주의를 기울여야 할 것이다. 우선 사람들은 종종 비판적 사고와 반론 능력을 잊어버리고 전문가의 조언에 귀를 기울이기 때문에 전문성을 지닌 커뮤니케이터라면 과정 초반에 관련 분야에 대한 전문성을 제대로 보여줘야 한다. 아울러 상대방이 만나게 될 당신 조직의 다른 직원들과 관련해 이들의 이력이나 신용도를 보여줄 수 있도록 적절한 준비를 해야 한다.

아무리 현명한 커뮤니케이터들조차 누군가를 설득하기 전에 자신과 동료의 전문성을 알리는 과정을 종종 잊어버린다. 따라서 간단해 보이지만 중요한 이 일을 잘 챙겨야 한다. 이런 점들을 기억한다면 놀라운 결과가 나올 것이다.

수많은 보건소를 힘들게 하는 문제를 예로 들어보자. 서비스를 요청하는 사람은 많고 요구를 만족시킬 자원은 부족하다. 이런 문제에 맞닥뜨렸을 때 즉각적이고 확실한 대응은 생산성을 높이는 것이다. 하지만 이런 해결책은 비용이 많이 들고, 많은 서비스 단체가 증명하듯 서비스에 대한 요구가 계속 이어지며 자원의 투입도 확장되는 성향이 있다.

영국에서 의대를 졸업하고 막 의사가 되면 다른 나라의 경우와 마찬가지로 많은 병원과 보건소를 돌면서 기술을 연마하게 된다. 이런 순환 배치는 보건소에 상당한 도움과 자극이 된다. 하지만 환자들은 경험이 적은 의사와 상담하는 것을 꺼리는 경향이 있어서 좀 더 기다렸다 레지던트와 상의하는 편을 선호한다. 여기서 문제가 일어난다. 영국의 가장 좋은 의대를 졸업하고 최신 기술과 의학 정보로 무장한 의사가 있다고 가정할 때 환자가 이런 의사에게 진료를 받는 것이 좋은 선택인지 아닌지 논란이 일어날 수 있다. 의료 체계 내에서 여러 가지 자원과 투자가 필요한데, 여기에는 아직 활용되지 못한 채 그대로 잠자고 있는 자원도 많다.

이런 불균형을 조정하기 위해 다수의 보건소에서 실험에 나섰다. 신참 의사들의 사진과 함께 자격 증명과 이들이 최신 의학 정보를 지니고 있다는 사실을 소개했다. 이처럼 리셉션 담당 직원이 설명이나 소개 방식을 조금 바꾸는 것만으로도 중요한 변화를 이끌어낼 수 있다. "다른 의사가 대신 진료할 수 있습니다"라고 말하는 대신 신뢰도를 높일 수 있도록 "최근 의대를 졸업하고 합류한 재능 있는 의사와 약속을 잡아드릴 수 있습니다"라고 말한다. 이렇게 간단하고 별다른 비용이 들지 않는 개입을 사용해 사람들의 요구와 자원을 재배치할 수 있다. 이런 방식으로 보건소에서 진료를 기다리는 시간을 많게는 50퍼센트나 줄일 수 있었는데, 이는 시스템 전체를 바꾸는 대신 사소한 맥락의 변화만으로 가능했다.

자기 자신과 동료들의 전문성을 청중들에게 전달하는 것만큼이나 당신의 경력, 경험, 기술을 아무런 과장 없이 소개하는 것이 중요하다. 자신이 지닌 노하우를 과장했다가 나중에 속였다는 사실이 밝혀지면, 이후 당신이 충분히 전문성을 강조할 수 있는 부분조차 사람들에게 신뢰감 있게 설득할 수 있는 기회를 잃어버리게 된다.

24
확신 없는 전문가에게 권한을 위임하는
스몰 빅은 무엇일까?

◆

◆

앞 장에서 메시지나 제안을 소개하기 전에 우선 자신의 전문성을 강조함으로써 커뮤니케이터가 어떻게 사람들의 반응에 큰 차이를 만들어내는지 이야기했다. 2,000년 전 로마의 시인 베르길리우스는 사람들에게 "전문가를 믿어라" 하고 조언했다. 얀 엥겔만과 그의 동료는 뇌 사진 연구를 통해 이 조언이 오늘날까지도 유효하다는 사실을 증명해줬다. 아니 오늘날에는 더욱 효과가 커졌다고 해야 할 것이다. 그도 그럴 것이 오늘날에는 직업적인 삶은 물론 개인적인 삶에서도 날마다 엄청난 정보의 공격에 직면한다. 이런 정보 과잉의 맥락 속에서 우리는 여론 등 의사 결정의 지름길을 찾으려 한다. 더 나은 지식과 지혜를 지닌 사람들이 의사 결정에 상당한 영향을 미치는 것은 당연한 일이다.

다행히 도움을 주려는 전문가가 부족했던 적은 없다. 비즈니스 세계에는 옳은 결정을 내리려는 조직이나 단체를 도우려는 전문가가

끊이지 않는다. 개인의 삶에서도 마찬가지다. 최신 투자 정보로 무장한 재무 상담사가 항상 준비하고 있으며 최고의 자녀 양육 비결을 갖춘 부모 역할 코치, 멋진 몸매와 건강을 유지하도록 도와주는 개인 트레이너도 존재한다.

그런데 여기서 아이러니한 일이 등장한다. 오늘날처럼 정보 과잉의 시대에는 우리를 도와줄 전문가들을 찾아야 할 필요가 있지만, 동시에 전문가의 홍수로 말미암아 어떤 조언을 듣고 따라야 할지 혼란이 생긴다. 모두가 전문가라고 주장하는 이런 정보 시대에 누구를 따라야 할지 어떻게 알 수 있을까?

아마도 그중 가장 신뢰하는 전문가의 이야기를 들어야 할 것이다. 결국 가장 확신에 찬 전문가들에 의해 설득당한다는 사실을 우리는 직관적으로 알고 있다. 그렇지 않은가?

하지만 실제로는 그렇지 않다. 소비 심리를 연구하는 우마 카르마카Uma Karmarkar와 자카리 토르말라Zakary Tormala는 사람들이 언제나 가장 신뢰하는 전문가의 조언을 받아들이는 것은 아니라는 사실을 확인했다. 오히려 자신의 주장에 확신을 갖지 못하는 전문가의 조언을 따르는 경우가 많았다. 어떤 문제에 대해 확실한 답을 갖고 있지 못하거나 확신하는 사람이 없는 상황과 관련된 조언인 경우에 특히 그러했다.

카르마카와 토르말라는 연구에서 고객들에게 비앙코라는 이름의 새로운 레스토랑에 관한 긍정적인 리뷰를 들려줬다. 고객들 중 절반에게는 정기적으로 매체에 기고하는 저명한 음식평론가가 이 리뷰를 썼다고 말했고, 다른 절반에게는 주로 패스트푸드 레스토랑에서 식사를 하는 거의 알려지지 않은 블로거가 리뷰를 썼다고 말했다. 이전 연구들과 마찬가지 맥락에서 유명하고 경험이 풍부한 레스토랑 리뷰 전문가가 쓴 글을 읽은 사람들이 알려지지 않은 블로거가 쓴 글을 읽은 사람들보다 더 많은 영향을 받았다. 하지만 여기서 끝난 것은 아니다.

실험을 하며 리뷰를 쓴 사람의 전문성 차이에 덧붙여 리뷰 자체를 얼마나 확신하고 있는지에 대해 차이를 뒀다. 예를 들어 자신감 넘치는 리뷰에서는 "이곳에서 저녁을 먹었는데 틀림없이 별 4개를 줄 수 있다"고 썼다. 확신이 약한 리뷰에서는 "비앙코에서 단 한 번 식사를 했기에 의견을 확실하게 이야기하기 어렵지만, 이 레스토랑에 별 4개를 줄 수 있을 것 같다"고 적었다.

불확실한 평가를 내린 전문가의 리뷰를 읽은 사람들이 이 레스토랑에 더욱 호의적이었고 확신에 찬 전문가의 리뷰나 블로거의 리뷰를 읽은 사람들보다 방문 의지가 높았다. 각각의 경우에서 리뷰는 변한 것이 없었다. 다만 확신에 차 있는 정도가 약간 차이 있을 뿐이었다.

이런 결과를 놓고 카르마카와 토르말라는 다음과 같이 지적했다. 전문가가 자신의 의견에 확신을 갖기를 기대하는 일반적인 상황에서 전문가가 불명확한 의견을 표현하면 사람들은 오히려 그 이야기에 마음이 끌린다는 것이다. 전문성 있는 출처가 불명확함과 연계되면 사람들의 관심을 끌게 된다. 또 전문가들이 만들어낸 주장이 여전히 강력한 영향력을 발휘한다는 사실과 메시지의 특징에 끌리는 관객들의 경향을 연계하면 훨씬 효과적인 설득이 가능하다.

이런 깨달음은 메시지의 설득력을 높이려는 커뮤니케이터들에게 중요한 교훈을 준다. 작고 사소한 것들이 당신의 성공에 심각하고 유해한 결과를 가져올 것이란 생각에 자신의 주장에서 작은 의문과 흠집, 가벼운 불명확성을 감추려 할 것이다. 하지만 확실한 단 하나의 해답이 존재하지 않는 상황에서는 별 이득 없이 여러 근거를 대는 것보다 차라리 사소한 불명확성을 드러내는 것이 훨씬 더 영향력 있고 이로운 결과를 만들어낸다.

의사 결정자를 설득해야 하는 경우 경영 컨설턴트는 추천이나 제안을 할 때 사소한 불명확성을 감추거나 그 뒤에 숨기보다는 이런 사소한 문제를 인정하고 끌어안는 것이 훨씬 더 설득력을 줄 수 있다. 이렇게 하면 또 하나의 장점이 있다. 이 전략이 신뢰를 구축할 가능성을 더 높여준다는 점이다.

25
'위키스트 링크'를 방지해주는
스몰 빅은 무엇일까?

◆

◆

〈위키스트 링크Weakest Link〉는 텔레비전에 등장한 이래 전 세계적인 성공을 거두며 수십 개국에서 방송된 퀴즈 쇼 프로그램이다. 이 게임은 지식을 다투는 것은 물론 교활함도 테스트한다. 초반에는 상금을 적립하기 위해 참가자들이 질문에 답한다. 각 라운드 말미에 투표로 한 참가자를 퇴장시켜 최종 2명이 남아 상금을 다툰다. 이기기 위해서 참가자들은 명확한 전략을 구사해야 하고, 냉정함을 잃지 않아야 하며, 충분한 지식을 갖춰야 한다. 다른 사람에게 영향력을 행사해야 하는 사람들 누구라도 중요하다고 생각하는 기술을 발전시킬 필요가 있다.

하지만 경기에서 이기도록 영향을 주고 중요하지만 덜 알려진 또 다른 요소가 있지 않을까?

〈위키스트 링크〉의 지난 에피소드를 분석하면서 사회과학자 프리야 라구비르Priya Raghubir와 앤 발렌수엘라Ann Valenzuela는 이 쇼의 특징인 반원형 무대에서 가운데 두 자리에 서 있는 사람이 다른 자리에 있는 사람들보다 승리할 확률이 더 높다는 사실을 확인했다. 다시 말해 그저 전략이나 충분한 지식, 강력한 정신력만이 이 게임쇼에서 승리하기 위한 요소가 아니라 참가자가 어디에 서 있는지도 중요하다는 것이다.

연구자들은 이 미묘하지만 중요한 자리 변화가 텔레비전 게임쇼의 결과에만 영향을 미치는 것은 아니라고 밝혔다. 예를 들어 인터뷰 자리에 서 있는 구직자나 회의에 참석한 중역의 경우 중간에 자리 잡은 사람이 주위 동료들에게 더 많은 영향을 끼친다는 증거를 찾아냈다. 그 이유가 무엇일까? 라구비르와 발렌수엘라는 가장 중요한 인물은 중간에 자리하게 마련이라는 사람들의 연상과 믿음을 그 이유로 꼽았다. 결혼식 피로연에서 신랑 신부의 자리, 이사회에서 사장의 자리, 올림픽 경기에서 금메달 수상자의 위치를 생각해보면 쉽게 답이 나올 것이다.

중요한 사람은 '중간'에 자리한다는 일반적인 기대와 이런 위치의 중요성으로 말미암아 중간 자리에 서 있는 사람들이 저지르는 실수나 잘못을 간과하는 문제가 발생하기도 한다. 의견을 낼 때 중간 자리에 앉은 사람이 성급하게 낸 제안에 대해 사람들이 별로 문제를 제기하지 않는 말 그대로 '부주의의 중심center of inattention'에 앉아 회의를 주재하는 리더들은 좀 더 주의 깊게 생각해볼 필요가 있다.

자신의 아이디어나 제안을 강조하고 싶다면, 만일 이 아이디어나 제안이 썩 괜찮다면 한가운데 자리에 앉는 약간의 변화로 자신의 영

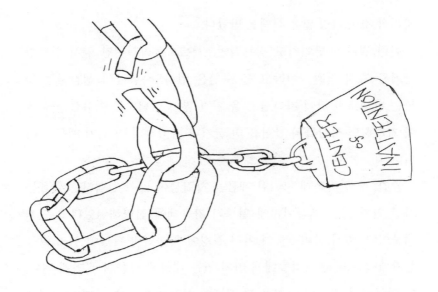

향력을 더욱 강화할 수 있다. 그룹으로 연설을 하거나 프레젠테이션을 할 때도 중간에 자리한 사람에게 가장 중요한 핵심 메시지를 전달하게 하면 좋다.

회의를 할 때 어디에 자리 잡을지가 왜 중요한지를 알려주는 이 연구뿐만 아니라 다른 몇 가지 연구를 통해 제품과 서비스에 관해 소개할 때도 사전 계획이 얼마나 중요한지를 알려준다. 이 가설을 확인하기 위한 연구에서 참가자들에게 각기 다른 향을 지닌 껌 세 가지를 나란히 진열해놓고 그중 하나를 선택하라고 요청했다. 순서를 아무리 바꿔놓아도 사람들이 가장 빈번하게 선택한 것은 가운데에 자리한 제품이었다. 선택의 폭을 넓혀 껌뿐 아니라 다른 제품(동일한 가격) 다섯 가지 중 하나를 고르게 했을 때도 같은 결과가 나타났다. 중간에 자리한 것이 가장 많은 선택을 받았다.

이런 결과가 당연하고 직관적인 것으로 들리겠지만 앞서 설명한 근거를 그저 직관적이라고 볼 수만은 없다. 사람들이 생각하는 것과는 반대로 중간에 자리한 것을 가장 많이 선택하는 이유는 가운데에 자리하면 사람들의 관심을 더 끌거나 기억하기 더 쉽기 때문이 아니다.

중간, 즉 한가운데 자리한 제품을 사람들이 많이 선택하는 이유는 가장 인기 있는 제품이기에 일부러 가운데에 진열해놓았다고 믿기 때문이다. 앞서 살펴봤듯이 어떤 결정이 최선인지 확신이 서지 않는 상황에서는 다른 사람들에게 인기 있는 대상에 마음이 끌리게 된다. 이 연구에서 제품의 인기는 그 제품이 어떻게 인기를 얻게 됐는지에 관한 정보가 아니라 어디에 놓여 있는가 하는 위치와 깊이 관련돼 있다는 사실에 주목하자.

인기 있는 제품을 만드는 제조업자는 그 명성을 잃지 않도록 매장 진열대에서 좋은 위치를 확보해 영향력을 계속 유지하려고 애쓰는데, 이를 위해 때로는 매장 담당자에게 비용을 지불한다. 혹은 제품 포장에 '베스트셀러', '가장 인기 있는' 등의 문구를 직접 적어 매장 진열대 어디에 자리하든 제품이 대중으로부터 '강력한' 인기를 얻고 있음을 정직하게 보여줄 수도 있다.

26

창의적인 사고를 자극하고 격려하는
스몰 빅은 무엇일까?

◆

◆

    환경과 주위 상황이 우리의 행동과 결정에 상당한 영향을 미친다는 사실을 보여주는 연구는 많다. 예를 들어 뷔페 레스토랑에서 작은 접시를 놓아두면 사람들이 덜 먹는 경향이 있고, 계산서를 놓는 트레이에 신용카드 로고가 보이도록 올려놓으면 팁을 더 많이 받게 되고, 학교가 아닌 교회에 기표소를 마련했을 때 더 보수적인 쪽에 투표하는 경향이 있다.

    이 사례들을 볼 때 결정을 내리고 행동을 옮기는 것은 직접적인 요청이나 부탁에 의해서가 아니다. 당시 행동은 자동적이고 무의식적인 변화를 가져오는 특정 환경에 영향을 받는다.

    투표 장소를 통해 선거 관련 선택에 영향을 주고 접시 사이즈를 작게 해 칼로리 섭취량을 줄이는 것을 넘어서 커다란 차이를 만들어내는 작은 환경 변화가 가능한 부분은 또 어떤 것이 있을까? 일과 관련한 회의나 협상의 자리라면 어떠할까?

최상의 방식을 공유하고 동료들 간에 새로운 아이디어를 만들어내며 새로운 사고를 장려하기 위해 많은 조직이 회의를 준비한다. 이런 회의에 참석한 경험이 있다면 참석자의 수(이들의 개성이나 특징)나 제공되는 점심 뷔페와 음료의 수준 등 성공 여부에 영향을 미치는 여러 가지 환경적 요소를 눈치챘을 것이다. 현실에서 벗어나 자유롭게 생각할 수 있도록 팀을 자극하는 또 다른 요소는 없을까?

이런 분야를 연구하는 조안 메이어스-레비Joan Meyers-Levy와 줄리엣 슈Juliet Shu는 천장이 높은 경우 회의 참가자들이 개념적이고 창조적으로 사고하고, 낮은 경우 구체적이고 경직된 사고를 하게 된다고 주장했다.

이런 주장을 확인하기 위해 연구자들은 참가자들에게 워드 점블 문제(철자를 바꾸는 애너그램 게임)를 풀게 했다. 한 그룹은 천장이 낮은 (2.4미터) 방에서, 다른 한 그룹은 조금 더 천장이 높은(3미터) 방에서 문제를 풀었다. 참가자들 중 몇 명에게는 '자유로운liberated', '제한 없는unlimited', '해방된emancipated' 것처럼 자유나 창조와 연관된 단어 문제를 풀게 했다. 다른 사람에게는 '제한된restricted', '구속된bound', '억눌린restrained' 등 제한적인 콘셉트의 단어를 풀게 했다.

참가자들은 천장이 높은 공간인 경우 자유와 관련된 문제를 더 빨리 풀었고 제한과 관련된 문제를 더 늦게 풀었다. 천장이 낮은 경우에는 제한과 관련된 문제를 자유와 관련된 문제보다 더 빨리 풀었다. 그 뒤를 이은 연구에서도 창의적인 사고의 특징이라 할 수 있는 추상적인 개념 사이의 상호 연결성에서 천장이 높은 방이 천장이 낮은 방보다 더 좋은 결과를 보여줬다.

이 연구 결과를 보면 회의나 팀 워크숍, 트레이닝을 진행하는 경우 그리고 창조적인 사고를 필요로 하는 경우라면 미리 천장이 높은 공간을 선정하는 작은 변화를 시도하는 것이 좋다. 이런 공간에서는 덜 제한적인 방식으로 사고할 수 있기 때문이다.

만일 회의가 특정 아이템이나 도전에 관한 것이고 새로운 아이디어를 개발해야 할 필요보다는 특정 행동과 계획을 세워야 하는 경우라면 천장이 낮은 공간을 선택하는 것이 좋다. 우선 새로운 아이디어를 내고 그다음 이 아이디어를 어떻게 실현하고 구체화할지 고민해야 한다면 천장 높이가 다른 2개의 방을 골라 창의적인 사고를 하고 구체적인 계획과 행동으로 옮기는 법을 논의할 수 있다. 이렇게 하면 비용은 조금 더 들겠지만 결국은 의미 있는 투자가 될 것이다.

그렇다면 아이디어를 도출하는 회의와 달리 이익을 내기 위해 협상을 해야 하는 회의라면 어떻게 해야 할까? 협상이 진행되는 환경이 거래의 결과를 바꾸는 특정 행동에 영향을 미칠까? 예를 들어 익숙하지 않은 공간보다 내 사무실에서 비즈니스 협상을 진행하면 훨씬 더 큰 설득력을 발휘하지 않을까?

다음 장에서 설득의 과학이 이 질문에 어떻게 답할지 살펴보자.

27
장소의 변화로 협상 결과를 바꾸는
스몰 빅은 무엇일까?

◆

◆

1989년 냉전이 끝나갈 무렵 미국의 조지 부시 대통령과 소련의 미하일 고르바초프 서기장이 정상회담을 진행한 장소는 몰타의 해안가에 떠 있던 소련의 함정 막심 고리키 호와 미국 해군의 순양함 벨크냅 호였다. 보스니아와 헤르체고비나는 1995년 오하이오 데이튼에 자리한 라이트 패터슨 공군 기지에서 평화회담을 진행한 후 데이튼 협정에 서명했다. 협상을 할 때 '중립적'인 장소를 찾는 것은 오래전부터 있어온 일이다. 100여 년 전으로 거슬러 올라가 프랑스의 나폴레옹 1세와 러시아의 알렉산드르 2세 사이의 틸시트 조약은 네만 강 한가운데에 띄운 뗏목 위에서 이뤄졌다.

중립적인 장소에서 협상을 하는 것은 국제 평화조약에 국한된 것만은 아니다. 계약 협상을 해야 하는 노조 대표자는 어느 한편에 치우치지 않은 장소를 찾을 것이고 회사 본사보다 호텔의 컨퍼런스 룸을 선호할 것이다.

앞 장에서 우리는 천장 높이 같은 작은 변화가 회의에서 창의적인 결과를 이끌어내는 데 어떤 영향을 미치는지 확인했다. 다음번 회의가 창의적인 결과보다 사업적인 의미를 이끌어내야 하는 비즈니스 미팅이라고 생각해보자. 익숙하지 않은 공간보다 자신의 사무실처럼 장소 선택에 약간의 변화를 가미하는 것만으로 큰 변화를 만들어낼 수 있지 않을까?

과연 '홈 어드밴티지home field advantage'라는 것이 존재할까? 이 질문을 스포츠팬에게 한다면 다음과 같은 확실한 대답이 돌아올 것이다. "물론이고 말고. 홈 어드밴티지가 얼마나 중요한데." 스포츠팬은 자신이 응원하는 팀이 연고지에서 경기할 때 훨씬 더 좋은 성적을 낸다고 믿는다. 사실 스포츠팬들의 말을 빌릴 필요도 없다. 이런 사실을 뒷받침

해주는 명확한 증거가 있다. 모든 스포츠 경기에서 다른 조건이 동일하다면 '홈 어드밴티지'를 갖고 있는 팀이 훨씬 더 많이 승리를 거머쥐었다.

행동과학자 그레이엄 브라운Graham Brown과 마커스 배어Markus Baer는 스포츠팬들은 다 아는 이 대답이 비즈니스에서도 적용되는지 확인하기 위해 나섰다. 계약을 체결하는 일련의 협상에서 참가자를 모아 한쪽에는 구매자 역할을, 또 한쪽에는 공급자 역할을 맡겼다. 실제 현실에서 일어나는 일들을 그대로 재현해 협상과 관련한 토론의 상당 부분이 가격과 관계된 내용으로 이뤄졌다. 이 경우 구매자는 가능한 한 적은 돈을 내려 하고 공급업자는 가능한 한 높은 가격을 제시하려 한다.

연구자들은 현명하게 '홈'과 '방문자'를 조율했다. 협상자들을 홈 영역과 방문자 영역으로 나눠놓은 것이다. '홈' 상태의 참가자는 협상 환경을 자신이 원하는 대로 꾸밀 수 있다. 사무실 앞에 자기 이름을 붙이고 누가 어떤 의자에 앉을지 결정하고 포스터와 엽서를 벽에 마음대로 붙이고 화이트보드에 일정을 적고 사무실 열쇠를 마음대로 다룰 수 있다.

'홈 상태'에 있는 참가자가 사무실을 꾸미는 동안 '방문자 상태'의 참가자는 임시 거처에 머물며 협상이 상대방의 사무실에서 열리며, 이들은 협상과는 상관없는 업무를 준비하고 있다는 이야기를 듣는다. 일단 홈 상태의 참가자가 모든 준비를 마치면 방문자는 실제 협상 과정에 참여하게 된다.

스포츠팬이 말한 홈 어드밴티지의 증거와 비슷하게 연구자들은 구매자건 공급자건 상관없이 홈 상태에 자리한 참가자의 협상력이 방문자를 능가한다는 사실을 확인했다. 설득력을 발휘하려는 협상자의 경우 어디서 협상을 진행할 것인가는 우리가 생각하는 것 이상으로 훨씬 큰 영향을 미쳤다.

정확히 어떤 일이 일어날까? 심판의 판정은 말할 것도 없이 스포츠 경기장을 메운 5만 명의 관중은 자신이 응원하는 홈팀의 경기 결과를 좌우할 수 있다. 하지만 이런 요소들은 협상에 영향을 미치지 못한다. 대신 앞 장에서 이야기한 천장 높이에 관한 연구에서 볼 수 있듯 영향을 미치는 것은 협상 환경이다. 중립적 위치와 관련해 '홈'에서 이뤄지는 협상은 협상에 대한 확신을 높여주고 '어웨이'에서 이뤄지는 협상은 확신을 떨어뜨린다.

상대방의 근거지에서 협상을 진행하도록 초청받으면 중립적인 장소에서 만나는 것으로 약간의 변화를 만들어보자. 여기서 한발 더 나아간 전략은 상대를 내가 있는 공간으로 오도록 유도하는 것이다. 이렇게 하면 더 나은 결과를 얻을 가능성이 높아질 뿐 아니라 당신의 성공 소식을 듣게 된 동료들이 마치 홈팀을 응원하는 관중처럼 열광적인 환호를 보낼 가능성 또한 높아진다.

28
능력과 설득력을 동시에 개선하는
스몰 빅은 무엇일까?

◆

◆

앞 장에서 우리는 환경이나 주변 상황의 구체적인 특징이 행동에도 영향을 미친다는 사실을 탐구했다. 천장이 높으면 덜 구속적인 방식으로 사고하게 되고 사람들도 훨씬 더 창의적으로 만든다. 대학생들에게 차가운 음료보다 따뜻한 음료를 건네면 교수에게 조금 더 친근함을 느껴 나중에 교수 평가에서도 좋은 점수를 주게 된다. 협상 역시 미리 편안한 환경을 조성해놓는다면 훨씬 호의적인 결과를 이끌어낼 수 있다.

이런 모든 사례에서 보면 환경이나 주변 상황에 더해진 사소한 변화는 그 큰 효과를 알아차린 제삼자에 의해 마련되기도 하지만, 대체로 사람들은 무슨 일이 일어났는지 인식하지 못한다.

다른 사람이 아닌 자기 자신의 행동에 영향을 주는 것이 목표라면 어떻게 될까? 예를 들어 일자리를 찾고 있는 구직자가 면접을 준비하면서 자신이 더 나은 성과를 내고 원하던 일을 얻을 수 있는 가능성을 높이려면 어떤 작은 변화를 활용할 수 있을까?

행동과학자 조리스 래머스Joris Lammers, 데이비드 뒤부아David Dubois, 데렉 러커Derek Rucker, 애덤 갈린스키는 구직자가 일자리를 찾으며 스스로 능력 있고 강하다고 생각하는 작은 변화가 어떤 결과를 가져오는지 살펴봤다. 연구자들은 이런 가설을 확인하기 위해 일련의 실험을 진행했다.

이 실험에서 참가자들을 구직자와 구인자의 역할로 나눠 맡겼다. 인터뷰를 진행하기 전 구직자 역할을 맡은 참가자를 두 그룹으로 나눠 '자기 자신에 관해 글을 써보는 것이 도움이 될 것'이라며 준비 시간을 가졌다. 참가자들 중 절반에게는 자신이 능력 있다고 느꼈던 순간을 쓰게 하고, 나머지 절반에게는 자신이 무기력하게 느꼈던 순간을 쓰도록 했다.

이렇게 스스로 자신을 강력하거나 무기력하게 느끼도록 한 후 지원자들에게 유력 일간지의 영업 분석직 구인광고를 보여줬다. 연구자들은 지원자들에게 자신이 적절한 교육을 받았고, 이 일에 관련된 경험을 했다는 전제하에 구직 지원서를 쓰도록 했다. 지원서를 쓴 후 봉투에 넣어 연구조교에게 건넸다.

이 지원서를 무작위로 구인자들에게 나눠줬는데, 앞서 구직자들을 대상으로 자신에 관해 써보도록 했다거나 또 자신감이 넘쳤거나 자신 없었던 경험에 관해 글을 쓰도록 했다는 사실을 알려주지 않았다. 구인자들에게는 지원서를 세심하게 읽고 어떤 느낌을 받았는지, 그 느낌에 따라 지원자에게 일자리를 제안할 것인지 표시하게 했다.

결과를 분석했더니 자신감이 넘쳤던 경험을 쓴 그룹이 자신 없다는 내용을 쓴 그룹보다 훨씬 더 많은 일자리 제안을 받았고, 스스로 자신 없다고 쓴 작은 행동이 결과에 얼마나 큰 영향을 미쳤는지 확인됐다.

하지만 이 실험은 서면 지원서에서 작은 변화가 만들어낸 효과만 측정한 것이어서 논란의 여지가 있다. 아무리 지원서를 잘 썼더라도 현실에서는 지원서만으로 사람을 선발하는 경우가 없기 때문이다. 연구자 역시 이런 점을 고려했다. 대면 면접을 통해 최종 선발을 하게 된다는 사실을 고려해 경영대학원에 공간을 만들어 15분간 인터뷰를 진행했다.

두 번째 실험은 첫 번째 실험과 동일하게 진행됐는데 한 가지 조건만 달랐다. 자신감 있다고 혹은 자신감 없다고 느꼈던 두 그룹의 대조군으로 아무것도 쓰지 않은 세 번째 그룹을 편성했다.

이 인터뷰에 이어 구인자인 면접관들은 지원자의 설득력을 측정하고 고용할지 여부를 결정했다. 첫 번째 실험과 관련해 스스로의 능력에 관해 글을 쓴 경험은 큰 영향력을 발휘해 지원자들은 면접관으로부터 설득력 있다는 평가를 받았다. 대조군의 지원자들과 비교할 때 자신 있고 스스로 강력하다고 글을 썼던 그룹은 이들보다 훨씬 설득력이 있었고, 자신감이 없었던 경험에 대해 글을 쓴 그룹은 대조군보다도 설득력이 떨어졌다. 전반적인 결과에 영향을 미친 것은 이런 설득력이었고, 그것도 큰 차이를 보여줬다.

이 대조군 중 절반 미만이 인터뷰에 합격했다. 스스로 무능하다고 느꼈던 경험을 쓴 그룹에서는 26퍼센트만 합격했다. 이를 70퍼센트가 합격한 스스로 능력 있다는 글을 쓴 그룹의 경우와 비교해보자.

긍정적 사고의 힘은 대조군과 비교해 합격 가능성을 81퍼센트나 높여줬고 무능력하다고 느낀 순간을 쓴 그룹과 비교하면 162퍼센트의 차이를 나타냈다.

승진이나 새로운 고객 영입에서 만들어낼 수 있는 작은 변화를 넘어서 이런 연구는 구직자들이 스스로 자신감 넘치고 능력 있다고 느꼈던 순간을 적어보도록 격려해 구직 인터뷰를 성공적으로 마치고 더 나은 일자리를 찾도록 도와주는 직업소개소나 구직센터에서는 상당한 의미를 지닐 것이다. 긴 시간 동안 일자리를 찾지 못했던 사람들에게도 의미심장한 접근이 될 수 있다. 이렇게 자신감 넘치는 순간을 적어보는 일은 인터뷰 며칠 전이나 몇 시간 전이 아닌 바로 직전에 진행할 때 훨씬 더 효과적이다.

심리학자 다나 카니Dana Carney, 에이미 커디Amy Cuddy, 앤디 얍Andy Yap이 진행한 연구에서는 사람들이 스스로 능력 있다고 느끼도록 만드는 방법을 설명한다. 우선 능력이 넘쳐 보이는 신체적 자세를 취하는 것이다. 카니와 동료들은 확장성(한 사람의 신체가 차지하는 공간의 넓이)과 개방성(팔다리를 펼치거나 오므리고 있는 정도)이라는 두 가지 신체 언어 차원이 능력 혹은 무능력에 연결돼 있다고 이야기했다. 자신감 있는 사람들은 확장적이고 개방적인 자세를 취하고 그렇지 않은 사람들은 긴장되고 폐쇄적인 자세를 취한다.

이들은 연구실을 찾아온 참가자들에게 온몸 여기저기에 꽂은 전

극이 생리학적 기록에 어떻게 영향을 미치는지 살피기 위해 실험하는 것이라고 설명했다. 사실 카니와 동료들은 참가자들이 몇 가지 다른 방식으로 자세를 취하도록 요청하기 위해 친절하게 설명해준 것이다. 책상에 손을 대고 몸을 기울이거나 팔을 머리 뒤로 하고 다리는 책상 위에 올린 채 의자에 앉는 등 확장적이고 개방적인 포즈를 취하도록 요청받은 참가자는 의자에 앉아 팔과 다리를 꼬는 등 좀 더 억제하고 폐쇄적인 자세를 취한 참가자보다 훨씬 더 능력 있고 자신 있다고 느꼈다.

흥미롭게도 자신감 넘치는 포즈를 취한 참가자들은 테스토스테론(지배력과 관련 있는 호르몬) 수치가 높아졌고 코르티솔(스트레스와 관련한 호르몬) 수치가 낮아진 것으로 나타났다. 이 연구는 어떤 자세를 취하는가 하는 사소한 변화로 심리학적일 뿐 아니라 생리학적으로 어떤 큰 변화를 가져올 수 있는지 보여준다.

그렇다고 인터뷰를 할 때 면접관 책상에 다리를 올려놓으라는 이야기는 아니다. 하지만 이들의 연구를 통해 전화 인터뷰를 하는 동안 혹은 대면 인터뷰 직전에 이렇게 자신 넘치는 포즈를 취하면 자신감이 생기고, 이런 자신감은 당신을 멋진 자리에 올려놓는 데 도움을 주는 작은 차이를 만들어낼 수 있다.

29
당신이 필요로 하는 단 하나의
스몰 빅이 사랑인 이유는 무엇일까?

◆

◆

1967년 6월 25일 전 세계 4억 명의 사람들이 세계 최초로 진행된 위성중계 텔레비전 방송을 지켜봤다. 2시간 반 동안 20여 개국의 예술가들이 오페라 가수와 합창단 소년에서부터 가축을 모는 목동에 이르기까지 다양한 공연을 보여줬는데, 도중에 일본 도쿄의 지하철 시스템의 작동 원리와 세계 시계 등 교육적인 요소를 끼워 넣기도 했다. 그러나 시청자의 기억에 남는 것은 방송 말미였다.

BBC의 기획으로 진행된 이 프로그램에서 비틀즈는 전 세계 모든 사람이 이해할 수 있는 메시지를 담은 노래 '올 유 니드 이즈 러브All You Need Is Love'를 연주했다. 베트남 전쟁이 한창인 상황에서 프로그램이 방송된 것을 고려할 때 이 노래를 만든 존 레논이 예술을 통해 정치적 선동을 하려 했다면 이는 옳지 않다고 지적하는 사람도 있었다. 그러나 저변에 어떤 의도가 자리했는지 상관없이 존 레논이 주장한 사랑이 지닌 연결과 치유의 효능에 대해 의문을 지닌 사람은 없었다.

설득의 과학을 연구하고 실행하고 있기 때문에 우리는 사랑이 지닌 설득력에 관해서도 잘 알고 있다. 전 세계 모든 사람을 향해 노래를 불러야 한다는 이야기가 아니다. 대신 아주 사소하고 작은 노력을 해야 하고, 영향력을 행사하려는 시도에 사랑의 증표로 행동하는 실마리를 더해줘야 한다는 말이다.

인류의 등장 이래 사랑이라는 콘셉트는 지금껏 우리 삶에 영향을 끼쳐왔고, 앞으로도 계속 영향을 미칠 것임을 의심하지 않는다. 그런데 최근에 이르기까지 설득에 영향을 미치는 사랑의 효과를 보여주는 연구가 거의 없다는 사실은 놀랄 만하다.

프랑스의 행동심리학자 자크 피셔 로쿠Jacques Fischer-Lokou와 루보미르 라미Lubomir Lamy, 니콜라스 궤겐Nicolas Gueguen이 이 문제에 대한 연구를 진행했다. 혼자 쇼핑가를 지나가던 행인을 멈춰 세워놓고 사랑과 관련한 의미 있는 에피소드나 인생에서 의미 있는 음악에 관해 질문했다. 설문을 마친 행인이 걸어가고 있을 때 지도를 든 사람이 다가와 길을 물었다. 이때 조금 전 설문에서 사랑에 관해 생각했던 사람은 훨씬 긴 시간을 투자해 도움을 주려 했다.

또 다른 연구에서 궤겐과 라미는 '사랑'이라는 단어를 포함한 간단한 행동만으로 자선기금 모금액이 늘어난다는 것을 확인했다. 연구자들이 단순한 호소문이 적혀 있는 자선모금함에 'DONATING=HELPING'이라고 추가해 적는 것만으로 모금액이 14퍼센트 증가했다. 그런데 여기서 'HELPING'이라는 단어 대신 'LOVING'이라고 적어놓자 모금액이 90퍼센트 이상 높아졌다. 단어

하나 바꾸는 '스몰 빅'이 보여준 놀라운 변화였다.

레스토랑 종업원들 역시 사랑이 지닌 설득의 힘으로 큰 도움을 받을 수 있다. 궤겐이 진행한 실험에서 종업원이 등장해 계산서를 반으로 접어 테이블 위 접시 아래에 밀어놓는다. 그러고는 사탕 2개를 접시 위에 올려놓고 자리를 떠난다. 궤겐의 팀은 이런 실험을 수백 번 되풀이했고 그 행위가 팁에 어떤 영향을 끼쳤는지 확인했다. 그런데 한 그룹의 고객들이 유달리 팁을 놓을 가능성이 더 높을 뿐 아니라 금액 또한 훨씬 많았다. 이렇게 하도록 설득한 요소는 무엇이었을까?

접시 위에 올려놓은 사탕과 관련이 있다고 생각할 수도 있다. 사랑과 동의어라 할 수 있는 붉은색 포장지에 싸인 사탕 때문일까 아니면 사탕이 하트 모양이어서일까? 하지만 고객들의 팁은 사탕과 아무런 관련이 없었다. 중요한 것은 계산서를 끼워놓은 접시의 모양이었다. 식사하는 고객들은 눈치채지 못했겠지만, 연구자들은 세 가지 모양의 접시를 사용해 실험했다. 둥근 모양과 네모난 모양 그리고 하트 모양의 접시였다. 하트 모양의 접시를 사용했을 때 고객은 둥근 접시를 사용한 고객보다 17퍼센트, 네모난 접시를 사용한 고객보다 15퍼센트 높은 팁을 줬다.

무슨 일일까? 사람들은 사랑과 동의어라 할 수 있는 상징에 노출된 것이다. 이런 상징은 사랑과 관련한 다른 행동을 활성화하는 열쇠 역할을 한다. 앞서 실험에서는 하트 모양의 접시가 그런 역할을 했다. 이런 경우 도움을 주고 무언가 나누는 행위가 팁으로 연결된 것이다.

이렇게 사랑을 떠올리게 하는 연상으로 말미암아 하트 모양의 접시(혹은 계산서에 직접 하트 모양을 그리는 것)에 계산서를 가져온 종업원에게 팁을 많이 주게 된다. 자선 매장이라면 가격표를 동그란 모양이나 네모난 모양에서 하트 모양으로 바꾸는 것만으로 판매를 늘릴 수 있다. 자선기금을 모으는 사람이라면 하트 모양의 이미지를 웹사이트 기부란에 포함시킬 수 있을 것이다. 아이들의 수영대회를 위한 기부금을 모을 때 도움을 요청하기 전 기부 용지에 붉은색의 커다란 하트를 그리는 것만으로 모금액을 늘릴 수 있다.

30
완벽한 선물을 찾아내는 데 도움이 되는
스몰 빅은 무엇일까?

◆
◆

친구 생일이나 동료의 은퇴를 위해 완벽한 선물을 준비하느냐고 사람들에게 물어본다면, 대부분의 사람들이 자신 있게 그렇다고 대답할 것이다. 하지만 같은 사람에게 주위 친구들, 가족, 동료들의 선물 고르는 능력을 평가해달라고 부탁한다면 아마도 손으로 뜬 스웨터, 요란한 액세서리 혹은 노래하는 전기 물고기 같은 이상한 선물을 받았다는 이야기를 들려줄 것이다. 사람들이 자신은 상대가 원하는 훌륭한 선물을 사고 있다고 생각한다면 'www.badgiftemporium.com' 같은 웹사이트의 존재를 어떻게 설명할 수 있을까.

다행히 연구자들은 선물 받는 사람이 공포에 찬 괴성이 아닌 기쁨에 겨운 환성을 지를 수 있도록 하는 간단한 전략을 찾아냈다.

2008년 전미유통협의회에서 조사한 바에 따르면, 미국인들 중 50퍼센트가 해마다 적어도 하나 이상은 선물을 주고받는다고 한다. 그러나 주는 사람의 생각과 달리 받는 사람은 선물을 소중히 간직하지 않는 것으로 나타났다. 이런 놀라운 통계를 확인하고 《결심의 기술 Sidetracked》이라는 책을 쓴 프란체스카 지노Francesca Gino와 프랭크 플린 Frank Flynn은 왜 선물을 주는 사람과 받는 사람이 서로 얼굴을 맞대고 선물의 품질이나 유용성에 관해 이야기하지 않는지 탐구에 나섰다. 그리고 문제를 해결할 간단한 방법을 찾아냈다. 친구나 가족, 동료들에게 받고 싶은 선물 목록을 만들라고 하고 그 목록에 있는 것으로 선물하는 것이다.

무엇을 받고 싶은지 물어보는 것이 상대방에 대해 아무것도 몰라 그에게 어울리는 선물을 사지 못하는 것으로 보일까 봐 걱정하는 사람도 있다. 더 심각하게는 적절한 선물을 고르는 데 시간과 노력, 에너지를 투자하지 않는 느낌을 줄까 봐 걱정하기도 한다.

지노와 플린은 선물을 받는 사람 입장에서 자신이 정말 원하는 선물을 준 사람이 더 사려 깊다고 생각하는 것은 아닌지 알아보기로 했다. 한 연구에서 지노와 플린은 기혼자들을 대상으로 절반에게는 그들이 다른 누군가에게 결혼 선물을 줬을 때를 생각해보라고 했다. 나머지 절반에게는 자신들이 결혼 선물로 받았던 것들에 관해 생각하게 했다. 여기에 덧붙여 선물을 주는 참가자 절반에게는 주려는 선물이 상대가 작성한 선물 목록에 있던 것이라고 생각하도록 하고, 나머지 절반에게는 그들이 사주려는 선물이 상대가 작성한 선물 목록에 없는 것이라고 생각하도록 했다. 이와 유사하게 선물을 받는 사람들 중 절반에게는 자신이 받는 선물이 목록에 있었던 것이라고 생각하게 하고, 나머지 절반에게는 선물이 목록에 없는 것이라고 생각하도록 요청했다.

선물이 모두 같은 금전적 가치를 지닌다고 생각할 때(평균 120달러선) 저마다 생각한 선물의 가치는 중요한 차이가 있는 것으로 나타났다. 선물을 주는 사람들은 자신이 생각하는 선물이 상대방의 목록에 들어 있는지 아닌지 별로 중요하게 여기지 않았다. 목록에 있건 없건 받는 사람은 그 선물을 좋아할 것이라고 생각했다. 그러나 선물을 받은 쪽의 참가자는 목록에 없는 선물보다 목록에 있는 선물을 훨씬 더 고마워했다.

'중요한 것은 생각'이라는 말이 있지만 이 연구에 따르면, 생각할 필요 없이 그저 선물 받는 사람이 미리 정해놓은 목록 중 하나를 고르기만 하면 되는 것이 가장 고마운 선물이었다. 결혼을 준비하는 커플은 새로운 집을 꾸며야 하기 때문에 필요한 것이 빠지거나 있는 것을 반복해 받지 않도록 미리 준비해놓은 목록에 있는 선물을 사주는 사람이 특히 더 고마울 수밖에 없다. 낙농업으로 유명한 미국의 위스콘신 주에 산다거나 치즈라면 사족을 못 쓰는 미키와 미니 마우스 커플이 아니라면 똑같은 치즈 보드가 3개나 필요한 사람은 없지 않은가.

하지만 선물을 주는 맥락이 달라진다면 어떤 일이 일어날까? 예를 들어 결혼 선물이 아닌 생일 선물이라면? 연구자들 역시 비슷한 생각을 하며 몇 차례 실험을 되풀이했는데 결과는 여전히 마찬가지였다. 선물을 받는 사람의 행복이나 감사는 그가 이 선물을 요청했는지 아닌지에 영향을 받는다는 사실을 정작 선물 주는 사람은 생각하지 않는다. 하지만 선물을 받는 사람은 자신이 이전에 좋아한다고 말했던 무언가를 받을 때 훨씬 더 고마워한다.

또 다른 연구에서 지노와 플린은 무작위로 참가자들에게 선물을 주는 사람과 받는 사람 역할을 맡겼다. 선물을 주는 사람은 신원을 밝히지 않은 채 선물을 받는 사람과 짝을 이룬다. 선물을 받는 사람에게는 아마존에서 20~30달러의 선물을 10개씩 고르게 한다. 이 목록은 선물을 주는 사람에게 전달된다. 선물을 주는 사람들 중 절반에게는 이 목록에 있는 물건을 선물하라고 이야기한다. 나머지 절반에게는 이 목록에 들어 있지 않은 것을 선물하라고 이야기한다. 선물 목록에 들어 있지 않은 것을 고른 사람들은 목록에 있는 것을 고른 사람만큼이나 상대방이 이 선물을 마음에 들어 할 것이라고 확신한다는 사실을 연구자들은 확인했다. 하지만 나중에 선물을 받는 사람들의 평가를 살펴보니 자신이 만든 목록에 들어 있는 선물을 받은 경우가 그렇지 않은 경우보다 그 선물에 대해 훨씬 더 고마워했다.

선물에 대한 감사의 마음은 받는 사람이 앞으로 상호성을 얼마나 발휘할지 결정하는 주요 원인일 뿐 아니라 지금 얼마나 행복한지를 보여주는 요소이기 때문에 이 연구는 다른 사람과의 상호작용에서 중요한 의미를 지닌다. 이 연구 결과가 보여주듯이 막연하게 상대가 원하는 선물을 추측하는 대신 그가 진정으로 원하는 것을 확인해 선물해주는 약간의 변화만으로 관련된 모든 사람이 행복해지는 결과를 만들 수 있다. 잡지에서 받고 싶은 선물을 찾고 포스트잇을 붙여달라는 것도 전략이 될 수 있다. 또 다른 방법은 집 안에 돌아다니는 카탈로그의 페이지 끝을 접어 표시하는 것이다.

이런 발견은 비즈니스에서도 적용할 수 있다. 내가 좋아하는 곳이 아닌 고객이 이전에 몇 번 언급했던 새로운 레스토랑에서 점심을 먹는 것이 그 사례다. 내가 생각하는 목록이 아닌 상대가 생각하는 목록에서 선물을 고르는 약간의 변화가 큰 차이를 만들어낸다.

이런 노력은 당신이 준 선물을 상대방이 좋아하지 않아서 반갑지 않은 선물로 인터넷에 사진이 실리거나, 쓰레기통에 처박히거나, 심지어 당신이 준 반갑지 않은 선물을 상대방이 다른 사람에게 포장만 바꿔 다시 주는 과정에서 당신에게 돌아올지도 모를 최악의 가능성을 없애는 데 도움을 줄 것이다.

31
교환할 때 큰 혜택을 안겨주는
스몰 빅은 무엇일까?

◆
◆

    연구자들은 오랫동안 관용의 가치를 탐구해왔다. 선물이나 호의, 서비스, 도움을 제공하면 우리는 좀 더 호감을 얻고 진가를 인정받으며 그리고 신체적으로도 건강해진다. 더욱이 우리로부터 무언가 도움을 받은 사람은 우리가 필요로 할 때 그 도움을 갚으려 한다. 자신이 받은 특정 행동을 기꺼이 그 사람에게 돌려주려는 의도를 일컫는 상호성 원칙에 의해 마지막 혜택이 등장하게 된다.

    모든 인간 사회의 구성원은 어린 시절부터 이런 규칙을 익혀왔다. 거래, 방어, 보살핌 등 상호작용의 다양한 영역에서 구성원들이 서로 이익이 되는 교환이나 물물거래를 격려함으로써 경쟁력을 강화한다. 일하는 환경에서 동료의 프로젝트를 도와주면, 다시 말해 노력과 자원, 특별한 정보 등을 제공해주면 내가 중요한 프로젝트를 진행할 때 이들에게 도움을 요청할 경우 더 적극적으로 도와준다는 의미다.

    무언가 베푸는 사람이 되는 이유를 남을 많이 도와주는 것이 성공으로 가는 확실한 길이기 때문이라고 생각하기 쉽다. 불행하게도 인간의 심리는 그렇게 단순하지 않다. 때론 좋은 일을 너무 많이 하는 것이 좋지 않은 일이 될 수도 있다. 조직심리학자 프랭크 플린이 진행한 연구에서 그 증거가 확인됐다. 그는 대규모 통신회사 직원들을 대상으로 타인에게 도움을 준 결과가 어떻게 되는지를 살펴봤다. 다른 사람을 위해 베푼 호의가 어떤 결과를 가져오는지 측정한 것이다. 첫 번째는 도움을 준 사람의 사회적 지위가 조직 내에서 어떻게 바뀌었는가 하는 문제로, 동료들의 눈으로 보아 회사 안에서 그 직원의 가치 인식이 어떻게 달라지는지 확인했다. 기대했던 대로 다른 사람을 위해 시간과 에너지, 도움을 준 관대한 사람은 더 가치 있는 인재로 평가됐다. 일터에서 인정받는 지위를 얻는 것은 사소한 재주가 아니라 호의를 베푸는 사람이 지닌 대인관계의 장점에 대한 증명이라 할 수 있다.

하지만 플린이 살펴본 베풂의 두 번째 측면과 관련해 업무의 생산성에서는 그리 긍정적인 결과를 나타내지 못했다. 할당된 업무의 양과 질을 포함해 개인의 생산성을 측정하는 여덟 가지 단위에서 남을 적극적으로 도와주는 직원들은 다른 동료들보다 덜 생산적인 것으로 나타났다. 왜 그럴까? 다른 사람의 프로젝트를 돕느라 정작 자기 자신의 일에 주의를 기울이지 못했기 때문이다.

남의 일을 적극적으로 돕는 사람은 사회적 지위에서는 인정을 받겠지만 자신이 맡은 일에서는 덜 생산적인 것으로 나타났다. 이런 상황을 어떻게 이해해야 할까? 우리는 플린의 연구를 통해 이 질문에 대한 확실한 해답을 얻었다. 사회적 위치를 높여주고 베푸는 사람의 생산성도 높여주는 작지만 중요한 요소가 있다. 그것은 남에게 얼마나 호의를 베풀었는가가 아니라 다른 사람과 얼마나 호의를 교환했는가 하는 것이다. 동료의 프로젝트에 먼저 도움을 주고 그 대가로 도움을 받은 직원은 지위와 생산성을 모두 중시하면서 그 과정에서 자기 자신뿐 아니라 관련된 모든 사람에게 도움이 되도록 효과를 극대화할 수 있다. 이 결과는 상호성 원칙과 같은 맥락으로, 모든 성공적인 그룹에서 중요한 역할을 한다. 상호 도움이 되는 교환을 장려하기 때문이다.

이런 결과가 의미하는 바는 명백하다. 우선 일을 할 때에는 관대한 마음으로 앞장서서 남을 도울 수 있어야 한다. 이 과정에서는 먼저 움직이는 것이 중요하다. 가장 먼저 상호성 원칙을 실행하고, 상호 성공을 위해 중심이 되는 호의의 교환을 장려하도록 한다.

두 번째로 미래에 보답받을 가능성이 높은 방식으로 자신이 제공하는 도움과 지원, 귀중한 정보를 묘사하는 것이 중요하다. 이렇게 하려면 사람들이 우리의 노력에 감사를 표현할 때 일반적으로 우리가 보이는 너무나 평범한 반응에 작지만 중요한 변화를 가져와야 한다. 미래의 협력과 미래의 영향력 행사라는 두 가지 측면에서 큰 진전을 제공할 수 있는 변화가 필요해지는 것이다.

그런 응답에 변화를 가져올 수 있는 세 가지 제안을 소개한다. 먼저 베푼 도움에 관해 감사하다는 이야기를 들었을 때 우리가 보이는 반응이다.

1 내가 도움을 필요로 할 때 누가 나를 도와주는 것이 얼마나 소중한 일인지 알고 있기에 당신을 도울 수 있어서 기뻤습니다.

2 천만에요. 동료로서 다른 동료를 위해 당연히 해야 하는 일이지요.

3 반대 상황이었다면 당신 역시 나와 마찬가지로 도와줬을 테니 당연한 일이지요.

요약하자면, 직장에서 남을 도우면서 효과를 극대화하는 열쇠는 상호 교환을 위한 준비라 할 수 있다. 여기서 큰 차이를 만들어내기 위해 두 가지 사소하지만 중요한 단계가 필요하다. ① 먼저 도움을 주고 정보를 전하며 필요한 서비스를 제공하고, ② 도움과 정보, 서비스가 자연스럽고 공정한 상호 약속임을 구두로 밝히는 것이다.

이 연구에 또 다른 중요한 의미가 포함돼 있다. 플린이 이야기했다시피 공식적인 업무 평가 과정에서 많은 조직은 관리자에게 다양한 요소로 직원들을 평가하도록 요구한다. 여기에는 얼마나 동료 직원들을 도왔는가도 포함된다. 직원을 평가할 때 그저 동료를 얼마나 도왔는지가 아니라 다른 사람에게 얼마나 도움을 요청했는가에 관해서도 공식적으로 평가하라고 제안한다. 도움을 준 것과 요청한 것, 이 두 가지 측면이 왜 모두 중요한지 직원들에게 설명하면서 조직 전체를 대상으로 도움을 제공하고 도움을 적극적으로 요청하도록 격려하면 조직의 생산성을 최대로 끌어올릴 수 있을 것이다.

우리 저자들은 많은 사람들이 개인적인 삶뿐 아니라 직장에서도 이런 스몰 빅을 적용해 큰 혜택을 얻을 수 있기를 바란다. 이 장이 도움이 됐다고 독자들이 이야기한다면 우리는 어떻게 응답할까? 위에서 소개한 1~3번의 응답 중 적절한 것을 선택하지 않을까.

32
어떻게 하면 감사의 표현을 통해
스몰 빅을 만들어낼 수 있을까?

◆
◆
◆

앞 장에서 다른 사람을 먼저 적극적으로 돕고 미래에 보상을 받을 가능성을 높이는 방식으로 도움의 성격을 정리함으로써 영향력을 증대시키는 방법에 관해 이야기했다. 남에게 도움을 줘야 하는 것은 현재뿐 아니라 미래에도 마찬가지다. 상호성 원칙은 자신이 받은 도움을 돌려주도록 격려하기 때문에 다른 사람에게 먼저 호의를 베푸는 것은 새로운 관계를 발전시키려 할 때나 팀을 초월하는 업무를 만들어내야 할 때, 장기적인 파트너십과 새로운 기회를 도모할 때 특히 좋은 수단이 된다.

상호성 원칙은 일방향이 아니다. 호의를 베푸는 사람은 영향력을 행사할 기회를 맞으면 상당한 이점을 누리지만, 호의를 받은 사람이 영향력을 행사할 수 있는 기회는 종종 간과되는 경우가 있다.

행동과학자 애덤 그랜트와 프란체스카 지노는 호의를 받은 사람이 선의를 행한 개인이나 그룹에 감사를 표현하는 방식을 약간 바꾸는 것으로 자신의 영향력을 증대시킬 수 있다고 생각했다. 과학자들은 이 생각을 증명할 실험에 나섰다. 이메일로 참가자들에게 연락해 구직을 위한 자기소개서를 살펴보고 피드백을 해달라고 요청했다. 피드백과 코멘트를 보낸 후 참가자들은 구직 서류를 쓴 당사자로부터 또 다른 자기소개서를 읽어달라는 두 번째 요청을 받았다.

사실 이메일은 두 종류로 작성했다. 대조군의 경우 피드백을 받은 사람이 코멘트를 받았다는 확인과 새로운 요청을 함께 적어 보냈다. 또 다른 경우에는 대조군과 똑같은 내용의 이메일을 보냈는데 단지 하나, 감사의 마음을 전하는 문구를 더했다("정말 감사합니다. 도움을 주셔서 감사드립니다"). 이 짧고 간단한 문구의 추가가 어떤 영향력을 발휘했을까? 연구자들은 이렇게 감사의 표현을 더한 것만으로 새로운 자기소개서를 살펴봐달라는 요청에 두 배 이상 긍정적으로 응답하는 것을 확인했다.

그랜트와 지노의 연구는 아직 끝나지 않았다. 그들은 호의를 베푼 사람에게 감사를 표현하면 더 큰 영향력을 발휘할 수 있다는 사실에 관심을 가졌다. 연구자들은 호의를 베푼 사람들이 감사 인사를 받게 되면 다른 사람을 도우려는 동기부여에 영향을 받게 되는지 궁금했다. 이를 위해 첫 번째 실험과 비슷한 또 다른 실험을 진행했다.

참가자들은 특정 학생의 자기소개서를 읽은 뒤 피드백을 해줬고, 이 학생은 피드백을 받았다고 단순히 확인만 하거나 혹은 그 피드백에 감사를 표시하는 두 가지 반응을 보여줬다. 그다음에는 이 학생이 두 번째 부탁을 하는 게 아니라 전혀 모르는 학생이 두 번째 부탁을 하게 했다. 이때도 첫 번째 실험과 마찬가지로 감사하다는 이야기를 들은 참가자들이 그렇지 않은 경우보다 두 배 이상 부탁을 잘 들어줬다.

이 결과가 의미하는 바를 생각해보자. 호의를 베푼 사람에게 진심으로 감사를 표현하는 것으로 그 사람이 낯선 이들에게 호의를 베풀 확률이 두 배나 커진 것이다. 그랜트와 지노가 수집한 또 다른 자료를 보면, 호의를 베푼 사람은 감사하다는 이야기를 듣게 되면 사회적인 가치가 높아지는 느낌을 받는다. 다시 말해 호의를 베풀고 나서 감사의 말을 듣게 되면 다른 사람들이 자신을 중요하게 여긴다고 생각하게 되는 것이다.

이런 내용이 실험실 밖 정신없이 바쁜 현실 세계의 사무실에서도 그대로 적용될 수 있을까? 그랜트와 지노는 가능하다고 생각했고, 감사를 표현하는 것이 직원들의 동기부여에도 중요한 역할을 한다는 사실을 실험으로 확인했다. 실험 대상은 감사의 이야기를 거의 듣지 못하고 부정적인 반응이 대부분이어서 거부와 거절을 쉽게 경험할 수 있는 콜센터였다.

이 실험에서 절반의 직원들은 아무런 개입이나 간섭 없이 늘 하던 대로 일을 진행했다. 나머지 절반은 연례 기부 책임자가 콜센터를 방문해 직원들의 기부금 모금 노력에 감사를 표했다. 그리고 다음과 같이 말했다. "여러분의 노고에 감사드립니다. 학교를 위한 여러분의 헌신이 얼마나 고마운지 모르겠습니다." 그것뿐이었다. 악수나 포옹, 감사의 선물 같은 것은 없었다. 그저 10개 남짓한 단어로 이뤄진 말이

전부였다.

그러고 나서 이런 개입이 있기 전후의 기부금 모금 통화수에 어떤 차이가 나는지 살펴봤다. 두 그룹을 비교한 결과 평소와 비슷한 비율로 일을 진행했을 때 책임자가 방문해 감사를 표현한 그룹에서는 50퍼센트 더 많은 전화 통화가 이뤄졌다. 사소하지만 중요한 변화의 효과를 상상해보자. 추가로 진행된 전화 통화의 조건이 비슷하다고 해도 수치가 놀라울 만큼 늘었다는 면에서 기부금에서도 변화가 있었을 것이라 예측할 수 있다.

이 연구는 상대방의 성의에 대해 감사를 표현하는 사소한 행위가 얼마나 긍정적인 효과를 만들어내는지 보여준다. 얼마나 고마운지, 왜 크게 도움이 됐는지 정확한 이유를 언급하지 않고 그저 기계적으로 '감사하다'고 응답하는 경우가 얼마나 많은가. 감사의 편지를 보내려 했지만 어쩌다 보니 못 보낸 경우는 또 얼마나 많은가. 이런 것들은 진정한 감사를 표현할 기회를 잃어버리는 것뿐 아니라 미래에 영향력을 행사할 수 있는 기회를 잃어버리는 것이다.

이 연구는 매니저와 조직이 명확한 감사 표시를 할 기회를 적극적으로 찾아나서야 함을 보여준다. 이렇게 하면 직장 내에서 감사를 표현하는 문화가 자리 잡아 회사 전체에 선한 행동을 자극하는 계기가 될 것이다.

정책 입안자와 공무원들도 이렇게 감사를 표현하는 작은 행동의 가능성에 관심을 가져야 한다. 거리를 깨끗하게 유지하고 이웃을 안전하게 보호하며 재활용률을 높이기 위해 시민들의 노력을 인정하고 감사를 표현하라. 이는 이런 행동에 인센티브를 부여하거나 아무런 고마움을 표현하지 않고 사후 처리를 하는 것보다 비용이 훨씬 덜 들면서 효과는 배가 되기 때문이다.

조만간 국세청이나 시의회가 보낸 "세금을 납부해주셔서 감사합니다"라는 카드를 받게 될지도 모른다. 카드를 받은 사람은 이를 의미 있는 노력이라고 생각할 것이다.

33

창대한 결과의 씨앗이 될 수 있는
스몰 빅은 무엇일까?

◆

◆

북부 잉글랜드 요크셔 지방에 있는 커크히튼 교구 세인트 존스 교회의 주간 기도회에 모인 교인들에게 그날은 평상시와 다를 바 없는 일요일 아침이었다. 늘 그렇듯 하늘은 쾌청했지만 기온은 싸늘해 겨울이 다가오고 있음을 보여주는 전형적인 11월 날씨였다. 사람들은 교회에 들어가 모자와 외투를 벗고 자리를 잡고 앉으며 친구나 지인들에게 예의 바르게 목례를 건넸다. 많은 사람이 지난주, 지난달 혹은 지난 몇 년 동안 앉았던 자리에 앉았다. 무엇 하나 일상에서 벗어난 것은 없는 듯 보였다.

그러나 교구 목사 리처드 스틸Richard Steel에게 2012년 어느 날 아침은 결코 일상적인 일요일이 아니었다. 그는 도전에 직면해 있었다. 목사는 빅토리아 시대에 지어진 교회의 보수를 위한 기부금 모금을 7년 동안 이끌어왔다. 모금 캠페인은 상당히 성공적이어서 기부금 모금, 자선행사 등을 통해 50만 파운드를 모았다. 하지만 오래된 교회를 유지하려면 비용이 많이 들기 때문에 기부금은 빠른 속도로 사라져갔고 아무리 끈기 있고 설득력 있는 성직자라 해도 교회를 보수하느라 고군분투할 수밖에 없었다. 스틸 목사 역시 최선을 다했고 50만 파운드라는 큰돈을 모았지만 그것만으로 충분치 않았다. 더 많은 돈을 모아야 했다.

하지만 어떻게 해야 할까? 이미 지난 수년 동안 상당한 돈을 기부해온 교회 신도들을 설득해 교회 복원 사업을 완성하기 위한 기부금을 모으려면 어떻게 해야 할까?

스틸 목사는 깜짝 놀랄 만한 예상 밖의 전략을 선택했다. 이것은 복원을 계속해나가기 위해 필요한 현금을 모으는 데 도움이 될 뿐 아니라 영향력 행사의 기본적인 원칙을 성공적으로 보여주는 멋진 사례다.

스틸 목사는 사람들에게 교회 돈을 나눠주기로 결정했다. 예배 도중 어느 순간이 되면 신자들이 호주머니와 지갑에서 돈을 꺼내 회중 사이를 도는 헌금함에 넣는다. 목사는 신자들에게 오늘 헌금은 조금 다를 것이라고 설명했다. 헌금함에 돈을 내는 대신 헌금함에서 돈을 가져가라고 말한 것이다. 빳빳한 10파운드짜리 지폐가 가득한 헌금함을 신자들 사이에 돌리며 모든 사람에게 지폐를 한 장씩 가져가도록 했다.

이 놀라운 '역헌금'에는 교회 돈 550파운드가 사용됐다. 목사는 신자들에게 이 10파운드를 그들이 생각하는 어떤 방식으로든 투자해 그 결실을 교회에 가져다달라고 부탁했다. 교회의 자산을 이렇게 사

용하려면 대담한 목사가 있어야 할 것이다. 또한 스틸 목사만큼이나 통찰력이 있어야 할 것이다.

타인에게 자원을 먼저 제공하는 것은 다른 사람에게 영향력을 행사하는 상호성의 기본 원리를 자극하는 것이다. 앞 장에서 살펴봤듯이 상호성 원칙은 받은 것을 되갚아야 할 것 같은 의무감을 일깨운다. 그리고 건전한 반환으로 이어진다. 마케터들은 고객들에게 무료 샘플을 제공하면 나중에 무료 '선물'의 비용을 보상해주는 더 큰 구매로 이어진다는 사실을 알고 있다. 영리한 리더들은 상대방의 도움을 받는 대신 먼저 상대방의 이야기를 들어주고 도움을 제공함으로써 미래에 영향력을 행사할 가능성을 높인다. 이 책의 주제와 일관되는 이런 선도적인 시도는 그리 대단하지 않고 비용도 들지 않는다. 하지만 이런 사소한 투자의 결과는 놀랄 만큼 대단하고 충성도 높은 고객과 능력 있는 동료관계를 자극할 수 있다. 나를 돕고자 하는 사람들과 네트워크가 만들어졌기 때문이다.

상호성 원칙이 얼마나 큰 힘을 발휘하는지 이해하는 것은 단지 예민한 마케터와 매니저만은 아니다. 사회학자들 역시 사회 모든 곳에서 무언가 주고받고 되갚는 일이 계속해서 일어난다는 사실을 인식하고 있었다. 사회화 과정의 일부로 우리 모두가 '남에게 대접을 받고자 하는 대로 남에게 대접하라'는 황금률에 근거한 바람이라 할 수 있다. 이 황금률은 '남이 해준 대로 다른 사람에게 하라'고 말하지 않는다. 이것은 영향력을 행사하려는 사람이 먼저 행동해야 한다는 사실을 잘 보여준다. 스틸 목사가 실행한 놀라운 전략은 바로 먼저 행동하는 것, 즉 우선 베풀고 나중에 돌려받는 것이다.

하지만 스틸 목사의 전략을 성공으로 이끈 것은 그가 발견한 또 다른 요소였다. 행동이나 선물, 서비스를 받고 나서 이를 다시 상대에게 돌려주는 것은 사회적 의무이지만, 우리가 받았던 각종 다양한 자원을 구분하기 쉽지 않을 만큼 현대 생활은 정신없이 바쁘게 돌아간다. 도처에 존재하는 무료 사용이나 샘플은 종종 다른 무료 사용이나 샘플과 혼동된다. 가치 있는 정보가 또 다른 가치 있고 경쟁력 있는 정보에 가려진다. 고객이나 동료를 위해 제공한 도움이나 지원이 다른 경쟁자나 동료가 제공하는 도움과 지원에 의해 가려지기도 한다.

이런 맥락에서 먼저 도움이나 정보를 주는 것만으로는 충분하지 않다. 노력을 더해서 다른 경쟁자 위에 자리 잡을 수 있도록 도와줄 부가적인 요소들이 점점 더 필요해진다. 놀라운 점은 이 중요한 요소들이 얼마나 사소한지 제대로 활용되지 못하고 있다는 것과 우리가 전혀 인식하지 못하는 사이에 때때로 커다란 이익을 만들어낸다는 것이다.

여기서 말하는 중요한 요소는 바로 '예기치 못함'이다. 선물, 서비스, 정보를 먼저 제공하는 것 그리고 이런 요소를 예상치 못하게 전달하는 것은 커다란 효과를 지닌다. 《설득의 심리학 3》에서 우리는 계산서를 가져다줄 때 사탕을 남겨놓는 것으로 레스토랑의 종업원이 어떻게 팁을 더 받을 수 있는지(3.3퍼센트) 연구했다. 사탕을 2개 남겨놓으면 팁이 좀 더(14.1퍼센트) 늘어난다. 하지만 세 번째 접근법을 통해 예기치 못한 행동으로 놀라운 결과를 만들어냈다. 식사를 한 손님들에게 사탕 1개를 놓고 간 후 잠시 뒤 다시 가서 두 번째 사탕을 놓고 오면 예상치 못한 선물로 말미암아 팁이 21퍼센트나 증가한다.

기대하지 않은 선물이나 호의로 이루어진 엄청난 영향력으로부터 이득을 얻을 수 있는 것은 단지 종업원만이 아니다. 소비자 연구를 하는 캐리 헤일먼Carrie Heilman, 켄트 나카모토Kent Nakamoto, 암바 라오Ambar Rao는 슈퍼마켓 매장에 들어와 예상치 않았던 쿠폰을 받은 고객들은 미리 쿠폰을 받았던 고객과 비교했을 때 평균 11퍼센트 정도 쇼핑 시간이 늘어났음을 확인했다. 할인권이나 쿠폰을 나눠주는 시점만 바꾸는 것으로 유통업자들은 멋진 이득을 얻을 수 있다. 예상치 못한 선물의 특성이 고객들의 긍정적 반응을 증폭시킨 것이다.

스틸 목사는 예상할 수 있는 방법으로 무언가를 주는 것에서 예상치 못한 방법으로 무언가를 주는 것으로 옮겨가는 전이를 잘 이해한 사람이었다. 물론 신자들 중 몇 명을 초청해 새로운 기부금 모금 방법에 관해 브레인스토밍을 할 수도 있었다. 더 많은 사람이 참석할 수 있도록 커피와 쿠키를 대접하면서 말이다. 그러나 이런 접근법은 상호성의 사례는 될 수 있지만 스틸 목사가 만들어냈던 것과 같은 반응은 불가능했을 것이다.

여기서 확인한 교훈은 확실하다. 먼저 도움을 주거나 제공하는 입장이 된다고 해도 영향력의 기본적인 원칙을 최대한 사용하려면 비일상적이고 예기치 못한 방법을 선택해야 한다. 타이핑한 편지보다 손으로 직접 쓴 편지를 전하라. 새로운 고객에게 "함께 일할 수 있기를 기대합니다"라고 쓴 카드를 보내자. 중요한 업무에서 도와줄 일이 없는지 먼저 동료에게 물어보자. 사소한 변화로 보이겠지만 이런 변화가 결과에서 상당한 차이를 만들어낼 것이다.

그렇다면 550파운드를 투자한 스틸 목사에게는 어떤 결과가 찾아왔을까? 스틸 목사가 예상치 못한 일요일 아침 예배를 진행하고 나서 6개월 후 이 소식을 전했던 지역 BBC 뉴스팀이 다시 찾아왔다. 그들은 놀라운 결과를 확인했다. 10파운드짜리 지폐를 가져갔던 교구민들 중 상당수가 돈을 제대로 활용한 것이다. 많은 사람이 이 돈으로 '사업'을 했다. 한 그룹은 이 돈으로 베이킹 재료를 산 뒤 케이크를 만들어 팔았다. 한 사람은 이 돈으로 강아지 산책 광고를 냈고 여기서 번 돈을 교회 복구 기부금에 보탰다. 학교에 다니는 아이들은 농작물 씨앗을 사서 각종 작물을 키운 뒤 팔아서 기부했다. 다른 사람은 이 돈으로 이베이에서 근사한 물건을 산 후 그 물건을 되팔아 생긴 이익을 교회에 기부했다. 스틸 목사의 투자는 6개월 동안 신자들을 통해 1만 파운드가 돼 되돌아왔다. 무려 스무 배가 넘는 수익을 올린 것이다.

투자 대비 놀라운 결과가 아닌가? 스틸 목사의 역헌금 제공은 '스몰 빅'의 완벽하고 놀라운 사례가 아닐 수 없다.

34
원하는 도움을 얻게 해주는
스몰 빅은 무엇일까?

◆

◆

원하는 도움을 얻게 해주는 스몰 빅은 무엇일까? 해답은 요청하는 것이다.

너무나 뻔한 말처럼 들리겠지만 사회과학자 프랭크 플린과 바네사 본스Vanessa Bohns가 진행한 연구를 참고해보자. 이들은 요청하는 사람은 부탁받는 사람이 승낙할 가능성에 대해 과소평가하는 경향이 있다고 생각했다. 이를 증명하기 위해 몇 가지 실험을 했다.

참가자들은 낯선 사람들에게 설문에 응해달라고 요청해야 한다. 참가자들이 이 임무를 수행하러 나가기 전 사람들이 얼마나 요청에 응할 것 같은지 가능성을 물어봤다. 5명으로부터 설문 동의를 얻어내려면 얼마나 많은 사람에게 부탁해야 할지 짐작해보도록 한 것이다. 참가자들은 평균적으로 20여 명에게 물어봐야 한다고 추측했는데, 실제로 진행해보니 그 수는 10명이었다. 참가자들이 가능성을 절반 정도로 낮게 예측한 것이다.

플린과 본스는 낯선 사람에게 지역 스포츠센터까지 안내해달라고 부탁하거나 짧게 전화 통화할 일이 있으니 휴대전화를 빌려달라고 부탁하는 것을 포함해 다른 여러 가지 조사에서도 이와 유사한 결과를 얻었다. 다른 연구에서는 참가자들에게 자선기금 모금을 부탁했다. 모금 전 플린과 본스는 사람들이 얼마나 기부를 할 것인지 참가자들에게 대략적으로 추측해보라고 요청했다. 참가자들이 예상한 금액은 실제 모금한 금액의 절반 정도였다. 각 개인이 기부한 금액에서도 25퍼센트가량 적게 예측했다.

도와달라는 요청에 사람들이 어떻게 반응할지의 가능성을 이렇게 낮게 보는 이유를 알아보기 위해 이들은 다양한 데이터를 모았다. 요약하면, 상대가 요청에 응할 가능성을 일반적으로 낮게 보는 것은 요청하는 사람들은 도움을 줄 사람들이 요청에 거부할 때 치르게 되는 '사회적 대가(어려움, 당혹감, 잠재적 죄의식, 무안함 등)'보다는 그들이 요청에 응할 때 시간과 노력, 돈의 관점에서 치러야 하는 대가를 더 생각하기 때문이다.

이런 사실이 보여주는 바는 명확하다. 누군가에게 부탁을 할까 말까 고민할 때 상대가 "예" 하고 응답할 가능성을 과소평가하는 경향이 있다는 것이다. 이렇게 과소평가하려는 마음을 그대로 놓아두면 생산성을 높이고 목표를 달성하는 데 잠재적인 방해물이 될 것이다.

더 나아가 관리자와 팀 리더들에게는 이 연구 결과가 상당히 놀라운 영향을 미칠 수 있다. 직원들은 중요한 프로젝트를 진행하면서 관리자가 그들을 도와주지 않을 거라고 지레짐작하는 경향이 있기 때문이다. 이런 일이 일어나지 않도록 하려면 부하직원이나 동료, 팀 구성원에게 필요하면 기꺼이 돕겠다는 것을 알리는 게 중요하다. 플린과 본스의 연구에서 봤듯이 이런 오해로 말미암아 그룹에서 직원들의 업무에 문제가 생기지 않도록 하겠다고 팀원들에게 이야기하는 것이 좋다.

본스와 플린은 다른 연구를 통해 사람들이 왜 필요한 도움을 받지 못하는지 원인을 연구했다. 도움을 요청하는 사람은 자신의 부탁에 상대방이 응할 가능성이 낮다고 과소평가하고, 도움을 줄 준비가 돼 있는 사람은 상대가 도움이 필요할 때면 자신에게 요청할 것이라고 과대평가한다. 그러다 보니 오해가 두 배가 돼 문제가 생기는 것이다. 도움이 필요한 사람은 요청하지 않고, 도와줄 수 있는 사람은 도움을 제안하지 않는다. 도움을 청하지 않으니 자신의 도움이 필요 없다고 느끼는 것이다.

기꺼이 돕고자 하는 마음을 전달할 때 관리자와 리더는 도움을 요청한 사람만 실제로 혜택을 받는 것이 아니라는 점을 알려줘야 한다. 직원이 도움을 요청할 때 경험하게 되는 당혹스러움이나 불편함을 예방할 수 있는 단계가 필요하다는 말이다. 현명한 관리자라면 도움을 요청받아서 기뻤던 과거 사례를 들며 누군가에게 도와달라고 부탁하는 것이 생각만큼 곤혹스럽지 않다고 알려줄 수 있다. 환자들이 계속 도움을 요청하고 정보를 구하도록 격려하는 의료 전문가들은 도움을 요청하는 환자에게 "세상에 어리석은 질문이란 없다"고 상대가 안심할 만한 말을 덧붙이는 간단한 변화만으로 커다란 차이를 만들어낼 수 있다.

이 책의 내용 중 도움이 되는 장의 내용을 정리해 필요한 사람들에게 알려줄 수도 있다. 그런 경우에는 맨 위에 상대방의 이름을 직접 손으로 적어 넣음으로써 좀 더 커다란 변화를 만들 수도 있다.

35

협상에서 큰 차이를 만들어내는
스몰 빅은 무엇일까?

◆

◆

때로는 협상 테이블에서 마주하는 처음 몇 분이 권투 경기장 안에서 선수들이 보내는 처음 몇 분처럼 느껴지기도 한다. 양쪽 선수가 조심스럽게 움직이거나 링을 맴돌며 몸을 푼다. 권투선수가 먼저 주먹 날리기를 주저하는 것처럼 협상 당사자들도 테이블에 앉아 먼저 제안하기를 망설이게 된다. 어떤 면에서 본다면 이해할 만한 일이다. 먼저 제안을 꺼내면 자신의 전략을 노출시켜 약점을 드러내게 될까 봐 걱정할 수도 있다.

이런 방식으로 생각하는 것이 옳을까? 협상에서 혹은 타인에게 영향을 미쳐야 할 어떤 상황에서 먼저 전략적으로 움직이는 것이 나을까 아니면 상대방이 먼저 움직이도록 내버려둬야 할까?

사회심리학자 애덤 갈린스키와 토마스 머스웨일러Thomas Mussweiler가 진행한 연구에 따르면, 협상에서 상대방이 움직이기 전에 먼저 첫 번째 제안을 꺼내는 편이 낫다.

일련의 실험을 통해 연구자들은 협상에서의 역할이 구매자건 공급자건 상관없이 먼저 조건을 제시하는 쪽이 상대가 조건을 제안할 때까지 기다리는 사람보다 더 나은 결과를 얻을 확률이 높다고 했다. 예를 들어 공장을 매입하려는 쪽이 먼저 가격을 제안할 경우 매도자는 평균 1,970만 달러에 동의하게 되고, 반대로 공장을 팔려는 쪽에서 먼저 금액을 제안하는 경우 사는 쪽에서는 평균 2,480만 달러 선에서 동의하게 됐다고 한다. 연구자들은 연봉 협상에서도 이와 비슷한 결과를 확인했다.

왜 협상 결과에서 이렇게 큰 차이가 나는 것일까? 협상 당사자들이 먼저 제안할 때 상대방을 중요한 수치로 먼저 제압해 닻을 내리는 '앵커anchor' 역할을 하기 때문이다. 그 결과 제안을 받는 쪽은 이상적으로는 상대의 제안에 의존하지 않고 협상 대상의 가치를 결정하려 하지만 현실에서는 그렇지 않다. 협상은 상대가 앵커로 사용한 수치를 기준으로 진행되고 협상이 계속될수록 자신이 애초 생각했던 수치와는 멀어지게 된다.

어째서 이런 일이 생기는 걸까? 잠재적인 고객에게 중고차를 팔려는 사람이 있다고 가정해보자. 판매자는 제안 가격을 높게 시작할 것이고 구매자는 자동적으로 높은 가격에 형성된 앵커 지점에 연관되는 정보를 염두에 두게 될 것이다. 이 책을 통해 우리가 내내 강조했던 것, 즉 사람들은 정확한 선택을 하도록 자극받는다는 이야기를 기억하자. 이미 등장한 높은 가격에 대해 구매자는 '왜 이렇게 가격이 높지?' 하고 스스로 묻게 되고 협상 대상의 가치에 대한 정확하지 않은 인식을 바로잡으려 노력할 것이다.

이 질문에 답하려 애쓰면서 구매자는 높은 가격을 합리화하는 특징들에 초점을 맞추게 된다. 자동차의 럭셔리한 측면, 안전성, 연비 등을 고려하면서 말이다. 이제 구매자가 최초 제안을 한다면 어떻게 될지 생각해보자. 눈에 띄는 흠집과 움푹 파인 자국이 있고, 사용거리는 너무 많고, 차에서 지독한 냄새가 난다는 등 구매자가 낮은 가격으로 앵커링을 하기 위해 문제점에 집중하면 판매자는 '왜 이렇게 낮은 가격을 부르지?' 하며 질문에 대한 답을 찾으려 들 것이다.

최초 제안의 특징에 대해 자동적으로 생각하게 되는 사람은 제안을 받은 당사자이기 때문에 그는 협상의 대상이 무엇이든 상관없이 진짜 가치를 판단하는 면에서 원래 자신이 생각했던 것이 아닌 상대방의 제안을 기준으로 생각하게 된다. 따라서 구매자건 공급자건, 연봉 협상에 나선 직원이건 고용주건, 한정된 자원을 할당해야 하는 상사건 부하직원이건 협상에서 적절한 앵커가 무엇인지 고려하고 상대방이 제안을 할 때까지 기다리는 대신 먼저 제안하도록 해야 한다. 갈린스키와 머스웨일러가 연구를 통해 보여줬듯 협상에서 먼저 제안하는 작은 행위가 결과에서 큰 차이를 만들어낼 수 있다.

작은 변화라고 하지만 이는 큰 이익을 얻게 해준다. 물론 최초 제안 단계에서 현실적인 한계를 뛰어넘어 욕심을 부리고 싶겠지만 제안은 현실적 범위 안에 있어야 한다. 예를 들어 다른 어떤 곳에서도 맡을 수 없는 특이한 차 냄새를 자랑한다며 갖고 있는 혼다 시빅의 최초 제안가로 10만 달러를 부르는 것은 극히 비현실적인 일이다. 하지만 최

초 제안이 합리적인 선 안에 있다면 상대방이 시도하기 전 먼저 선제 공격을 날리는 편이 좋다. 이런 기회를 놓치면 경기 시작 벨이 울리고 몇 분 안에 빈털터리 실패자가 될 수도 있다.

부모들도 이런 점에 주의해야 한다. 잠자지 않겠다고 칭얼대는 아이들과 협상할 때 반드시 먼저 협상 조건을 내걸어야 한다.

그렇다고 언제나 상대방에게 제대로 된 펀치를 날릴 수 있는 것은 아니다. 상대방이 기세 좋게 주먹을 날리며 나오는 상황에서 내가 사용할 수 있는 전략은 무엇일까?

예를 들어 집을 사려는 사람은 누군가 협상을 시작하기 전 이미 확정돼 있는 공식 발표 가격을 알아봐야 한다. 기업이라면 구직자에게 일자리를 제안한 후 바로 급료를 이야기해줘야 한다. 운 좋게도 갈린스키와 머스웨일러는 이런 심리적인 덫에서 벗어날 수 있는 간단하지만 효과적인 전략을 실험했다. 당신이 생각하는 이상적인 금액에 집중하라. 그러면 상대방의 앵커와 상반되는 정보를 계속해서 고려하게 될 것이다.

　이런 쉬운 방법은 합당한 금액을 마음속에 생각하고 협상을 시작하는 것뿐 아니라 왜 이 가격이 합당한지를 적은 목록을 준비하는 것이다. 협상에서 목록에 적은 모든 사항을 하나씩 이야기할 필요는 없겠지만, 내 앞에 이 목록을 놓는 것만으로 원래 판단이 옳았는지 아닌지 질문하는 자동적인 과정과 맞닥뜨릴 때 강력하고 충분한 실마리가 돼줄 것이다.

36
거래를 할 때 정확성은 스몰 빅이 될 수 있을까?

◆

◆

　2013년 여름 이적 기간 동안 영국 축구팀인 아스널 FC는 프리미어 리그의 라이벌인 리버풀 FC로부터 '4,000만 파운드+1파운드'의 비용으로 우루과이의 스트라이커인 루이스 수아레스Luis Suarez를 영입하기 위해 노력했다. 아스널이 제안한 비용은 일반적으로 두루뭉술한 이적료에 비해 눈에 두드러질 정도로 특별했다. 이는 수아레스가 리버풀 FC와 계약한 바이아웃 조항과 관련 있는데, 다른 구단에서 4,000만 파운드를 넘는 금액을 제시할 경우 수아레스 개인과 협상할 수 있기 때문이다. 하지만 이렇게 정확한 금액을 제안했는데도 아스널의 제안은 실패로 돌아갔다.

　앞 장에서 협상을 할 때 첫 번째 제안을 먼저 꺼내면 상대방의 제안과 반응에 큰 영향력을 미치는 앵커 역할을 하는 것을 살펴봤다. 그렇다면 아스널의 제안이 실패로 돌아간 이유(아스널이 제일 먼저 제안했음에도 불구하고)는 첫 번째 제안이 너무 정확했기 때문일까. 그렇지 않다.

수아레스 건은 금액을 두고 실랑이를 벌이는 것 이상으로 복잡한 상황이었다. 하지만 아스널이 제안한 유별난 정확성은 또 다른 기능을 했다. 전 세계적인 관심과 화제를 모으게 된 것이다. 몇 주 동안 온갖 매체의 스포츠 면에 엄청난 크기의 기사를 장식했다는(여기에는 이미 수아레스가 논란을 불러일으킨 주인공이라는 사실이 한몫했지만) 것이 이 주장을 뒷받침하는 증거다. 신문의 스포츠 면을 넘어서 구체적이고 정확한 제안은 사람들의 관심을 끌 뿐만 아니라 협상에도 영향을 미친다. 바로 설득의 과학이라는 영역이다.

행동과학자 말리아 메이슨Malia Mason과 동료인 앨리스 리Alice Lee, 엘리자베스 와일리Elizabeth Wiley, 다니엘 에임스Daniel Ames가 진행한 연구에 따르면, 제안을 먼저 했다는 사실이 아니라 첫 번째 제안이 정확한 것이라는 사실이 협상 결과를 더 좋게 만들어줬다.

한 연구에서 참가자들에게 중고차 매매에 관련한 가상의 협상 진행에 관해 알려줬다. 각각의 경우에 참가자들은 판매자 역할을 맡았고 잠재적 구매자로부터 세 가지 제안 중 하나를 받았다. 하나는 2,000달러라는 대략적인 숫자이고, 다른 둘은 정확히 1,865달러와 2,135달러였다. 참가자들은 처음 제안받은 가격을 확인하고 이에 따라 가격을 부르게 된다. 재미있게도 정확하게 떨어지는 가격을 제안받은 사람은 훨씬 더 회유적으로 가격을 제안하는데, 처음 시작한 가격보다 10~15퍼센트 높은 가격을 불렀다. 2,000달러를 제안 받은 참가자들은 23퍼센트가 차이 나는 금액을 제시했다. 이런 결과를 고려할 때 정확한 금액을 제공할 경우 협상을 진행하면서 양쪽의 의견 차이가 좁혀질 가능성이 높았다. 왜 그럴까?

정확한 금액을 제안받은 경우 제안을 한 상대방이 협상을 준비하면서 시간과 노력을 더 많이 투자했고, 따라서 그들이 제안한 정확한 금액 제안에 합당한 근거가 있다고 생각했다. 협상을 진행하는 참가자들의 인식을 측정하고 '젊은이가 차의 가치를 알아보느라 상당한 노력을 기울였다', '이런 가격을 제안한 데는 합당한 이유가 있을 것이다' 등과 같은 설명에 대해 동의하는지 살펴본 연이은 실험 결과와도 일치했다.

제시한 가격이 2,000달러보다 높거나 낮거나 상관없이 효과가 일정했다는 사실이 흥미로웠다. 주차장 자리나 차지하고 이상한 냄새를 풍기는 혼다 시빅을 팔아야 할 때 4,000달러라는 대략적이고 높아 보이는 가격을 붙이는 대신 3,935달러라고 좀 더 정확하고 약간 적어 보이는 금액을 써내는 편이 좋다고 생각할 것이다. 물론 이렇게 정확한 가격을 붙이고 나오는 판매자로부터 무언가를 구매할 때에는 특별히 더 조심해야 할 것이다.

정확한 수치를 활용하는 접근법은 중고차를 팔 때처럼 단 한 번의 거래 협상을 위해서만 활용할 수 있는 것이 아니다. 다른 협상 상황에서 활용하면 비슷한 결과를 얻을 수 있다.

두 번째 실험에서 연륜이 풍부한 매니저와 임원을 위한 MBA 과정을 마친 참가자들을 130쌍으로 나눠 실제로 협상을 진행했다. 첫 번째 실험과 마찬가지로 처음에 정확한 수치로 제안한 참가자들은 어림수로 제안한 참가자들보다 상대방으로부터 평균 24퍼센트 정도 높은 제안을 받았다. 모든 경우에서 최초 제안에 대한 앵커링은 최종 합의에 영향을 줬다.

앞 장에서도 강조했지만, 더 나은 결과를 만들기 위해 협상자가 시도해볼 수 있는 작은 변화는 먼저 제안을 하는 것이다. 이 연구는 사소하지만 중요한 접근 방식의 변화가 어떻게 결과에 큰 차이를 만들어내는지 보여준다. 그 변화란 바로 첫 번째 제안을 정확하고 특별하게 하는 것을 의미한다.

가능성 있는 고객을 위해 제안서를 쓰는 데 필요한 모든 정보와 장비, 자료, 자원들을 살펴본 후 고객이 좀 더 접근하기 쉬울 거라는 잘못된 생각으로 수치를 대략 얼버무려 협상에 임하는 실수를 범해서는 안 된다. 협상 초기에 정확한 수치를 제안하는 것은 매우 중요하다.

연봉과 각종 복지 혜택을 협상할 때에도 비슷한 접근법을 사용할 수 있다. 상사에게 10퍼센트 임금 인상을 요구하는 것이 훨씬 더 쉽고 간단하겠지만 대신 9.8퍼센트나 10.2퍼센트를 요청하면 숫자의 정확성이 저항을 줄여주는 효과가 있다. 그것이 비슷한 지위에 있는 사람들의 평균 인상률이라거나 하는 식으로 어떻게 정확한 수치가 나왔는지 증명할 준비가 돼 있어야 한다. 이와 비슷하게 현재 시간당 15달러를 받고 있는 베이비시터가 임금을 올려 받고 싶다면 아기 부모와 협상할 때 16달러보다는 15.85달러를 요청하는 것이 성공 확률이 높다.

이런 접근법은 프로젝트를 관리하고 특정 날짜와 시간까지 일을 완수하도록 누군가를 설득할 때도 사용할 수 있다. 이 연구에 따르면, 2주 안에 일을 완수하라고 이야기하는 것보다 13일 안에 일을 끝내도록 하면 더욱 적절한 반응을 얻을 수 있다. 같은 맥락으로 그날 퇴근 전까지 혹은 그 주의 마지막 날까지 일을 끝내라고 요구하는 것보다 정확한 시간을 명기하는 것이 좋다. "목요일 오후 3시 47분까지 이 일을 끝내줄 수 있겠나?" 이렇게 하면 작은 변화로 요청에 대한 적확한 대답을 얻을 수 있을 뿐 아니라 당신은 이메일을 훨씬 더 효율적으로 관리하면서 주말 동안 엄청난 연봉을 받는 운동선수들이 뛰는 모습을 여유 있게 즐길 수 있다.

37

숫자 끝자리를 바꾸는 스몰 빅은 무엇일까?

◆

◆

　최근 미국의 슈퍼마켓 브랜드의 가격표를 조사한 연구에서 흥미로운 사실이 발견됐다. 슈퍼마켓 매장에서 팔리는 제품들 중 80퍼센트는 가격이 '9'로 끝난다. 매장 한 곳이나 체인점 한 곳에만 국한된 것이 아니다. 대부분의 유통업체들이 비슷한 정책을 적용하고 있다. 이렇게 가격 마지막 자리의 숫자가 '9'로 끝나는 것이 미국 시장에서만 볼 수 있는 이례적인 상황은 아니다. 독일, 영국, 뉴질랜드 등이 비슷한 가격 정책을 실행하고 있다.

　그렇다면 이렇게 '9'로 끝나는 가격을 붙이는 이유는 무엇일까? 1891년 미국 통화 표준화로 기원이 올라간다고 보는 견해가 있다. 영국에서 수입된 물품이 파운드에서 달러로 환전을 거치면 단수(가격의 끝자리가 '0'이 아닌 숫자로 끝나는 가격 - 옮긴이)로 끝나게 된다. 당시 영국 제품은 품질이 더 좋은 것으로 여겨졌기에 이렇게 가격이 단수로 끝나는 상품은 우월한 품질의 상징으로 여겨졌다. 또 하나의 설은 직원들의 도난을 방지하기 위해서라는 것이다. 단수 가격을 사용하면 직원들이 계산하면서 거스름돈을 내줘야 하기에 판매전표에 옮겨 적지 않고 고객이 낸 돈을 자기 주머니에 몰래 넣는 일이 힘들어진다. 기록에 따르면, 미국 메이시 백화점에서 99센트로 끝나는 가격표를 20세기 초반에 도입했고, 그 결과 판매가 늘어났으며 이후 전 세계의 많은 유통업자들이 이런 방식을 도입했다.

99센트로 끝나는 가격과 관련해 널리 알려진 유통업체가 최근 이 가격 표시 정책을 거부함으로써 화제가 됐다. 전직 애플의 선임 부사장인 론 존슨Ron Johnson은 2011년 JC페니에 새로운 CEO로 부임한 직후 전 지역 매장에 '상시 할인' 정책을 시작했다. 그는 지금껏 사람들에게 익숙한 99센트 대신 정수로 가격을 표기하기로 결정했다. 예를 들어 18.99달러, 19.99달러 같은 가격표가 붙어 있던 데님 반바지에 19달러, 20달러라는 가격을 붙인 것이다. 이런 변화의 근거는 간단했다. 19달러나 20달러처럼 어림수로 끝나는 가격이 명확하고 직접적이라 단순하고 정직한 메시지를 전할 수 있다는 것이다. 1센트짜리 거스름돈을 주지 않아도 되는 가격 정책을 시도한 JC페니의 작은 변화는 상식적으로 볼 때 합당한 듯했다. JC페니는 이런 정책이 고객에게도 의미가 있어 매출로 응답해줄 것이라고 생각했다.

물론 고객들이 매출로 응답하긴 했다. 그다음해 JC페니의 매출은 거의 30퍼센트나 떨어졌다. 당시 미국은 경제 위기로부터 회복하던 초기 단계라 경기가 썩 좋지 않은 상태였다. 따라서 매출 급감을 불러온 책임이 전적으로 새로운 가격 정책 때문이라고 보기에는 문제가 있다. 곤두박질치는 판매에 여러 가지 요소가 작용했을 것이다. 하지만 JC페니의 '상시 할인' 정책이 판매에 아무런 도움이 되지 않았다는 사실에는 확실한 증거가 있었다. 이 정책은 론 존슨 자신에게도 도움이 되지 않아 그를 JC페니의 CEO 자리에서 물러나게 했다.

첫눈에 보기에는 고객의 관심을 정확한 가격(예를 들어 0.99달러)에서 어림수 가격(예를 들어 1.00달러)으로 바꾸려던 생각은 긍정적인 구매를 일으키는 데 아무런 영향력을 발휘하지 못했다. 결국 차이는 하찮아 보이는 동전 한 닢이었다. '푼돈을 아끼면 큰돈은 저절로 모인다'는 말이 있지만, 오늘날 동전 한 닢의 가치는 너무 작아 아무런 관심도 못 끌 듯하다.[3]

이런 상황에서 JC페니의 가격 정책 변화는 아무런 영향을 미치지 못했다. 하지만 이 책에서 보여줬다시피 작은 변화가 큰 차이를 만들어낼 수 있다. 가격표에 적힌 동전 한 닢에 관해서도 마찬가지다.

왜일까? 99센트로 끝나는 가격표는 '제대로 된 구매'의 상징이다. 샤를로트 가스통 브레통Charlotte Gaston-Breton과 롤라 듀크Lola Duque는 이런 방식이 특히 젊은 고객들을 대상으로 할수록, 가치가 낮은 제품처럼 구매 결정에 소비자의 관여가 낮을수록 효과적이라고 밝혔다. 다른 연구에서 보면 99센트로 끝나는 가격은 가격대에 대한 인식에서 '하향 평준화' 효과를 낳는다. 다른 말로 하자면 19.99달러에 팔리는 제품은 '20달러 미만'으로 카테고리화되지만 여기서 1센트만 더하면 '20달러 이상'의 제품이 돼버린다. 미묘하지만 중요한 대비가 일어나는 것이다.

제품에 붙은 가격표에 영향을 미치는 것에 더해 가격표 끝자리를 1센트 바꾸면 가격에서 또 다른 중요 특징인 왼쪽 자리 숫자가 변하게 된다. 앞서 이야기한 사례에서 1센트 싸지는 것만으로 19.99달러가 돼서 '20달러 미만' 카테고리에 포함될 뿐 아니라 가장 왼쪽에 자리한 숫자가 '2'에서 '1'로 바뀐다. 이런 '왼쪽 숫자 효과left-digit effect'는 사람들이 가장 먼저 관심을 갖는 부분이기에 더욱 중요하다.

케네스 매닝Kenneth Manning과 데이비드 스프로트David Sprott는 가장 왼쪽에 있는 숫자를 바꿔 단위가 달라지는 사소한 변화가 사람들의 구매 결정에 극적인 영향을 끼친다는 사실을 밝혔다. 매닝과 스프로트의 연구에서 참가자들은 나란히 놓인 2개의 펜 중 하나를 구매할 기회를 가진다. 펜 A는 가격이 조금 낮고 펜 B는 몇 가지 특징 때문에 가격이 조금 높은 편이다. 참가자들은 이 2개의 펜을 평가하고 선택해야 한다. 연구자들은 4개의 가격 조건으로 나눠 참가자를 배분했다.

처음 세 조건에서 가격의 차이는 극히 적은 편인데(조건 1과 조건 2는 1센트밖에 차이 나지 않는다) 실험 결과의 차이는 상당히 컸다. 조건 1에서 참가자들 중 56퍼센트가 펜 A를 골랐지만 조건 2에서는 69퍼센트가, 조건 3에서는 70퍼센트가 이 펜을 골랐다.

이렇게 큰 차이는 어디서 기인했을까? 펜 A(2.00달러)와 펜 B(2.99달러)에서 왼쪽 자리 숫자가 같은 조건 1의 경우와 왼쪽 자리 숫자가 다른 조건 2와 조건 3을 살펴보자. 이 두 조건(조건 2와 조건 3)에서 펜 A는 펜 B에 비해 상당히 싸 보인다.

하지만 조건 4를 보자. 펜 A(1.99달러)와 펜 B(3.00달러)가 왼쪽 끝자리

	펜 A	펜 B
조건 1	2.00달러	2.99달러
조건 2	2.00달러	3.00달러
조건 3	1.99달러	2.99달러
조건 4	1.99달러	3.00달러

숫자에서 2달러나 차이가 난다. 각각의 조합 중 펜 A가 가장 매력적으로 보이는 금액이라 참가자들 중 82퍼센트가 펜 A를 선택했다. 사실 모든 조건에서 펜 A와 펜 B의 가격에는 큰 차이가 없었다. 하지만 왼쪽 자리에 약간의 변화를 주는 것만으로 선택 결과에 큰 차이가 만들어진 것이다.

론 존슨과 그의 팀이 '연중 상시 할인'을 강조하며 어림수 가격 표시제를 시작하기 전 이런 설득의 과학을 이해했다면 좋지 않았을까. 양말 한 켤레 가격을 8.99달러 대신 1센트 많게 해 9달러로 적어놓으면 소비자들은 왼쪽 끝자리에 집중하게 돼 양말이 1달러 더 비싸다고 느낀다.

다른 사람의 선택과 결정에 영향을 미치는 다양한 상황에 이 연구의 결과를 활용할 수 있다. 유통 환경에서 가격을 결정하는 책임이 있는 사람들은 가격을 1센트 올리거나 내리는 사소한 변화로 제품뿐 아니라 고객의 구매 결정에서 판단을 바꿔놓을 수도 있다. 예를 들어 가격이 낮고 이윤이 높은 제품을 판매하는 경우라면 가격 끝자리에 약간의 변화를 주고 이 제품과 고급 제품의 왼쪽 자리 숫자를 다르게 함으로써 이익률을 개선할 수 있다.

이는 소비자들이 좀 더 비싼 제품을 고르도록 하는 것이 목표인 반대 경우에도 적용해볼 수 있다. 선택에서 왼쪽 끝자리가 같을 경우 더비싼 펜을 고르는 비율이 높았던(조건 2보다 조건 1에서 펜 B를 선택하는 비율이 높았던) 앞서의 실험을 참고하도록 하자. 어림수보다 약간 적은 구체적인 수치를 명기하는 것이 다른 사람의 결정에 영향을 미치는 또다른 사례를 생각해보자. 퍼스널 트레이너라면 러닝머신에서 10킬로미터를 뛰라고 조언하는 것보다 9.9킬로미터를 뛰라고 하는 경우 수강생들이 지시를 좀 더 잘 따를 것이다. 의사도 운동이 필요한 환자에게 걷기를 추천하면서 1만 보를 걸으라고 하는 대신 9,563보를 걸으라고 하면 효과가 훨씬 좋을 것이다. 이런 시나리오에서는 고객이나 환자에게 좀 더 달성하기 쉬운 목표를 제시해 이를 달성하려는 동기부여가 잘되도록 하는 것이 중요하다.

마지막으로 시간과 과제를 구성하는 방식에 약간의 변화를 주면 앞으로 주재해야 할 회의에 더 많은 사람이 참여하게 된다. 2시간 회의를 1시간 55분 회의로 바꾸는 것만으로 몇 명이 더 참석한다는 것이다.

이렇게 설득의 과학이 선사하는 작지만 중요한 변화를 익히면 회의에 참석하도록 사람들을 설득할 때도 도움을 받을 수 있다.

38

순서를 바꿔 주문량을 늘리는
스몰 빅은 무엇일까?

◆

◆

1970년대 중반에 레스토랑 사업가 안토니오 칼루치오^{Antonio Carluccio}는 고향인 북부 이탈리아를 떠나 영국에서 와인 수입업자로 일하다 테렌스 콘랜의 유명 레스토랑 그룹에서 일했고 그 후 자신의 첫 번째 숍을 열었다. 그리고 오늘날에는 유럽과 중동 지방을 중심으로 파스타, 샐러드, 젤라토 등 정통 이탈리아 음식을 팔면서 스쿠터도 함께 파는 칼루치오 카페를 70개나 가지고 있다.

칼루치오의 메뉴에는 고객들이 주문할 수 있는 베스파 스쿠터가 그려져 있고 저녁식사로 뭘 먹을지 고민하면서 스쿠터의 색깔도 선택할 수 있다.

그의 레스토랑에서 얼마나 많은 사람이 스쿠터를 구매하고 싶어할지 알 수 없다. 얼마나 많은 스쿠터가 이 레스토랑에서 팔렸는지도 알 수 없다. 하지만 설득의 심리학을 연구하는 입장에서 비싼 가격의 아이템(베스파 스쿠터는 3,500달러에 이른다)이 메뉴에 올라 있으면 다른 음식들은 상당히 저렴해 보일 것이다. 칼루치오는 이 카페에서 스쿠터를 많이 팔지는 못하겠지만 스쿠터를 메뉴에 포함시키는 것만으로 최고급 파니니는 많이 팔 수 있었다. 간단하게 말하자면, 오토바이를 메뉴에 넣어 자신이 만든 샌드위치가 더 가치 있게 보이도록 한 것이다.

진공 상태에서 결정하는 사람은 없다. 다른 말로 하자면 우리의 선택은 언제나 맥락에 의해 영향을 받는다. 이 맥락에는 우리가 고려하고 있는 대안, 의사 결정을 하는 환경, 결정을 내리기 전 무엇을 생각

BiKEWiCH

7,500$

했는지 등이 포함된다. 따라서 여러 가지 선택을 제시하는 순서가 정말 중요해진다. 심리학에서 기본 개념은 인지적 대조perceptual contrast다. 어떤 제안에 대한 인식은 그 제안 자체뿐 아니라 제안을 받기 직전 그 사람이 어떤 경험을 했는지에 따라 달라질 수 있다. 와인 목록을 적을 때 제일 처음 15달러짜리 하우스와인으로 시작하고 중간쯤 되는 선에서 35달러짜리 와인이 등장한다면 좀 비싸게 느껴진다. 하지만 약간의 변화를 더해 60달러짜리 와인이 먼저 등장한다면 같은 35달러 와인도 조금 합리적인 가격으로 느껴진다. 이렇게 와인에는 어떤 변화도 없이 다만 이 와인을 소개하는 순서만 달라졌을 뿐이다.

제안의 성공 가능성을 높이는 작고 사소한 변화를 일으키려면 목표로 하는 대상이 결정을 내려야 하는 순간 무엇과 비교하게 될지를 먼저 고려해야 한다.

흥미롭게도 이런 전략은 사업 제안을 할 때 어쨌건 고객이 거절하게 될 제안과 관련해서도 효과적이다. 예를 들어 고객을 위해 제안서를 준비하는 경영 컨설팅 회사는 몇 개의 대안적인 접근을 고려하고 그것들을 제거해나가면서 최선의 조언을 만들어낸다. 이때 비용이 너무 많이 든다거나 실행하는 데 시간이 많이 걸리는 것은 쓰레기통에 던져버리듯 하나씩 지워가면서 최상의 선택에 집중하게 된다. 이는 설득 과정에서 우리가 알고 있는 인지적 대조 원칙을 기반으로 생각할 때 잘못된 방식이다.

이 컨설팅 회사는 제거하기로 한 아이디어를 프레젠테이션 초반에 제일 먼저 짧게라도 소개하는 편이 낫다. 이런 작은 변화는 가장 중요한 제안을 소개하는 데서 큰 차이를 만들어낸다. 제안서를 적절한 전망으로 파악할 수 있기 때문이다. 예를 들어 고객이 지나치게 비용이 많이 든다거나 시간이 너무 많이 필요하다고 느낄 만한 옵션을 먼저 소개하면 목표로 삼은 제안이 적절한 것처럼 보인다. 너무 차지도 뜨겁지도 않은 수프를 마시고, 너무 크지도 작지도 않은 침대에서 잠이 든 골디록스의 동화('골디록스'는 동화 속 인물로, 언론 등에서 극단이 아닌 적절한 선의 선택을 나타낼 때 비유적으로 사용한다 - 옮긴이)에서처럼 말이다.

하지만 아이템을 묶어 패키지로 제안을 하는 상황이라면 어떨까? 예를 들어 영화관에서 열다섯 편의 영화를 99달러에 묶어 판매한다고 하자. 변호사가 10시간 컨설팅에 2,500달러를 부를 수도 있고 온라인 음원 공급자가 29.99달러에 70곡을 다운받게 할 수도 있다. 어떤 숫자가 먼저 나오는 것이 구매 결정에 영향을 줄까? 온라인 음원 공급자의 이야기를 예로 들면 70곡의 노래를 29.99달러에 제안하는 것이 나을까 아니면 29.99달러에 70곡을 제안하는 것이 나을까?

라제시 바그치Rajesh Bagchi와 데릭 데이비스Derick Davis는 바로 이 질문에 답하기 위해 연구를 진행했다. 참가자들에게 주문형 텔레비전 방송업체의 여러 가지 제안 중 하나를 고르도록 했다. 한 그룹에는 가격이 먼저 나오고 그다음에 아이템을 소개하는 방식으로 '300달러에 600시간 방송'을 제안했다. 두 번째 그룹에는 아이템을 먼저 소개하고 그다음에 가격을 소개해 '600시간 방송에 300달러'를 제안했다. 다른 그룹에는 수학적으로는 똑같지만 다른 조합으로 60시간에 30달러, 285.90달러에 580시간 그리고 580시간에 285.90달러 선으로 소개했다.

그 결과 첫 번째와 두 번째 제안처럼 계산하기 쉬운 방식으로 제안했을 때에는 가격이나 아이템 중 어느 것이 먼저 나오든 상관없었다. 하지만 계산하기 어려운 방식으로 제안했을 경우 상황이 달라져서 아이템이 먼저 소개된 후 가격을 소개하는 편을 선호했다. 제안한 패키지의 규모가 클수록 이런 경향이 더 컸다. 예를 들어 두 제안이 결국 똑같은 내용인데도 사람들은 '285.90달러에 580시간'보다 '580시간에 285.90달러'를 더 선호했다.

왜일까? 선택 내용이 복잡해질수록 우리의 관심은 그것이 아이템의 수나 시간이나 다른 어떤 측정 단위건 상관없이 제일 먼저 소개된 정보에 집중된다. 이 경우 거래에 대한 사람들의 평가는 더욱 긍정적이 된다. 혜택이 먼저 소개되고 비용이나 가격이 나중에 등장하기 때문이다. 한발 더 나아가 이 효과는 제안이 계산하기 복잡해질수록 증폭돼 같은 대상에 대해 궁극적으로 다른 평가와 선호를 보여준다.

비즈니스에서 고려해야 할 실제적이고 유용한 교훈이 있다. 고객에게 컨설팅 서비스를 제안한다고 생각해보자. 다수의 사람들이 참여해 각기 다른 비용과 시간, 다른 장소로 다양한 서비스를 진행하기 때문에 복잡한 제안이 될 것이다. 이런 경우에는 아이템을 먼저 소개하고 그다음 가격을 소개한다. 이렇게 사소하지만 중요한 변화가 의미 있는 결과를 가져올 수 있다.

그런데 제안 내용이 계산하기 쉽고 다루는 수치의 단위가 작다면 어떻게 될까? 그런 경우 순서가 미치는 영향이 적긴 하지만 무엇을 처음에 제시할 것인지에 대해서는 여전히 관심을 기울여야 한다. 잠재적인 영향력을 고려할 때 아이템을 먼저 밝히고 가격을 알려주는 방식으로 바꾸는 것은 비용이 별로 들지 않는 전략이다.

아이템을 소개하는 순서에 집중하는 것은 제품이나 서비스를 파는 것은 물론 자기 자신의 경력을 기업 등에 '팔아야' 하는 상황에도 적용할 수 있다. 예를 들어 이력서에 경력을 적으며 얼마나 오래 일했는지 강조하는 것보다는 그 시기에 이룬 성과를 적는 것이 좋다. 즉, 일한 기간보다는 성취한 내용을 먼저 소개하는 것이 훨씬 생산적이다 ("23개의 중요한 프로젝트를 2년 6개월 동안 진행했습니다").

이와 비슷하게 이제 막 졸업해 입사하려 할 때에는 회사의 관심을 끌기 위해 학업적 성취를 강조하는 것이 좋다. 자기소개서에 37개 과목을 3.5년 만에 성공적으로 수료했다고 설명하는 것이 그 반대 방식보다 더 효과적이다. 이런 사소한 변화만으로 임원급이 될 수는 없겠지만, 실행에 비용이 거의 들지 않는다는 점을 고려할 때 복잡다단한 업계에서 작은 변화를 시도해 의미 있는 차이를 만들어낼 수 있다.

39

더 적게 투자하고 더 많이 얻는
스몰 빅은 무엇일까?

◆

◆

개인적인 측면에서 커뮤니케이션을 잘하고 싶거나 직업적인 측면에서 커뮤니케이션을 개선하고 싶거나 상관없이 과학적인 증거를 통해 작은 변화로 큰 차이를 만들어내어 상대를 설득하고 영향력을 성공적으로 행사하는 법을 보여주기 위해 이 책을 썼다.

예를 들어 작은 사업체를 경영하고 있는데, 점점 더 복잡해지는 시장에서 경쟁업체들이 고객과 소비자의 관심을 끌기 위해 애쓰고 있다고 상상해보자. 이렇게 복잡한 상황에서 경쟁자들보다 더 낫고 좋은 것을 제공하려는 노력은 당연한 것이다. 제품이나 사업에 인센티브나 보너스를 더하는 것은 사업에서 패자가 아닌 승자의 자리에 서도록 하는 스몰 빅이 될 수 있다.

하지만 정보와 인센티브, 보너스를 더하는 것이 상황을 더 긍정적으로 만들어주는 것이 아니라 오히려 악화시킨다면 어떻게 될까? 다른 방식으로 질문을 해보자. 무언가 더 하려다 오히려 잃게 되는 경우는 없을까?

행동과학자 킴벌리 위버Kimberlee Weaver, 스티븐 가르시아Steven Garcia 그리고 노르베르트 슈바르츠Norbert Schwarz에 따르면, 사람들은 '부가' 효과 때문에 특징과 정보를 더 제공하면 장점들이 더해져 더욱 설득력을 발휘할 거라고 믿는다. 하지만 제안을 평가하는 사람에게는 이런 '부가적인' 노력이 '첨가' 효과를 제공하는 대신 '평균' 효과로 이어져 실패로 돌아갈 수도 있다. 뜨거운 물에 따뜻한 물을 더하면 온도가 좀 더 미지근해지는데, 때로는 이렇게 이미 강력한 제안에 무언가 또 다른 특징을 더하는 것이 오히려 원래 제안의 매력을 떨어뜨리는 효과를 낳는다는 것이다.

이런 가설을 확인하기 위해 연구자들은 여러 가지 연구를 진행했다. 그중 하나는 참가자들에게 제품 설명자와 구매자 역할을 나눠 맡

졌다. 소개자 역할을 맡은 사람들에게는 2개의 MP3 패키지가 제공됐다. 패키지 하나는 커버를 고를 수 있는 아이팟 터치였다. 두 번째 패키지는 앞서 패키지와 동일하지만 음악 무료 다운로드 혜택을 추가했다. 설명자들에게 어떤 제품이 더 가치 있는지 물었다. 다시 말해서 고객들에게 어떤 제품을 제안하겠냐는 질문이다. 구매자 그룹에는 친구에게 어떤 MP3를 사주겠냐고 물었다. 2개의 아이팟 터치 패키지를 설명한 후 각각에 대해 얼마나 지불할 용의가 있는지 다시 질문했다.

대부분의 설명자(92퍼센트)가 무료 다운로드 혜택이 있는 제품을 골랐다. 반면에 흥미롭게도 구매자 그룹에서는 무료 다운로드가 제공되지 않았을 때보다 무료 다운로드를 제공할 때 더 적은 금액을 지불하겠다고 밝혔다. 가치를 높이기 위한 시도로 무료 다운로드 서비스를 더한 것이 많은 구매자의 눈에는 오히려 제품의 가치를 떨어뜨린 것이다.

다른 실험에서 참가자들은 유명한 여행 웹사이트에서 숙소를 찾는 역할을 맡았다. 5성급 풀장이 딸린 호텔에 머물 경우 평균적으로 얼마를 지불할 수 있느냐고 물었다. 그런데 참가자들이 이 호텔에 3성급 레스토랑이 있다는 사실을 알게 되자 15퍼센트 정도 지불 가능 금액을 깎았다. 흥미롭게도 호텔 주인 역할을 맡은 참가자의 4분의 3은 광고에 레스토랑 소개를 추가하는 것이 숙박비를 높이는 데 중요한 역할을 할 것이라고 잘못 예상했다.[4]

여러 가지 연구를 통해 학자들은 유사한 패턴을 발견했다. 이미 강력한 장점을 지닌 제안이 있을 경우 판매자는 여기에 돈을 더 쓰고 특징을 더하면 제안의 경쟁력을 강화해줄 수 있다고 생각한다. 하지만 부가적인 특징에 관해 설명하는 것이 오히려 전반적인 평가를 떨어뜨려 고객들로 하여금 돈을 덜 지불하게 만들었다.

아이팟 판매나 호텔 예약에 국한된 이야기라고 생각할지 모르지만 다른 분야에서도 적용할 수 있다. 예를 들어 제품보다 아이디어를 팔아야 하는 경우에는 어떨까? 이때도 비슷한 경향이 나타났다.

시의회에서 거리의 쓰레기를 줄이려고 고민 중이다. 쓰레기를 무단으로 버리다 단속된 사람의 벌칙으로 다음 두 가지 중 하나를 제안해야 하는 상황이다. 어느 쪽을 추천하겠는가?

A. 쓰레기 무단 투기 시 벌금 750달러
B. 쓰레기 무단 투기 시 벌금 750달러와 사회봉사 2시간

다수의 공무원들에게 질문했더니 86퍼센트의 사람들이 B를 선택했다. 하지만 또 다른 그룹의 사람들에게 이 조건을 평가하도록 요청했더니 '벌금 750달러와 사회봉사 2시간'이 '벌금 750달러'만 물리는 것보다 덜 가혹하다고 응답했다. 이 사례에서 보듯이 이미 매력적이지 않는 상황에 부정적인 요소를 더하면 오히려 약간의 호감을 갖게 되는 일이 발생한다.

제안을 소개하는 사람과 그 제안을 평가하는 사람 사이에 왜 이런 차이가 생기는 것일까? 위버와 동료들은 다음과 같은 결론을 내렸다.

호소력 있는 발의를 내놓은 제안자는 그 제안 각각의 측면에 집중하는 경향이 있어서 판단을 내릴 때 단편적으로 접근한다. 이와 달리 평가자들은 전반적인 상황에 중점을 두고 접근한다.

그렇다면 제안을 할 때 약간의 덤이나 부가적인 정보를 제공하지 말라는 것일까? 그렇지는 않다. 대신 양쪽 전략의 장점을 모두 수용하자는 것이다. 모든 고객에게 약간의 덤을 얹어주기 위해 자원을 투입하는 대신 소수의 선별적인 고객에게 더 의미 있는 덤이나 특징을 투자하는 방식으로 바꾸라는 것이다. 이렇게 하면 두 가지 혜택이 있다.

첫째로 뜨거운 물에 따뜻한 물을 더함으로써 전체 물의 온도를 낮춰버리는 것처럼 부가적인 혜택을 제공함으로써 자원을 낭비하는 일을 피하게 해준다. 둘째로 맞춤화되고 개인에 맞게 준비한 의미 있는 부가적인 혜택을 제공함으로써 가장 소중한 고객에게 상호성 원칙을 실천한다.

40

꾸러미로 묶어 제안하는 스몰 빅은 무엇일까?

◆

◆

곧 출장 계획이 있다고 상상해보라. 비행기 안에서 그동안 못했던 독서를 몇 시간 동안 할 수 있기에 동네 서점에 가서 흥미로운 읽을거리가 있는지 살펴보기로 한다. 비즈니스 분야의 베스트셀러 목록을 살펴보다가 더 영향력 있는 커뮤니케이터로 만들어주는 쉰 가지 이상의 방법을 제공한다는 흥미로운 책을 발견한다. 신규 고객을 만나 여러 가지 설득을 해야 하는 이번 출장의 목적을 고려해볼 때 쉰 가지가 넘는 설득 전략을 살펴보면 정말 도움이 될 거라고 생각한다.

계산대로 가서 돈을 지불하려고 하는데 책에 가격표가 붙어 있지 않은 데다 마침 서점 컴퓨터가 고장났고, 가게 주인은 당신에게 생각하는 책의 가치만큼 지불하라고 제안한다. 만약 한 가지 방법당 얼마를 지불할지 먼저 생각해봤다면, 당신은 쉰두 가지 방법을 알려주는 이 책에 흔쾌히 돈을 더 지불할까?

행동과학자들은 이 질문에 대해 명확하게 그럴 것이라고 대답했다. 흥미롭게도 먼저 요청을 구성하는 작고 개별화된 요소를 생각하는 사소한 행위만으로 바로 뒤이어 등장하는 좀 더 큰 요청에 대해서도 큰 변화를 줄 수 있다. 단위별 요청으로 알려진 스몰 빅 전략은 책에 얼마를 지불할지(그 책이 얼마나 훌륭한지와 상관없이)를 결정하는 것 외에 잠재적으로 많은 쓸모가 있다.

한 가지 예로 자선단체가 스몰 빅 전략을 활용해 기부금을 늘릴 수 있을지 잠시 살펴보자. 기부금을 모으는 사람들이 당면하는 한 가지 공통된 어려움은 잠재 기부자들이 도움을 필요로 하는 사람의 숫자에 둔감하다는 것이다. 따라서 정말로 도움을 필요로 하는 사람이 1명이건 아니면 100명, 수천 명이건 유사한 금액을 기부하게 된다. 연구자인 크리스토퍼 시Christopher Hsee, 쟈오 장Jiao Shang, 조에 루Zoe Lu, 페이 수Fei Xu는 우선 희생자 한 사람을 위해 얼마를 기부할 거냐고 물어보면 기부자들이 더 많은 금액을 기부할 것이라고 생각했다.

연구를 통해 크리스토퍼 시와 동료들은 중국의 한 중소기업에서 근무하는 직원 800명을 대상으로 저소득 가정의 학생 40명을 돕기 위해 만든 기부 프로그램에 참여해달라고 요청하는 이메일을 보냈다. 흔쾌히 돕기로 결정한 사람들에게는 이메일을 받은 지 일주일 안에 특별히 만들어진 웹사이트에 들어가 기부하도록 요청했다. 320명의 임직원이 이 웹사이트를 방문했다. 하지만 그들에게 알리지 않은 채 절반은 일반 웹사이트에 접속하게 했고, 또 다른 절반은 '단위별 요청'을 활용한 웹사이트에 접속하도록 미리 준비해뒀다.

일반 웹사이트를 방문한 직원들에게는 이런 문장이 제시됐다.

40명의 학생들을 생각해주세요. 이 40명의 학생들을 돕기 위해 얼마를 기부하시겠습니까? 결정한 금액을 적고 기부에 동의해주세요.

_____ 위안

스크린에 자신이 선택한 기부 금액을 입력한 뒤 직원들은 기부 금액을 수정하거나 혹은 그대로 제출해도 되는 결정권이 주어졌다.

단위별 요청을 활용한 웹사이트는 일반 웹사이트와 동일했지만 딱 한 가지 중요한 차이점이 있었다. 학생 40명 모두를 위해 얼마를 기부하고 싶으냐고 묻기 전에 학생 하나를 돕기 위해 얼마를 기부할 의사가 있는지 가상 금액을 생각해보라고 요청한 것이다.

단위별 요청을 활용한 웹사이트에는 이렇게 적혀 있었다.

40명의 학생들을 돕기 위해 얼마를 기부할지 결정하기 전에 한 학생에 대해 먼저 생각해보고 다음의 가상 질문에 답해주세요. '그 학생을 돕기 위해 얼마를 기부하시겠습니까? 금액을 여기에 적어주세요.'

_____ 위안

학생 하나를 돕기 위해 가상으로 지불할 금액을 빈칸에 넣은 뒤 40명을 위해 얼마를 기부할 것이냐고 물었다.

이 단순한 단위별 요청은 기부금에 큰 영향을 줬다. 일반 웹사이트 그룹의 기부자들이 평균 315위안(약 50달러)을 기부했다면, 단위별 요청 그룹에 속한 사람들은 평균 600위안(약 95달러)을 기부했다. 단위별 요청을 먼저 소개하는 스몰 빅이 기부금을 90퍼센트나 늘린 것이다.

여기까지는 아주 좋다. 하지만 이 전략의 잠재적인 부작용도 있지 않을까? 예를 들어 단위별 요청이 몇몇 사람에게는 이상한 질문에 답을 요구하는 것으로 보여 기부를 하지 않고 떠나는 방문자들의 비율을 높인 것은 아닐까? 연구자들은 이런 가능성을 고려해봤고 이 추가 질문이 기부하러 온 방문자의 전체 숫자에 별다른 영향을 미치지 않음을 확인했다.

기부금을 모금하는 사람들에게 해줄 수 있는 조언은 매우 명확하다. 기부 요청을 할 때에는 도움이 필요한 사람이 얼마나 많은지 숫자를 강조해 문제의 크기를 잠재 기부자들에게 보여줄 수 있다. 이런 경우 평균 기부액이 높아지기보다 낮아질 수도 있다. 대신 도움이 필요한 다수를 위한 기부 요청을 하기에 앞서 한 개인에게 기꺼이 줄 수 있는 기부금에 주의를 집중하게 만드는 것이 도움이 된다.

기부금 마련이나 자선을 위한 호소 외에 단위별 요청을 하는 스몰 빅 전략을 통해 바람직한 결과를 얻어낼 수 있는 다른 영역도 있다. 연간 출장비 예산을 늘리려 하는 매니저라면 먼저 상사에게 한 번의 출장에 드는 비용을 어느 정도 고려하느냐고 물어보는 것으로 원하는 바를 얻는 데 도움을 받을 수 있다. 교과서가 절실히 필요한 학생들을 위해 학부모와 후원자를 설득해야 하는 교육자들은 전체 학급을 위한 호소로 폭을 넓히기 전에 한 아이의 독서 욕구를 어느 정도 지원할 의사가 있느냐고 물어보면 좋을 것이다. 이베이 사이트에서는 세트로 된 제품(예를 들면 유리제품, DVD 세트, 여행용 가방 등)을 판매하면서 경매 가격을 높이려면 제품에 대한 설명과 함께 "하나를 위해 얼마를 지불할 생각이 있습니까?"라고 질문할 수 있다.

이런 단위별 요청을 사용할 수 있는 잠재적 상황이 많겠지만, 그 활용에 제한을 받을 수 있는 특별한 상황에 대해 알아둘 필요가 있다. 목표 숫자가 매우 높은 경우가 그러하다. 크리스토퍼 시와 동료들은 도움이 필요한 수만 명을 대상으로 하는 캠페인의 경우 이런 단위별 요청이 효과를 발휘하기 힘들 것이라고 설명했다. 일반적으로 사람들은 수만 명과 같은 큰 숫자를 단지 '대단히 많은' 정도라고 뭉뚱그려 해석하는 경향이 있기 때문이다.

그렇다면 수천 명을 도와야 하는 캠페인을 위해 기부자들을 설득해야 하는 상황에서 이런 접근법은 모두 헛수고가 되는 것일까? 물론 그렇지 않다. 하지만 다른 전략이 필요하다. 이 책에 소개하는 다른 모든 전략처럼 강조해야 하는 포인트를 살짝 바꿔야 하는데, 다음 장에서 좀 더 자세히 살펴보자.

41
캠페인 효과를 높이는 스몰 빅은 무엇일까?

◆

◆

 2002년 3월 13일 호놀룰루 앞바다 약 966킬로미터 지점에서 인도
네시아 대형 선박이 화염에 휩싸여 선원 하나가 사망하고 배 위의 모
든 동력과 통신수단이 완전히 파손됐다. 3주가 지나서야 지나가던
유람선이 조난 신호를 발견하고 다가가 선장과 10명의 선원을 구조
했다.

 구조 과정에서 선장의 2살배기 테리어 잡종견인 포지어가 왜 구조
되지 않았는지는 불분명하다. 하지만 유람선의 한 승객이 뉴스 채널
과의 인터뷰에서 배에 남겨진 강아지를 본 것 같다고 말한 것이 계기
가 돼 강아지 구조 작전이 시작됐다. 미국 해병대가 수행한 이 작전은
16일 동안 지속됐고, 여기에 든 비용 4만 8,000달러 중 대부분은 '하
와이 인도주의 협회'라는 지역단체의 기부금 모금으로 충당됐다. 선
원 한 사람을 구조하는 데 들어가는 비용이 강아지를 구조하는 데 들
어간 총 금액의 절반에도 미치지 못한 점을 고려해볼 때 캠페인의 어

떤 특징 때문에 하와이 사람들이 강아지 구조에 엄청난 금액을 기부하게 됐는지 알아볼 필요가 있다. 더 넓게 보면 이 사례에서 알게 된 깨우침이 기부금 모금이나 기부뿐 아니라 영향력이나 설득과 관련한 다른 상황에도 적용할 만한지 살펴보는 것은 흥미로운 일이다.

기존 연구에 따르면, 기부금을 모금할 때에는 특정 피해자의 특징, 예를 들어 나이, 성별, 심지어 머리 색깔 등을 통해 개인화함으로써 기부자의 숫자는 물론 기부자의 관대함에 영향을 미칠 수 있다. 사건 초기에 이처럼 작지만 상세한 정보를 제공하면 위험에 처한 그의 삶에 관심을 갖고 집중하게 된다. 같은 희생자가 추상적이고 익명으로 큰 집단의 일원으로 제시되는 것에 비해 대중의 관심이 더 높아지는 것이다. 예를 들어 의사들이 내리는 의학적인 결정을 관찰한 연구에 따르면, CT 스캔에 환자의 사진을 넣었을 때 의사들이 훨씬 더 환자를 배려하고 주의하면서 의료적 조치를 취하게 되는데, 이는 환자 집단의 일원이 아니라 타인과 구분되는 한 개인으로서 환자를 바라보도록 만들기 때문이다.

개별적이고 타인과 구분되는 개인으로 희생자를 소개할 때 대중이 훨씬 더 관대한 반응을 보여준다는 사실은 강아지 포지어를 구하기 위해 기부금이 몰려든 상황을 설명하는 데 도움을 줄 수 있다. 선원으로 가득한 배에서 유일한 강아지였기 때문에 당연히 구분된다. 포지어는 흰색 테리어로 잡종이고 피자를 즐겨 먹었으며 몸무게가 18킬로그램이라는 언론의 보도는 이 강아지를 하나의 특별한 개체(비록 무겁기는 했지만)로 인식하는 데 도움이 됐다.

다른 사람의 도움을 얻으려는 상황이라면 초기에 캠페인을 통해 도움을 받고 혜택을 얻은 수혜자를 찾아내어 그의 작지만 구체적이고 중요한 특징을 부각하는 변화를 시도하면 좋을 것이다. 자선단체에 확실한 제안을 추가해 보내듯이 예산안 협상 시기의 매니저도 스프레드시트의 의미 없는 숫자를 강조하기보다 팀에서 일하는 사람들을 개별화하는 그림을 보여줄 수 있다. "우리 팀의 선임 분석가인 메리, 짐과 린지를 비롯한 그들의 팀은 올해 시스템 업그레이드가 필요한데, 이것이 바로 제가 제출한 예산에서 ○퍼센트 인상이 필요한 이유입니다."

이런 호소는 설득의 과학에서 나오는 또 다른 통찰과 연결해 작은 변화를 추가함으로써 더 큰 효과를 낼 수 있다. 사회과학자 신시아 크라이더Cynthia Cryder, 조지 로벤스타인George Loewenstein, 리처드 샤인Richard Scheines은 '식별 가능한 개인'을 부각하는 것 이외에 '식별 가능한 개입 identified intervention'을 강조함으로써 캠페인이 더 큰 효과를 낼 수 있을 것이라는 가설을 세웠다.

그들이 실행한 연구에서 참여자들은 무작위로 3개 그룹으로 나뉘져 영국의 극빈자 구제기관 옥스팜 기부와 관련한 온라인 시나리오를 받았다. '일반적인 자선'이라는 조건에서 참여자들은 다음과 같은 문구를 읽었다.

옥스팜 인터내셔널은 세계에서 가장 효과적인 구호기관 중 하나입니다. 옥스팜은 전 세계 사람들에게 다양한 인도적 도움을 제공하고 있습니다. 만약 옥스팜에 기부하도록 요청받는다면 얼마를 기부하시겠습니까?

두 번째 실험 조건인 '구체적인 자선 – 강한 영향'이라는 조건에서는 위와 같은 메시지를 읽되 한 가지 사항을 추가했다.

예를 들어 옥스팜은 사람들에게 맑은 물을 제공하는 데 기부금을 사용하고 있습니다.

마지막으로 '구체적인 자선 – 약한 영향'에서는 똑같은 문장 중 '맑은 물'이라는 단어를 '병에 든 생수'라는 표현으로 바꿨는데 사전 테스트 결과 '맑은 물'이 '병에 담긴 생수'보다 더 영향력이 있는 것으로 나타났기 때문이다.

세 가지 호소문에 걸쳐 단어를 바꾼 것은 정말 작은 변화에 지나지 않지만 기부금에 미친 영향은 결코 작지 않았다. '일반적인 자선' 조건의 참여자들이 평균 7달러 50센트를 기부하겠다고 밝힌 데 비해 '구체적 자선 – 강한 영향' 그룹(돈이 어떻게 쓰일 것인지에 대한 정보가 제공된 그룹)에 속한 참여자들은 37퍼센트 더 많은 금액을 기부하겠다고 했다. 작은 변화치고는 꽤나 인상적인 증가였다. 정보, 시간, 돈 혹은 인력에 상관없이 추가적인 자원을 요청할 때는 당신의 제안에 특정 변화와 관련한 구체적인 개입을 더하는 것이 낫다.

비슷한 맥락에서 시스템 업그레이드를 위해 추가 예산을 따내려는 팀장이라면 추가적인 예산이 메리와 팀원들에게 어떤 영향을 미칠지 예산 결정권자에게 보여주는 것이 좋다. 하지만 어떤 종류의 영향을 소개하는 것이 좋을까?

가능성 있는 해답potential answer을 찾아보기 위해 크라이더와 로벤스타인, 샤인이 진행한 연구에서 맑은 물보다는 병에 든 생수에 기부하겠다고 말한 '구체적 자선 – 약한 영향'에 속한 그룹을 좀 더 자세히 들여다보자. 아마도 여러분은 이 그룹에 속한 사람들이 맑은 물을 제공하는 데 기부하겠다고 말한 사람들보다 적게 기부했다는 사실이 별로 놀랍지 않을 것이다. 하지만 이 그룹이 어떤 추가 정보도 제공하지 않은 '일반적인 자선' 조건의 그룹보다 적게 기부했다는 사실에는 놀랄 것이다.

더 많은 자원을 얻기 위해 호소력을 발휘할 때 개입에 관한 세부 사항은 사람들의 인지 영향을 자극하는 것만큼만 효과를 나타낸다. 옥스팜의 예에서 보면 잠재적인 기부자들이 맑은 물을 제공하는 것보다 병에 든 생수를 제공하는 것이 왜 인지 영향이 낮다고 믿는지 쉽게 알 수 있다. 병에 든 생수라는 정보를 제공했을 때에는 아예 정보가 제공되지 않았을 때보다 훨씬 더 낮은 수준에서 기부가 이뤄진다.

이런 발견을 통해 익숙하지만 커뮤니케이터들이 자주 빠지는 덫에 관해 살펴볼 필요가 있다. 필요한 추가 자원의 영향을 강조할 때에는 그 자원을 제공할 사람에게 미칠 영향을 강조하는 대신 자원이 자기 자신에게 가져올 효과를 강조하는 실수를 빈번하게 저지른다. 예를 들면 시스템 업그레이드에 필요한 재정적 지원을 요청하는 팀장은 업그레이드로 말미암아 개선된 서비스가 조직 전체에 미칠 영향보다는 개선된 서비스를 시행할 자신의 팀에 미치는 실제적인 효과에 집중하는 실수를 종종 저지른다.

원하는 목적을 달성하기 위해 다른 사람들로 하여금 자원을 포기하도록 설득해야 하는 상황에 놓인다면 대상의 구체적인 특징은 물론 관련된 개입의 특징에 상대의 관심을 집중시키는 스몰 빅 전략을 구사해야 할 것이다.

42
비용이 기회 상실로 이어지지 않게 하는
스몰 빅은 무엇일까?

◆

◆

소비자가 상품을 구매하고, 고객이 자문 서비스를 고용하며, 새롭게 시작하는 프로젝트에 동료의 지지를 얻기 위해 설득을 할 때는 강력한 논거뿐 아니라 확실한 가격 경쟁력을 보여준다면 훨씬 더 일이 잘 풀릴 것이라는 사실에 모두가 동의할 것이다.

하지만 최고의 제품과 최상의 가격이라는 조합을 갖고 있어도 이런 시도가 실패로 돌아가는 경우가 있다. 왜 이런 일이 발생하는지 몇 가지 잠재적 이유가 있겠지만, 가장 중요한 이유는 유리한 입장에 있는 사람이 일반적인 실수를 저지르기 때문이다. 다행스럽게도 이런 실수를 알고 있는 커뮤니케이터들은 문제를 피할 수 있을 뿐 아니라 메시지에 일방적 변화를 줘서 경쟁자보다 우위에 서는 확률을 높일 수 있다.

여기에서 일반적 실수란 경제학자들이 말하는 '결정의 기회비용'을 놓치는 것을 말한다. 결정의 기회비용이란 다른 선택을 했더라면 가질 수 있는 잠재적 직접 이득을 말한다. 예를 들어 내일 아침 출근하는 길에 체육관에 들르기로 했다고 상상해보자. 그 결정의 기회비용이란 당신이 포기하게 될 것, 즉 이 경우에는 침대에서 1시간 더 빈둥거리는 것을 뜻한다. 설득을 할 때 커뮤니케이터들이 흔히 저지르는 실수는 영향력을 발휘하려는 대상(달리 말하면 설득하고자 하는 상대방)이 결정을 내릴 때 자동적으로 기회비용에 대해 생각할 것이라고 추측하는 것이다. 우리 회사에서 품질이 좋을 뿐 아니라 경쟁사가 팔고 있는 유사 제품보다 저렴한 제품을 팔고 있다고 상상해보자. 판매자는 잠재 고객이 즉각적으로 자신이 절약할 돈이 얼마인지 적절하게 따져봄으로써 품질 좋고 가격이 싼 제품을 선택할 것이라고 쉽게 예측한다.

하지만 소비자 행동을 연구하는 셰인 프레더릭Shane Frederick과 동료들이 수행한 연구에 따르면, 사람들은 우리가 기대하는 것처럼 정보를 꼼꼼하게 따져보지 않는다. 이 상황에서 좀 더 적극적인 접근 방식을 택하기 위해 작은 변화를 주지 않는다면 가장 중요한 경쟁력이라고 생각하는 것이 별 효력을 발휘하지 못한다.

표면적으로는 의사 결정을 할 때 덜 비싼 B가 아닌 더 비싼 A를 선택할 때의 기회비용에 대해 사람들이 철저하게 고려할 것처럼 보인다. 의사 결정을 할 때 A를 선택하기 위해 500달러를 더 지불하는 것은 다른 기회에 쓸 수 있는 500달러를 놓쳐버리는 일이라는 것은 너무나 당연하다. 하지만 프레더릭과 동료 연구진은 너무 많은 선택과 결정을 해야 하는 상황에서는 사람들이 이런 기회비용에 대해 별로 생각하지 않을 것이라고 생각했다. 이들의 연구는 단순하지만 자주 간과되는 해결책을 제시해준다. 의사 결정자에게 하나를 선택하면 다른 하나를 잃게 되는 상황을 좀 더 구체적으로 설명해줌으로써 작은 도움을 주는 것이다.

참석자들을 무작위로 두 그룹으로 나누고 그중 한 곳에 배정한 그룹에는 DVD를 14.99달러에 구매할 수 있는 기회를 제공했다. 그러고는 'DVD를 구매한다' 혹은 'DVD를 구매하지 않는다' 중 하나를 선택하도록 했다. 두 번째 그룹은 'DVD를 구매한다' 혹은 '다른 구매를 위해 14.99달러를 그냥 지니고 있는다' 중 하나를 선택하도록 했다. 두 그룹에 주어진 선택은 사실상 같은 것이지만('DVD를 구매하지 않는다'는 말은 나중에 다른 것을 사기 위해 돈을 갖고 있겠다는 것을 의미하기 때문에) 표현의 작은 변화 때문에 커다란 차이가 발생했다. 두 번째 그룹의 구매 비율이 75퍼센트에서 55퍼센트로 떨어진 것이다.

연구자들은 이 전략을 멋지게 쓴 가구업체 이케아의 싱가포르 광고 캠페인을 눈여겨봤다. 광고 왼편에 슬픈 표정을 짓고 있는 여인이 화려한 신발장에 신발을 한 켤레만 넣은 채 서 있다. 그 밑에는 '주문형 신발장 1,670달러+신발 한 켤레 30달러=1,700달러'라고 적혀 있다. 반면에 광고 오른편에는 신발이 여러 켤레 들어 있는 수수한 이케아 신발장 앞에 여성이 서 있다. 그 밑에는 신발장 가격(245달러)과 48켤레의 신발 가격(1,440달러)을 적어놓았는데, 그 총합은 여전히 왼편의 1,700달러에 비해 싼 가격이다.

이케아 광고에서는 절약한 돈을 광고 제품과 관련된 아이템(다시 말해 신발과 신발을 넣는 장)을 사는 데 사용해 흥미를 끈다. 하지만 프레더릭과 동료들의 연구에 따르면, 항상 이렇게 되지는 않는다.

또 다른 연구에서 참석자들에게 두 가지의 휴대전화 중 하나를 선택하도록 했는데, 그중 하나는 20달러를 더 지불해야 하는 고급 선택 품목이었다. 실험에 들어가기 전에 참석자들 중 절반에게는 20달러 정도로 살 수 있는 어떤 물건에 관해 생각해보라고 했다. 이들은 별다른 요청을 하지 않은 나머지 절반 그룹에 비해 50퍼센트나 더 많은 사람이 덜 비싼 휴대전화를 선택했다.

모든 커뮤니케이터는 제안 자체만이 아니라 제안이 가져다주는 이점을 분명하게 밝혀주는 작은 변화를 통해 메시지의 효과에 큰 차이를 가져올 수 있다. 자신이 제안하는 새로운 정책으로 말미암아 각 가구당 평균 연 250달러를 절약할 수 있다고 주장하는 정치인이라면 추가로 생긴 250달러로 이 가족이 할 수 있는 것들, 예를 들어 가족 여행이나 대학 학자금에 보탤 수 있는 돈, 나중에 힘들 때를 대비한 약간의 비상금 등에 대해 이야기할 수 있을 것이다. 적정한 가격의 소프트웨어 시스템의 장점을 고객에게 설득하고자 하는 IT 컨설턴트라면 그 시스템으로 절약된 시간과 돈으로 무엇을 할 수 있을지를 설명해주면서 이미 갖고 있는 장점을 더욱 강화할 수 있을 것이다.

세일즈 매니저라면 팀원들이 목표를 달성하면 받게 될 다음 분기 영업 보너스를 어디에 사용할지 생각해보고, 한발 더 나아가 그 생각을 팀 모두가 공유하는 게시판에 알려 스몰 빅을 통해 영업 목표를 증가시킬 수 있을 것이다.

　기회비용을 보다 두드러지게 만드는 스몰 빅 전략을 채택하면 은
퇴 계획에도 이득을 줄 수 있다. 우리 저자들 중 한 사람의 친구는 자
녀가 있는 다른 부부들처럼 지금 당장 돈을 쓰는 것과 좀 더 빨리 그
리고 더 편안하게 은퇴하는 것 사이에서 무엇을 선택해야 할지 늘 고
민에 직면했다. 그들의 스몰 빅 해결책은 '한 주 더 빨리 은퇴하기'라
고 부르는 지출 단위를 만드는 것이었다. 이 부부는 비용이 많이 드는
결정을 내려야 할 때면, 그 금액이면 몇 주 더 빨리 은퇴할 수 있을지
기회비용과 비교한다. 얼마 전 친구가 더 비싼 집으로 이사하자 이 부
부도 더 좋은 집으로 이사 가는 문제를 놓고 고민했다. 하지만 이사에
들어갈 비용이면 목표보다 4년 빨리 은퇴할 수 있음을 확인하자 바로
이사하지 않는 것으로 마음을 정리했다고 한다.
　물론 절약한 비용이 가져다주는 기회를 강조할 때에는 그 기회가 긍정적이어야 한다는 점을 기억해야 한다. 우리 저자들은 이라크 전쟁에 들어간 비용(당시 기준으로 약 3,000억 달러에 해당하는)이면 '1년 동안 미국인 1명이 매일 트윙키 과자 9개를 살 수 있는 비용을 낭비한 것'이라고 표현한 반전 웹사이트를 발견했다. 메시지가 아무리 좋은 의도를 갖고 있더라도 이런 맥락에서는 평화 지지자들이 자신도 모르는 사이에 최악의 적이 돼 있을 수 있다.

이런 시도를 잘못 이해하고 사용하는 경우도 있겠지만 비싼 제품이나 제안, 비용이 많이 필요한 정책을 소개할 때 도움이 되는 중요한 메시지가 있다. 기회비용을 매력적이고 중요한 것으로 프레이밍하는 대신 덜 매력적이고 중요하지 않은 것으로 프레이밍하는 것이다. 다이아몬드 채굴과 판매를 하는 드비어스 사는 2개의 큰 다이아몬드 귀걸이 사진을 보여주는 최근 광고에서 훌륭한 예를 보여준다. 광고 문구가 다음과 같았다.

"부엌 리모델링은 내년으로 미루세요!"

43

다른 사람 또는 나 자신에게 동기부여해주는
스몰 빅은 무엇일까?

◆

◆

어느 날 친구와 커피를 한잔하기 위해 만났다. 음료를 주문하고 돈을 내자 바리스타가 포인트 카드를 건네주며 커피를 한 잔씩 살 때마다 도장을 찍어준다고 설명했다. 그리고 도장을 열 번 받으면 커피 한 잔을 무료로 마실 수 있다고 했다. 바리스타로부터 카드를 받고 나서 살펴보니 무료 커피를 마실 때까지 벌써 도장이 두 번 찍혀 있었다.

무료 커피까지 도달하기 위한 진행을 다음 두 가지 중 하나로 프레이밍할 수 있다. "무료로 커피를 마실 수 있을 때까지 20퍼센트 진전했거나 80퍼센트가 남았거나." 이 중 도장을 열 번 찍을 때까지 동기를 부여하는 것은 어느 쪽일까?

그 답은 고객의 충성도를 높이고 싶은 커피가게 주인에게만 중요한 것이 아니다. 다른 사람(심지어 우리 자신)을 설득해 일을 끝내도록 해야 하는 모든 사람과 관련 있는 일이다(이 장을 더 읽기 전에 이 장의 10퍼센트를 이미 읽었다는 점을 기억하길).

설득을 연구하는 구민정과 아옐렛 피시바흐Ayelet Fishbach는 어느 쪽에 집중할지 작은 변화를 주는 것만으로 사람들이 일을 완수하도록 동기부여하는 데 긍정적인 영향을 줄 수 있다고 생각했다. 연구자들은 어떤 일을 시작할 때에는 목표를 달성하기 위해 앞으로 남아 있는 부분에 집중하는 것보다 미미하지만 이미 성취한 부분에 집중하는 것이 동기부여에 더 중요한 역할을 한다는 가설을 세웠다.

이 생각을 검증하기 위해 구민정과 피시바흐는 유명한 초밥 레스토랑에서 흥미로운 연구를 실행했다. 4개월에 걸쳐 900여 명의 단골 고객을 대상으로 열 번의 점심식사를 하면 무료로 한 번의 점심식사를 할 수 있는 포인트 프로그램을 진행한 것이다. 실험에 참여한 고객들 중 절반에게는 점심식사를 할 때마다 카드 공란에 초밥처럼 생긴 도장을 찍어줬다. 구매를 할 때마다 도장을 찍어줌으로써 고객은 목표를 향해 자신이 얼마나 진전하고 있는지 더 주의를 기울이게 된다. 이 고객들을 '진행이 쌓여가는progress accumulated' 그룹이라고 부른다.

또 다른 절반의 고객에게는 초밥 모양의 스탬프가 인쇄된 카드를 나눠줬다. 이 고객들이 점심을 먹을 때마다 펀치를 이용해 인쇄된 초밥 스탬프에 구멍을 내줬다. 이렇게 함으로써 고객이 무료 점심을 먹으려면 몇 번이나 남았는지 더 집중하게 만들었다. 이 고객들을 '진행이 남아 있는progress remaining' 그룹이라고 부르자.

이 연구는 실제 레스토랑에서 실행됐기 때문에 고객의 구매에 여러 가지 형태가 있었다는 점을 고려해야 한다. 예를 들어 자신이 먹은 점심식사만 계산하는 고객의 경우 포인트 카드에 도장을 한 번 받거나 구멍을 1개 뚫게 되는데, 이는 무료 점심에 이르기까지 아주 조금만 진전했다는 것을 의미한다. 자신의 점심은 물론 친구나 회사 동료의 점심까지 사는 경우에는 도장을 여러 번 받게 되고(혹은 포인트 카드의 스탬프에 구멍이 뚫리게 되고), 이는 무료로 점심을 먹을 때까지 많은 진전을 했다는 것을 의미한다.

실험 결과를 분석하면서 연구자들은 첫 방문에서 자신의 점심만 사거나 혹은 적은 수의 동반 고객의 점심을 사서 조금 더 진전한 고객의 경우 '스탬프가 쌓일 때(도장을 찍는)' 레스토랑을 다시 찾을 가능성이 높다는 것을 발견했다. 하지만 처음에 많은 구매를 한 경우에는 그 반대였는데, 무료 점심까지 '남아 있는 스탬프'에 주의를 더 많이 기울일 경우 다시 레스토랑을 찾을 가능성이 있었다.

왜 이런 차이가 있을까? 두 가지 경우 모두 작은 숫자에 집중해서 말할 때, 다시 말해 그 작은 숫자가 이미 이룬 진전과 관련 있을 때나("무료 점심까지 벌써 30퍼센트나 쌓이셨네요") 목표를 달성하기 위해 남아 있는 노력을 강조할 경우("30퍼센트만 더 가면 되네요") 목표를 완수하려는 동기부여에 더 큰 영향력을 발휘했다.

구민정과 피시바흐는 이 개념을 설명하기 위해 '작은 영역의 가설'이라는 용어를 만들어냈다. 이 가설이 의미하는 바는 명확하다. 회사의 고객 보상 프로그램의 성공 확률을 높이는 것이든 혹은 다른 사람들(혹은 당신 자신)이 일을 제대로 마치도록 동기부여를 하는 것이든 이연구는 고객(혹은 당신 자신)이 목표를 달성할 때까지 남아 있는 많은 것보다 이미 성취한 작은 것에 집중하도록 하면 성공 확률을 높일 수 있다는 것을 보여준다.

어떤 일의 초기 단계에서는 작은 숫자에 집중하는 것이 최대한 효율적으로 행동하고자 하는 인간의 욕구에 잘 맞아떨어진다. 20퍼센트 과제 완성에서 40퍼센트 완성으로 가게 만드는 어떤 행동은 진전이 두 배가 되기에 매우 효율적인 행위로 보인다. 이를 60퍼센트에서 80퍼센트로 진전시키는 것과 비교해보면 똑같은 20퍼센트지만 이 경우 20퍼센트는 전체 마무리한 것(80퍼센트)의 4분의 1에 불과하다.

따라서 팀원들이 어떤 영업 목표나 실적 목표에 이르도록 동기부여를 하려는 팀장이라면 "우리는 아주 순조로운 첫 주를 보냈고 이제 85퍼센트만 더 성취하면 됩니다"라고 말하기보다 "새로운 분기가 한 주밖에 지나지 않았는데 여러분은 이미 분기 목표의 15퍼센트를 달성했습니다"라고 이미 성취한 진전에 대해 피드백을 제공하면서 초기의 동기를 지속할 방법을 찾는 것이 좋다.

마찬가지로 고해상도 텔레비전을 구매하기 위해 여유 자금을 정기적으로 저축하고 싶은 사람이거나 신용카드 대금이나 개인 부채를 갚기를 원하는 커플은 목표를 향해 이미 성취한 작지만 중요한 진전에 집중함으로써 원래 재무 계획을 더 잘 지켜나갈 수 있다. 마치 링크드인Linked-In이 온라인상의 이력서를 완성하기까지 얼마나 진척됐는지 보여주는 것과 마찬가지로 은행이나 재무기관이라면 카드 명세서나 온라인 은행 페이지를 통해 저축이나 상환 계획이 얼마나 진전해왔는지를 보여줌으로써 고객들을 도울 수 있다.

초밥 레스토랑 연구에서 첫 방문에 여러 명이 식사를 해서 시작부터 포인트 카드에 도장을 많이 받은 고객들을 기억하는가? 이런 경우에는 지금까지 해온 것보다 앞으로 해야 할 부분이 훨씬 적다. 이런 고객도 목표를 달성할 때까지 남아 있는 작은 부분에 집중하도록 만들어 끝까지 갈 확률을 더 높여야 할 것이다.

목표에 절반 정도 도달하게 되면 이때가 바로 작은 변화를 시도해야 할 때다. 일단 절반 지점을 넘어서고 나면 남아 있는 작은 부분에 집중하는 것으로 피드백을 변화할 때 일반적으로 작업을 끝까지 완수할 동기가 더 높아진다. 따라서 "목표까지 20퍼센트만 남아 있네요"라고 말하는 것이 "목표의 80퍼센트를 달성했네요"라고 말하는 것보다 더 효과적이다.

이제 이 장의 20퍼센트만 더 읽으면 되므로 지금부터는 작은 변화가 어떻게 영향력이나 설득력에 잠재적인 큰 차이를 가져오는지 몇 가지 실질적인 예를 제공해야 할 때다.

항공사와 호텔, 커피숍, 화장품 가게 등 많은 기업이나 매장들이 항공기 좌석 업그레이드나 무료 숙박, 커피숍의 무료 더블 초콜릿 모카 음료에 이르기까지 포인트가 얼마나 쌓였는지 확인할 수 있는 고객 보상 프로그램을 운영하고 있다. '작은 영역의 가설'에 따르면, 특정 고객이 보상 프로그램의 어느 지점에 와 있든 이미 진척된 부분이건 남아 있는 부분이건 기업이나 매장은 항상 작은 영역에 집중해 피드백을 주라고 조언한다. 항공사의 마일리지 명세서에서는 업그레이드 혜택을 받을 수 있는 포인트의 절반에 다다를 때까지는 고객이 이미 쌓아온 마일리지를 강조하고, 절반을 넘어가면 혜택을 받을 수 있는 목표 마일리지가 얼마나 남아 있는지 강조해야 할 것이다. 커피숍 바리스타라면 고객의 커피 카드에 도장을 찍어주며 고객이 이미 적립한 포인트나 무료 커피 서비스까지 얼마나 남아 있는지 알려주는 작은 노력을 할 수 있다.

유사한 맥락에서 다른 사람들을 지도하거나 훈련시키는 사람들은 이미 달성하거나 남아 있는 작은 영역을 강조하며 피드백이나 추천을 프레이밍하도록 유의해야 한다. 직원들의 자기계발과 관련해 팀장이나 매니저들은 작은 영역에 대해 알려주며 영향력을 행사하거나 설득을 시도해볼 수 있다. 이를 위한 한 가지 방법은 직원의 자기계발 계획에서 특정 목표를 달성하기까지 몇 퍼센트나 진전했는지를 알려주는 것인데, 그 진전이 절반 이상을 넘어가면 지금까지 달성한 것을 강조하던 방식에서 벗어나 목표 도달까지 얼마나 남아 있는지 강조하는 것으로 바꿔야 한다. 이런 작은 변화를 통해 직원들은 작은 영역에 집중하면서 성과에서 큰 차이를 만들어낼 수 있다.

60분 동안 자전거 타기나 다음 주말에 10킬로미터 뛰기 등 스스로 동기부여를 해야 할 때라면 초기에는 지금껏 해온 시간이나 거리에 집중하고 절반이 넘은 후에는 목표까지 남아 있는 시간이나 거리에 집중하는 것이 목표를 도달하는 데 도움을 준다. 개인적으로 체중 감량(혹은 한 달 동안 금연)을 할 때 가속도를 주려면 초기에는 이미 감량한 몸무게(혹은 담배 없이 지낸 날들)를 강조하고, 이후에는 원하는 목표까지 얼마나 몸무게를 줄여야 하는지(혹은 남아 있는 금연 일자)에 집중하도록 하자.

44
어떤 스몰 빅이 높은 고객 충성도를 이끌어낼까?

◆

◆

온라인 와인 상점인 예스마이와인닷컴 *yesmywine.com*은 흥미로운 고객 보상 프로그램을 갖고 있다. 고객이 특정 나라의 포도주를 구매하게 되면 '국가 메달'을 준다. 1년 동안 12개의 다른 메달을 모아 오는 고객에게는 큰 보너스를 선물한다. 하지만 여기에 한 가지 딜레마가 있다. 보상을 받기 위해 고객들은 이 와인 상점이 지정한 독특한 순서대로 메달을 모아야 한다. 단순히 12개 나라의 와인 열두 병을 고객 저마다의 선택대로 사는 것이 아니라 1월에는 프랑스 와인, 2월에는 호주 와인, 3월에는 이탈리아 와인 등으로 1년 동안 순서에 따라 구매해야 한다.

실제 구매해야 하는 숫자(열두 병)는 동일한 것을 고려하면 이 보상 프로그램은 다소 까다로운 부분이 있는 셈이다. 일반적인 고객 충성도 프로그램과 비교해볼 때 이처럼 제한적인 방식의 프로그램은 고객을 별로 끌어들이지 못한다. 어떤 일을 완수하도록 사람들을 설득할 때 특히 몇 단계의 과정과 행동(고객 보상 프로그램의 경우 구매)이 필요할 때 대부분의 사람은 유연하고 불필요한 장벽이 없는 경우를 선호한다.

그렇다면 더 많은 고객을 끌어들이고 고객의 장기적인 관심을 유지하고 싶어 하는 기업이 왜 대부분의 사람이 등록하고 싶어 하지 않을 복잡한 프로그램을 만들었을까? 예스마이와인닷컴은 일반적인 직관과 반대되는 무언가를 알아차린 듯하다. 사람들은 목표나 목적 달성과 관련해 유연성을 원하는 듯하지만, 사실 이런 엄격함이 목적 달성에서 놀랄 만큼 긍정적인 영향력을 발휘한다.

어떤 목표나 목적을 추구할지 결정할 때 사람들은 보통 두 가지를 고려한다. 목표나 목적의 가치와 달성이 현실적으로 얼마나 가능하냐는 것이다. 예를 들어 신규 사업 개발팀이 회사에 큰 의미가 있고 전략적으로 중요한 신규 고객 영입이라는 과제를 받았을 때 이 팀은 새로운 고객의 가치뿐 아니라 영입 가능성에 대해서도 평가를 해봐야 한다. 마찬가지로 새로운 기술을 배우거나 새로운 직업에 맞는 재교육을 받으려 할 때 삶이 어떻게 달라질지 상상하는 것만으로는 충분하지 않다. 목표를 달성하기 위해 필요한 실제 단계와 행동을 고려해야 한다.

목표 달성을 위해서는 목표의 선택뿐 아니라 적극적인 추진 노력도 필요하다는 사실을 고려할 때 어떤 목표를 시작하도록 만든 요소가 막상 추진 과정에서는 오히려 방해되는 상황이 있지 않을까? 예를 들어 온라인 와인 상점의 경우 와인을 어떤 순서로든 살 수 있게 만드는 유연성은 특정 순서로 구매하도록 요구하는 것보다 더 매력적으로 보일 수 있다. 결과적으로 더 많은 고객을 설득해 보상 프로그램에 등록하게 만들 것이다. 하지만 일단 등록하고 나면 이 프로그램을 시작하게 만든 유연성이 목표 달성을 위해 필요한 구매를 완성시키려는 과정에서 동기를 감소시키는 것은 아닐까?

행동과학자 리얀 진Liyan Jin, 주치 황Szuchi Huang과 잉 장Ying Zhang은 몇 개의 행동을 완수하는 과제에서 특정한 순서가 일방적으로 부여되는 경우보다 그 행동을 완성하기 위한 순서를 선택할 수 있을 때 더 많은 사람이 등록한다고 생각했다. 하지만 일단 목표를 달성하기 위해 행동을 시작하면 이런 유연성이 있는 집단이 그렇지 않은 집단보다 목표를 덜 달성하게 될 것이라고 내다봤다.

이 가설을 검증하기 위해 복잡한 도심의 요거트 가게에서 800명의 소비자를 대상으로 6개의 일반 요거트를 구매했을 때 하나를 무료로 주는 보상 카드를 제공했다. 그중 절반의 카드는 순서와 상관없이 어떤 것이든 맛이 다른 6개의 요거트를 구매하면 되는 프로그램이었다. 나머지 절반의 카드는 바나나 – 사과 – 딸기 – 오렌지 – 망고 – 포도의 순서로 여섯 가지 다른 맛을 구매해야 하는 프로그램이었다. 여기에 덧붙여 카드 중 절반은 고객들에게 나눠주면서 그다음 날 매장에 다시 와야 보상 프로그램이 작동한다고 말했고, 나머지 절반의 카드는 이미 보상 프로그램이 작동되는 상태라면서 나눠줬다. 마지막 두 가지 조건이 중요한데, 이를 통해 고객들이 프로그램에 참여하기 위해 다시 방문할지 동기를 측정할 수 있기 때문이다.

초기 가설과 일관되게 순서와 상관없이 여섯 가지 맛의 요거트를 구매하면 되는 포인트 카드를 받은 고객들이 특정 순서에 따라 구매해야 하는 카드를 받은 고객보다 훨씬 더 많이 보상 프로그램에 참여했다(30퍼센트 대 12퍼센트). 하지만 흥미롭게도 보상 프로그램의 달성과 관련해서는 결과가 달랐다. 여섯 가지 모두를 구매한 고객들 중에는 특정한 순서에 따라 구매해야 하는 포인트 카드 소지자가 훨씬 더 많은 것으로 나타났다. 어떻게 이런 결과가 나올까?

사람들이 어떤 계획을 시도할 때 불필요한 일련의 '결심 지점decision points'이 등장하게 되는데, 미리 정해진 순서가 이를 없애주거나 적어도 줄여준다고 설명할 수 있다. 오늘날 지나친 정보 홍수 속에 사람들은 더 많은 결정이 아니라 더 적은 결정을 원한다. 추가 연구에서 진과 동료들은 이 해석을 뒷받침하는 증거들을 찾아냈다. 정해진 순서를 따르는 사람들은 목표 추구 과정에서 선택 가능성을 없애주면 ① 목표 달성 성공률을 더 높일 수 있고, ② 달성 과정이 더 쉽다고 느끼는 것으로 나타났다.

지금까지는 좋다. 하지만 엄격한 구매 순서를 따라야 하는 고객은 무료 요거트를 얻기 위해 필요한 구매를 완수하는 비율이 더 높았지만, 처음에 이 보상 프로그램에 등록하는 사람의 수는 더 적었다. 엄격한 진행 과정은 목표 달성 가능성을 높이지만 동시에 처음에 시도하는 비율을 낮게 만든다면 전체적인 효과는 어떻게 나올까? 연구자들은 이 부분도 살펴봤다. 결과는 설득의 과학에서 자주 그러듯 맥락에 따라 달랐다.

선택 방식이 비교적 단순하고 작업을 완성하려는 동기가 매우 강한 상황에서는 엄격한 순서를 지키는 것보다 유연한 선택을 강조하는 쪽이 목표 달성률이 더 높았다. 하지만 더 어려운 변화가 요구되거나 동기 수준이 낮은 경우에는 엄격한 순서와 구조를 만드는 것이 달성률을 높이는 데 더 효과적인 것으로 나타났다.

이 연구는 기업이 고객 충성도 및 보상 프로그램을 어떻게 개발해야 하는지 분명한 시사점을 보여준다. 하지만 다른 적용 방법도 존재한다. 동료들을 설득해 새로운 계획을 진행해야 하는 팀장을 상상해보자. 필요한 행동을 하는 데 유연한 접근법 혹은 정해진 단계를 따르는 접근법을 선택하기 전에 큰 차이를 가져올 사소한 질문을 던져야 한다. 예를 들면 "여기에서 어떤 것이 더 중요할까? 더 많은 사람들이 새로운 계획을 채택하게 만들어야 하나? 아니면 채택 이후 계획을 끝까지 마무리하도록 하는 것이 더 중요한가?"와 같은 질문이다. 처음에 동료들이 새로운 정책을 받아들이게 하는 것이 더 중요한 상황이라면 필요한 단계나 순서를 최대한 실용적이고 유연하게 만들고, 이 정책을 발표할 때 유연성에 대해 강조하면 된다.

하지만 실행 단계에서 더 큰 문제가 발생하는 일이라면 완전히 다르긴 하지만 그 시사점은 명확하다. 매우 구조적인 방식으로 순서를 정하고, 일단 시작하고 나면 이 프로그램이 수월하면서도 복잡하지 않은 방식으로 진행될 것이라고 강조하면 된다.

정확한 순서가 어떤 목표나 프로그램을 완수하는 데 도움을 준다는 생각은 처방약을 끝까지 복용하도록 설득해야 하는 제약회사에도 유용한 통찰을 제공해준다. 약 포장에 들어 있는 알약의 색깔을 한 가지에서 몇 가지로 바꾸고 환자들에게 어떤 색깔의 약을 언제 먹어야 하는지 분명한 지침을 주면 환자와 의료진 모두에게 혜택이 돌아갈 수 있다. 예를 들어 환자들에게 첫 3일 동안에는 흰색 알약을 먹고, 그 다음 3일 동안에는 푸른 알약을, 마지막으로 빨간색 알약을 먹으라고 지침을 줄 수 있다. 약 자체로는 성분상의 변화가 없겠지만 약을 먹기 위한 구조를 만드는 작은 변화로 환자들이 처방을 잘 따르도록 할 수 있다.

가구처럼 스스로 조립하는 제품을 만들거나 유통하는 기업 입장에서는 조립의 각 단계에 색깔로 구분해주고 조립 순서를 명확하게 알려준다면 고객들이 조립 순서를 따르기가 더 쉬울 것이다. 이런 작은 변화는 조립을 더 쉽게 만들 뿐 아니라 조립하다가 짜증이 나서 배우자와 싸울 가능성을 줄여줄지도 모른다.

새로운 기술을 배우기 위해 스스로 동기부여를 하고자 할 때 특히 어려운 기술이거나 삶에서 집중을 방해하는 다른 많은 요소들이 있을 때 이런 엄격한 접근 방식이 처음에는 덜 매력적으로 보일 수 있다. 하지만 우쿨렐레 연주법을 배워 늘 꿈꿔왔던 포크 밴드에 가입하는 데는 중요한 역할을 할 것이다.

45
'1+1'이 '2' 이상의 결과를 가져다주는
스몰 빅은 무엇일까?

◆

◆

경제학자라면 누구나 이야기하듯 사람들은 인센티브에 반응한다. 하지만 행동심리학자들은 인센티브가 어떤 맥락에서 제시되는지, 실제 제시된 인센티브가 무엇인지에 따라 사람들의 반응이 달라질 것이라고 말한다. 예를 들어 사람들은 무언가 얻는 상황보다 무언가를 잃을지도 모른다는 생각에 설득이 더 잘되는 경향이 있다. 손실과 획득이 경제적으로는 똑같은 의미를 지니지만 심리적으로는 매우 다르다.

타이밍 역시 중요한 맥락을 제공할 수 있다. 연구에 따르면, 사람들은 오늘을 위해 미래를 희생하는 경향이 있다. 오늘 20달러를 얻는 것과 내일 21달러를 얻는 기회가 있으면 대부분의 사람은 지금 당장 돈을 얻는 쪽을 택할 것이다. 하지만 7일 후 20달러와 8일 후 21달러로 맥락을 바꾸면 더 많은 사람들이 더 큰 보상을 위해 하루 더 기다릴 것이다. 사람들의 의사 결정이나 행동이 얼마나 일관되지 않은지를 보여주는 사례다.

행동에 영향을 미치기 위해 인센티브를 사용할 때에는 맥락을 어떻게 잡는지가 매우 중요하다. 한 연구에 따르면, 보상을 서로 다른 항목으로 나눠놓는 작고 사소한 변화는 항목이 별다른 의미가 없는 데도 보상을 차지하려는 사람들에게 적극적으로 동기부여를 한다.

행동과학 연구자 스코트 윌터머스Scott Wiltermuth와 프란체스카 지노 Francesca Gino는 보상이 어떤 유형의 항목에 속해 있는지가 보상을 받기 위한 동기에 영향을 끼친다고 믿었다. 그들이 실행한 연구에서 보상을 전제로 10분 정도 걸리는 글쓰기 작업을 참가자들에게 요구했다. 보상은 2개의 큰 바구니에 담겨 있는 비싸지 않은 상품이었는데, 참가자들이 2개의 바구니에서 상품 하나를 선택할 수 있도록 했다. 하지만 참가자가 (자발적으로) 두 번째 10분 글쓰기 작업을 마치면, 즉 20분 동안 2개의 작업을 완수하면 나머지 상품 중에 한 가지를 더 선택할 수 있다고 알려줬다.

참가자들이 모르게 무작위로 나눈 두 집단에 한 가지 중요한 차이가 있는 정보를 전했다. 첫 번째 집단은 만약 추가로 글쓰기 작업을 마치면 2개의 바구니 중 어느 곳에서든 두 번째 상품을 가져갈 수 있다고 했다. 두 번째 집단에는 추가 작업을 완수하면 각각의 바구니에 다른 항목의 상품이 담겨 있기 때문에 두 번째 상품은 (첫 번째 상품을 뽑은 바구니와) 다른 바구니에서 가져가야 한다고 했다.

2개의 바구니에 똑같은 상품이 섞여 있음을 볼 수 있었는데도 두 번째 집단에 속한 사람들은 첫 번째 집단에 속한 사람들보다 추가 작업을 완료하려는 동기가 세 배나 더 강했다. 더 놀라운 사실은 글쓰기 작업을 즐기는 정도도 두 군데의 바구니에서 상품을 고르게 된다고 말한 두 번째 집단이 유의미하게 높은 것으로 나타났다는 점이다.

그렇다면 2개의 카테고리에서 같은 숫자, 같은 가치의 상품을 받게 될 사람들은 왜 하나의 카테고리에서 받게 될 사람들에 비해 더 활기를 띠었을까? 또한 왜 이 과정을 더 즐겁게 느꼈을까?

월터머스와 지노에 따르면, (비록 의미가 없다 하더라도) 항목으로 유형화하는 것은 추가 작업을 완성하지 않았을 때 무엇인가 '놓치고 있다고' 느끼게 만든다. 따라서 인센티브나 보상을 통해 작업을 독려하고자 할 때에는 인센티브나 보상을 서로 다른 카테고리로 항목화하면 경제적 비용은 늘어나지 않으면서 심리적 가치를 높일 수 있다. 이는 사람들이 무언가 놓치는 것을 싫어하는 심리 때문이다.

이런 연구 결과는 인센티브를 사용해 다른 사람들에게 동기부여를 하고 싶거나 혹은 해야만 하는 사람들에게 유용한 통찰을 제공한다. 예를 들어 새로운 영업 인센티브나 보너스 프로그램으로 직원들에게 동기를 부여하려는 영업 팀장은 보상을 각기 다른 2개의 카테고리로 만든 다음 첫 번째 보상을 획득한 후에만 두 번째 항목에 도전할 수 있도록 만들어서 보상 프로그램의 효과를 극대화할 수 있다. 이 방식은 직원들이 두 가지 유형의 보상을 성취하기 위해 더 노력하도록 유도할 뿐 아니라 이 노력 자체를 더 즐기도록 만들 수 있다.

이런 재유형화recategorization 효과는 재정적으로 어려움에 처한 사람들까지 도울 수 있다. 여러 군데서 빚을 지고 있는 사람들은 작은 빚부터 먼저 갚으려는 속성이 있다. 재정적 독립을 향해 뭔가 전진하고 있다는 느낌을 주기 때문이다. 하지만 이런 방식은 오히려 상황을 악화시키는데, 큰 규모의 빚에는 더 많은 이자가 붙고 결국 그 빚의 규모를 더 키우는 셈이 되기 때문이다. 은행이나 재정기관들은 큰 빚을 A와 B, 즉 2개의 작은 빚으로 쪼개어 도움을 줄 수 있다. 이렇게 빚을 나누는 것이 채무자의 부담을 실질적으로 줄여주지는 않지만 심리적으로는 줄여줄 수 있다. 이 작은 변화를 통해 사람들이 규모가 큰 빚을 먼저 갚는 데 집중할 수 있고, 갚아야 하는 이자를 줄이는 데 큰 차이를 가져올 수 있다.

46

물러섬으로써 앞서가게 해주는
스몰 빅은 무엇일까?

◆

◆

오늘날 삶의 복잡함이란 참으로 도전적이어서 아주 노련하고 경험 많은 사람들도 제대로 길을 찾기 힘들게 만든다. 다행히도(혹은 관점에 따라 불행히도) 힘들게 하는 고객을 만나거나 엉망으로 꼬인 제안을 어떻게 다뤄야 할지 모를 때 그 해답은 멀리 있지 않다. 해답은 지혜와 경험을 기꺼이 전해주는 동료나 협력자의 모습으로 등장한다.

종종 "하룻밤 정도 더 생각해보지 그래?"라든지 "한발 뒤로 물러나 좀 멀리서 문제를 바라보면 어떨까?"와 같은 조언은 좋은 의도를 담고 있긴 하지만, 내 상황을 깊이 이해해주지 못하는 조언인 경우가 있다. 자신이 겪고 있는 문제가 그들에게는 매우 다르게 보일 수 있는데, 이는 그들이 어느 정도 거리를 두고 상황을 이해하기 때문이다(그들이 내 상황과 떨어져서 보거나 느낄 수 있는 범위가 아니라서 그렇다). 하지만 그들의 조언이 도움되지 않는다거나 매우 일반적이라고 완전히 무시해버리기 전에 한번 생각해보는 것이 좋다. 문제에 대한 해결책을 생각할 때 가까이에 있는 문제로부터 일부러 물리적으로 어느 정도 떨어져서 보는 것이 실제로 효과가 있다는 과학적 증거도 있다.

물리적 거리를 두는 것이 문제를 해결하고 결정을 내릴 때 도움이 될 뿐 아니라 설득력을 발휘하는 데도 장점이 된다는 사실은 꽤 흥미롭다. 예를 들어 제안이나 프레젠테이션 초반에 잠재 고객에게 제품이나 서비스에 대해 고려하기 전에 한발 물러나서 보도록 하면 거래를 좀 더 편하게 진행할 수 있다.

마노즈 토마스Manoj Thomas와 클레어 차이Claire Tsai는 한 사람이 대면한 도전이나 문제점 사이의 물리적 거리가 그 도전이나 문제 난이도에 영향을 줄 수 있다고 생각했다. 토마스와 차이는 한 실험에서 참가자들에게 앞에 놓인 컴퓨터 화면에 나타난 단어들을 크게 읽어보라고 요청했다. 어떤 경우에는 연구자들이 '철자법상 불규칙한 비어'라 부르는 단어들이 화면에 나타났는데, 이는 일부러 발음하기 어렵게 만든 가짜 단어(예를 들면 'meunstah')를 과학적으로 표현한 것이다. 또 다른 경우에는 비어이지만 간단하고 발음하기 쉬운 단어(예를 들면 'hension')를 크게 읽도록 했다.

흥미롭게도 발음하기 힘든 비어가 화면에 나타나기 전에 참가자들 중 절반은 자신과 비어 사이의 물리적 거리를 줄이기 위해 화면을 향해 몸을 기울이도록 했다. 나머지 절반은 그들과 비어 사이의 거리가 실제로 더 멀어지도록 몸을 뒤로 기울이게 했다. 저마다 비어들을 읽고 난 뒤에 실험 참가자들에게 발음하기가 얼마나 어려웠는지 평가하도록 요청했다.

의자 뒤로 기댔던 참가자들은 화면을 향해 앞으로 기울였던 참가자들보다 발음하기 힘든 비어를 읽는 것이 더 쉽다고 평가했다. 요약하면, 이 실험을 통해 힘든 일을 대하게 될 때 물리적으로 한발 뒤로 물러나 멀리서 바라보면 문제가 어렵거나 힘들 것이라는 생각을 줄여줄 수 있다는 사실을 보여준다. 그러니 다음의 숫자 퍼즐게임인 스도쿠에서 막히거나 보드게임인 스크래블에서 좋지 않은 패를 집어 어떻게 해야 할지 모를 때에는 한발 뒤로 물러나 문제를 바라보는 작은 변화로 큰 차이를 만들어낼 수 있을지도 모른다.

하지만 이상한 단어를 발음하는 일이나 스크래블 같은 게임과 상관없는 상황에서는 어떨까? 예를 들어 구매하려는 의사를 갖고 어떤 제품을 살피고 있는 상황을 상상해보자. 이 제품과 나 사이의 거리가 구매 결정을 하는 데 어떤 영향을 줄까?

이 질문에 답하기 위해 연구자들은 또 다른 실험을 진행했다. 이번에는 카메라와 컴퓨터 등이 포함된 전자 제품군을 평가하고 고르라고 부탁했다. 참가자들에게 특정 제품군에서 몇 가지 제품을 보여줬고 각 제품의 특징을 비교한 정보도 전달했다. 실생활에서 자주 경험하는 것과 유사한 상황을 만들기 위해 각기 다른 제품들 사이의 비교는 어렵도록 만들어놓았다.

한 제품을 구매하는 것이 다른 제품을 구매하는 것보다 낫다는 것을 결정하는 데 가격은 영향을 미치지 않는다는 사실을 참가자들에게 밝혔다. 그리고 살펴볼 제품을 놓아둘 때 위치를 조금씩 달리했다. 어떤 참가자들은 가까이서 제품을 보도록 했고, 어떤 참가자들은 좀 더 멀리서 제품을 살피도록 했다. 그리고 제품을 검토하자마자 참가자들에게 어떤 제품을 구매할 것인지 아니면 결정을 미룰 것인지 선택하도록 했다.

역시 단어 발음 실험과 일관된 결과가 나타났다. 실험 참가자들 중 한발 뒤로 물러나 제품과 거리를 둔 사람들은 제품 평가가 쉽다고 생각했고, 따라서 구매 결정을 미룰 가능성이 훨씬 더 낮았다. 반대로 가까이서 제품을 비교했던 사람들은 제품 구매 결정을 늦출 가능성이 높았다.

여기에서도 스몰 빅을 발견할 수 있다. 선택 대상과 물리적 거리를 두는 작은 변화가 구매 결정을 앞당기는 데 큰 차이를 만든다. 달리 말하면 제품 구매와 같이 복잡한 결정은 한발 떨어져서 생각할 때 좀 더 쉬운 것처럼 보인다.

이 연구 결과는 다른 사람의 결정에 영향력을 미치려고 할 때 사소하지만 잠재적으로 중요한, 즉 고려해야 할 변화를 알려준다. 새로운 고객을 만나 비즈니스 상담을 하는 상황에서 고객에게 제시할 수 있는 우리 회사의 제안이나 해결책이 상대적으로 복잡하지만 객관적으로 볼 때 최선의 선택이라고 가정해보자. 이 연구 결과는 어떤 거리를 두고 제안을 전달하는가가 매우 중요하다는 것을 말해준다. 따라서 제안 내용을 치밀하게 준비하는 것은 물론이고 그 내용이 고객에게 보이게 될 거리에 대해서도 특히 신경 써야 한다. 이는 자신의 노트북을 놓고 프레젠테이션을 할 때 제안을 보기 위해 컴퓨터 화면에 바짝 다가서게 만들기보다는 ① 한두 사람에게 발표를 할 때라도 큰 스크

린에 쏴서 보도록 하거나, ② 좀 더 화면이 큰 노트북을 사서 관객과 화면 사이의 거리를 두는 것이 낫다.

교사가 수학처럼 다소 어려운 주제로 수업을 할 때도 교재와 학생들 사이의 물리적 거리를 길게 하면 학생들이 수업을 어려워하는 생각을 완화할 수 있다. 그런 방법들 중 하나는 학생들이 앉아서 공책이나 교재에 적도록 하는 것보다 칠판이나 플립차트 앞에 서서 문제를 풀도록 하는 것이다. 이렇게 하면 교사가 학생들에게 제시한 어려운 문제들로부터 물리적으로 한 걸음 뒤로 물러서기 쉬운 환경을 만든다(학생들을 의자 뒤로 물러앉게 하거나 의자 뒤에 서게 해 불편하게 만드는 것보다는 낫다).

유통 매장의 직원들은 제품을 고객에게 보여줄 때 자신과 고객 사이의 물리적 거리를 유심히 고려함으로써 이득을 얻을 수 있다. 예를 들어 전자제품 영업직원이 휴대전화를 고객에게 보여줄 때 한발 살짝 물러서서 자신과 고객 사이의 거리를 벌릴 수 있는데, 특히 비전문가인 고객에게 다소 복잡하고 기술적인 제품 기능을 소개할 때 더욱 유용할 것이다.

이 연구들은 정보를 제시하는 물리적 거리에 작은 변화를 줌으로써 상대방의 인식에 영향을 미쳐 의사 결정을 쉽게 해주는 큰 차이를 만든다는 것을 설명하는 데 어느 정도 도움을 준다.

사무실에서 얽힌 문제들을 풀려고 고민하고 있을 때 의기양양한 동료가 당신의 어깨 뒤에서 한발 떨어져 컴퓨터 화면을 바라보면서 늘 자신이 당신보다 빨리 해답을 찾을 수 있다고 믿는 이유도 아마 이렇게 설명할 수 있을 것이다.

47
다른 사람의 작은 실수에서
어떤 스몰 빅을 찾아낼 수 있을까?

◆
◆

화를 복으로 바꾸고 쓸모없는 볏짚을 금으로 바꾸는 일처럼 좋지 않은 일을 좋게 바꾸는 가히 '턴어라운드 아티스트'라 불리는 사람들 덕에 놀라운 결과를 목격했다. 실패의 형태로 나타난 좋지 않은 일을 결과적으로 성공으로 변화시킨 성취라면 더욱 인상적일 것이다. 여기에서 가장 중요한 용어는 '결과적'이라는 단어다. 여기에서는 인내, 투쟁 혹은 '시도하고, 시도하고, 또다시 시도해' 그 결과로 말미암은 성공을 말하는 것이 아니다. 우리가 여기에서 말하는 것은 실수가 있었는데 결국 그 실수 때문에 오히려 승자가 된 경우다.

이전의 실수를 성취로 만드는 몇 가지 방법이 있다. 예를 들면 비즈니스 모델 리엔지니어링, 시스템 오류를 없애는 것 그리고 예측하지 못한 장애물을 해결하는 방법 등은 상당한 시간과 자원 투자를 필요로 한다. 이런 문제들은 상당히 중요한 것으로, 물론 큰 의미를 담고 있다. 하지만 사소한 작은 것들 또한 중요하다. 패배의 문턱에 이르렀다가 놀랍게도 승리를 움켜쥐는 좀 더 쉬운 방법은 이전 실수를 생각하지 말고 대신 다른 사람들의 이전 실수에 대해 생각해보는 사소한 변화를 시도하는 것이다.

찰리 멍거Charlie Munger는 머리가 좋은데다 지혜로웠는데, 이 두 가지 요소는 큰 이익을 만들어내는 속성이기도 하다. 이 두 가지 특성이 결합된 덕에 그는 워런 버핏의 비즈니스 파트너이자 투자회사인 버크셔 해서웨이 내에서 가장 신뢰받는 조언자가 됐다. 버크셔 해서웨이는 1964년 창립 이래로 이 산업군에서 과거에 본 적이 없는 수준의 성공을 유지해왔다. 언젠가 멍거는 제대로 된 결정을 내릴 수 있도록 확인하는 단계가 있느냐는 질문을 받았다. 그는 "어리석음의 목록을 검토합니다"라고 간단히 답변했다.

멍거는 실패나 치명적인 실수를 적어놓은 자기만의 '어리석음' 파일을 갖고 있었다. 《좋은 기업을 넘어 위대한 기업으로Good to Great》, 《초우량 기업의 조건In Search of Excellence》, 《성공하는 기업들의 8가지 습관Built to Last》 같은 베스트셀러에 기록돼 있는 비즈니스 성공 사례의 예리한 결정이나 전통적인 지혜를 따르기보다 비즈니스의 실패로 이어진 어리석은 결정들을 찾아내고 이를 피하는 데 시간을 쏟았다.

언뜻 보기에 사소한 요소가 멍거와 해서웨이의 결정뿐 아니라 당신의 결정에도 잠재적으로 큰 변화를 만들어내는 것은 왜일까? 큰 규모의 성취는 단독 요소로 말미암아 가능한 경우가 드물기 때문이다. 위대한 성공에는 잘 만들어지고 서로 얽힌 여러 가지 요소가 바탕에 자리하고 있다. 모든 사업적 영역에서 이런 요소를 그대로 복사해오거나 그중 가장 중요한 것 하나를 추려내기란 쉽지 않다. 하지만 실수에 관해서라면 다르다. 필수적인 지식의 부족, 자기 능력에 대한 부풀려진 믿음 혹은 경제 상황에 대한 순진한 기대 등 단 한 가지 실수가 모든 것을 무너뜨릴 수 있다. 따라서 비즈니스상의 실수와 다른 사람의 재난으로 채워진 나만의 '어리석음의 목록'을 만드는 것이 일리 있을 뿐 아니라 중요한 선택이나 결정을 해야 할 때마다 그 목록을 참고해야 할 필요가 있다. 비즈니스를 성공으로 이끄는 버팀목이 무엇인지 목록을 만드는 것이 잠재적으로 도움이 될 것이라는 점은 말할 필요가 없다. 하지만 이 목록의 어떤 것도 잠재적으로 상황을 바꾸는 영향력까지는 발휘하지 못한다.

자기만의 어리석음 목록을 만드는 것이 필요한 두 번째 이유가 있다. 긍정적인 정보가 부정적 정보보다 더 낫다고 늘 세뇌돼왔지만 그건 결코 사실이 아니다. 유명한 학자인 로이 바우마이스터Roy Baumeister 와 동료들은 많은 연관 연구를 검토한 후에 일반적으로 사람들은 긍정적인 정보보다 부정적인 정보에 훨씬 더 주의를 기울이고, 교훈을 얻고, 이를 더 적극적으로 활용한다고 결론을 내렸다.

이것이 전부가 아니다. 긍정적이지 않은 정보가 더 기억하기 쉽고 결정할 때 더 큰 비중을 차지한다. 따라서 자기 자신과 팀의 관심을 끌고, 교훈을 얻기 쉬우며, 기억에 더 오래 남고, 실제 행동으로 이어질 유익한 조언을 담은 목록을 만들고 싶다면 찰리 멍거의 목록과 비슷하면서 당신이 가장 자랑스러워하는 모범 사례와는 거리가 있는 목록을 만드는 것이 좋다.

다른 사람들이 저지른 최악의 사례를 모아 목록을 만들고 그로부터 무언가 배울 때 세 번째 이득이 있다. 이 목록은 다른 사람들이 저지른 실수로 이뤄져 있기 때문에 실수를 있는 그대로 이해하기가 쉬워진다. 만약 목록이 자신의 실수로 이뤄져 있다면 그것이 실수가 아니었으며 단지 통제할 수 없는 불운과 좋지 않은 타이밍 때문에 일어난 것이라고 스스로 설득하려는 성향과 싸움을 해야 할 것이다. 타인이 저지른 판단 실수는 이런 자기방어적 편향을 피하고 자신을 위한 효과적인 교육 도구를 제공해준다. 이런 혜택은 팀 구성원들에게까지 확대될 수 있다. 영리한 리더는 자신의 팀 동료보다 외부 사람의 실수에 대해 이야기함으로써 앞으로의 행동을 격려하고 팀원 입장에서는 동료로부터 직접 비판을 받을 때 종종 생기는 분노를 피할 수 있다.

다른 사람이 과거에 저지른 실수 목록을 만들 때의 잠재적 장점은 비즈니스 환경에만 제한되지 않는다. 교육자라면 현재 담당하는 학생들이 피해야 할 것들의 목록을 만들 때 과거 학생들이 저지른 실수를 부각하는 것을 부담스러워할 필요가 없다. 의사의 입장에서는 환자가 현재 의학적 상황을 악화할 위험을 피하기 위해서는 과거에 환자 1~2명이 유사한 실수를 저질렀다가 후회하게 된 일을 넌지시 알려주는 것이 좋다. 퍼스널 트레이너는 다른 사람들이 운동기구를 사용하다가 저지른 실수를 알려줘 새로운 고객이 같은 실수를 피하고 훈련을 통해 최선의 결과를 얻도록 유도한다.

짐 콜린스는 엄청난 성공을 얻기 위해 기업이 무엇을 제대로 했는지를 상세하게 다룬 《좋은 기업을 넘어 위대한 기업으로》, 《성공하는 기업들의 8가지 습관》과 같은 비즈니스 베스트셀러를 쓴 놀라운 재능의 저자다. 그는 이런 정보를 접하면 성공하는 데 도움을 줄 수 있을 것이라고 확신했다.

찰리 멍거는 지적 재능과 재무적 지식으로 유명한 사람이다. 하지만 그는 다른 사람들이 제대로 한 내용이 아닌 다른 사람들이 잘못한 내용의 목록을 만들고 정기적으로 참고하라고 추천한다.

외견상으로는 반대되는 추천을 해준 2명의 위대한 비즈니스 전문가의 의견을 조화시키는 방법이 있을까? 방법이 있을 것이다. 콜린스의《위대한 기업은 다 어디로 갔을까?How the Mighty Fall?》에 담긴 최근의 조언에 귀를 기울일 필요가 있다. 콜린스는 위험의 가능성을 부인하고, 불필요하게 서두르고, 지적 체계가 부족했던 점 등 비즈니스 실패의 주요 원인을 집중적으로 조명했다. 찰리 멍거의 어리석음 목록 안에는 분명히 이런 문제를 일으킨 생생한 발생 요소들이 포함돼 있을 것이라고 확신한다.

결국 두 사람은 비슷한 말을 하고 있다. 비즈니스에서 올바른 결정을 내리게 해주는 사소한 변화 하나는 다른 사람들의 실수와 실패를 적어놓은 목록을 참고하는 것이다. 첫 번째 핵심 단계는 목록을 만들고 자주 참고하며 중요한 결정을 내릴 때 체계적으로 활용하는 것이다. 이 작은 변화로 큰 차이를 만들 수 있다.

물론 이 스몰 빅을 제대로 활용하지 않아 빚어지는 실수의 가치에 대한 일관된 연구 결과와 현명한 조언을 무시한다면 그 자체가 목록에 포함될 만한 실수가 될 것이다.

48
실수를 관리하는 스몰 빅은 무엇일까?

◆

◆

바로 앞 장에서 다른 사람의 예전 실수를 통해 무언가 이득을 얻을 수 있는 방법에 대해 소개했다. 이 장의 주제는 자신의 과거 실수로부터 이득을 얻을 수 있는 방법에 관해 알아볼 것이다.

사람의 수명을 연구하는 학자들은 인생의 차질, 손실 혹은 어려움의 경험을 건설적으로 다룰 경우 비관적이고 피해의식에 사로잡히고 자신 없는 성격이 아니라 긍정적이고 건강하고 자신 있는 성격이 될 수 있다고 결론지었다. 하지만 직업적 발전에도 똑같은 원칙이 적용될까? 맥락을 바꿔 말하면 비즈니스에서 실수나 차질을 제거하는 것이 아니라 이를 적극적으로 관리하는 단계를 밟아 성공이나 이득을 가져올 수 있을까?

오류 관리 트레이닝Error Management Training, EMT이라는 분야에서 말하는 근거를 보면 이런 시도가 가능하다. 물론 이 과정에서 중요한 것은 '만약 건설적으로 다뤄진다면'이라는 조건이다. 과거의 실수를 건설적으로 다룰 때 두 가지 중요한 이득을 얻게 된다. 미래를 개선하는 데 훌륭한 가이드가 될 뿐 아니라 미래에 누군가를 설득하려 할 때 좋은 기회를 제공할 수 있다.

전통적인 트레이닝은 보통 성공 사례에 기반을 두고 오류를 제거하는 학습을 통해 참가자들을 지도하는 방식을 바람직하다고 여겼다. 실수는 작업의 흐름을 방해하고 이를 개선하는 데 시간이 많이 걸리며, 트레이너는 물론 트레이닝 참가자들까지 힘들게 만들기 때문에 이런 전통적 방식은 합리적인 것으로 보인다. 실수는 참가자들의 능력에 대해 트레이너와 트레이닝 참가자 모두의 확신을 약화할 수도 있다. 하지만 조직을 연구하는 니나 키스Nina Keith와 마이클 프레제Michael Frese가 24개의 각기 다른 연구 결과를 검토한 결과 실수를 피하는 전통적인 트레이닝 방식과 완전히 반대되는데도 실수 관리 모델이 훨씬 더 효과가 있는 것으로 나타났다.

오류 관리 트레이닝에는 두 가지 필수 요소가 있다. 첫째는 트레이닝 참석자들이 이런 실수가 어디서 어떻게 발생하는지 알 수 있도록 실수를 능동적으로 경험해야 한다. 두 번째 요소는 일단 실수를 하게 되면 심리적으로 어떻게 대응할지 설명하는 것이다. 이때 트레이너가 트레이닝 참가자들에게 어떻게 피드백을 제공하는지가 중요하다. 피드백을 전달하는 방식과 관련해 "학습 과정에서 실수는 자연스러운 부분이다", "실수를 많이 할수록 더 많이 배울 수 있다", "실수는 당신이 아직도 배울 부분이 있다는 것을 가르쳐준다"와 같은 문장을 자주 사용하면 큰 변화를 만들 수 있다. 이런 말을 하지 않으면 사람들

은 실수를 성공을 향한 이정표라기보다 피해로 받아들인다. 성공적
인 기업 문화에서 이런 부분이 중요하다는 것을 생각하면 세계에서
가장 혁신적인 회사 중 하나인 아이디오IDEO의 모토가 '더 빨리 성공
하기 위해 자주 실패하라'라는 사실은 놀랄 일이 아니다.

　하지만 직무 관련 책임에 대한 트레이닝을 하는 것이 아니라 현업
에서 이런 책임을 실행하는 것이 목적이라면 어떻게 될까? 그런 환경
에서 실수할 기회를 찾는 오류 관리 트레이닝의 첫 번째 요소는 실제
고객이나 동료, 상사를 대하는 요령game plan과 한참 거리가 있다. 하지
만 실수에 대해 생각해보고 대응하는 것을 학습의 기회로 삼는 두 번
째 요소는 여전히 직무에 도움을 준다. 여기에서는 실수를 찾는 사람
이 되기보다는 실수로부터 기회를 발견하는 역할로 입장을 바꾸도록

조언한다. 실수로부터 기회를 찾는 사람들은 개인이나 조직 모두가 의도치 않은 장벽으로부터 배워 장기적으로 무엇인가를 얻을 수 있다고 생각한다. 프레제 교수의 통계 수치에 따르면, 이렇게 얻는 이득은 엄청난데 같은 산업군 내에서 강력한 오류 관리 문화를 가진 회사들은 가장 이익이 높은 회사군에 속할 가능성이 네 배 이상 높은 것으로 나타났다.

오류 자체를 찾아내기보다는 오류로부터 기회를 찾아내려는 작업 환경을 장려하는 매니저들은 또 다른 방식으로 혜택을 얻는 것으로 나타났다. 얼마 전 우리의 동료인 브라이언 에이헌이 한 세일즈 잡지 기사를 보내줬는데, 엄청난 비용을 들여 실행했던 '무결점 고객 경험' 프로그램 결과를 본 글로벌 호텔 체인의 최고운영책임자가 충격을 받은 내용이었다. 내용인즉 최고의 만족도를 적어냈고 향후에도 이 호텔을 이용하겠다고 밝힌 사람들은 투숙 기간 동안 무결점 서비스를 경험한 사람들이 아니었다. 오히려 호텔 서비스의 오류가 발생했는데, 호텔 스태프들이 즉각적으로 바로잡아준 경우였다.

이 현상이 왜 벌어지는지 몇 가지 방향에서 이해할 수 있다. 예를 들어 조직이 실수를 효율적으로 개선할 수 있다는 것을 고객들이 알고 나면 혹시 향후에 문제가 발생하더라도 얼마든지 해결할 수 있을 거라는 믿음을 갖게 되고, 이는 전반적으로 그 조직에 대해 호의적인 감정을 갖게 만들어준다. 이런 가능성과 함께 또 다른 요소가 작동할 것이라고 예상할 수 있다. 호텔 측이 실수를 바로잡기 위해 취한 행동을 투숙객은 일상적인 조치를 뛰어넘어 나를 위한 특별 조치라고 받아들일 수 있다. 상호성 원칙에 따라 호텔은 보다 나은 평가와 충성도를 받게 되는 것이다.

우리 저자들 중 하나는 한 리조트 호텔에서 열린 비즈니스 컨퍼런스에 참석했다가 벌어진 사건과 관련해 이 호텔 총지배인에 의해 상호성 원칙이 작동하는 증거를 확인했다. 한 고객이 어린 두 자녀와 테니스를 치고 싶어 했지만, 어린이용 테니스 라켓은 이미 다른 고객이 사용 중이었다. 그러자 총지배인은 한 스태프에게 즉시 차를 타고 동네 스포츠용품점에 가서 어린이용 라켓 세트를 사오라고 지시했고, 고객은 요청 20분 만에 라켓을 받을 수 있었다. 후에 이 고객은 총지배인 사무실에 들러 "당신이 나를 위해 해준 조치 때문에 7월 4일 독립기념일 주말에 있을 대규모 가족 친지 모임을 위해 조금 전 이 호텔에 예약했다"고 말했다.

여기에서 흥미로운 사실이 하나 있다. 만약 이 리조트가 고객들을 위한 '무결점 서비스'를 위해 처음부터 추가 라켓을 구비하고 있었다면 어땠을까? 그랬다면 2개의 추가 라켓은 고객에게 특별한 선물이나 서비스로 비치지 않았을 테고, 위의 사례에서처럼 고객의 충성도를 이끌어내지 못했을 것이다. 즉, 라켓은 고객에게 영향을 미칠 수 있는 요소로 기억 속에 남아 있지 못했을 것이다.

이것이 우리에게 시사하는 바는 무엇일까? 고객이나 동료를 일부러 아슬아슬한 위험에 빠지게 만들어놓고 그들을 구해주겠다고 등장하는 것이 좋은 아이디어일까? 전혀 그렇지 않다. 그렇게 되면 사람들은 당신과 함께하면 문제가 발생하고 원치 않게 도움을 받게 된다는 인식을 가질 수 있다.

더 바람직한 것은 사람들의 기대치가 너무 높다는 것과 오늘날의 비즈니스는 너무 복잡해서 아무런 실수 없이 진행하기가 어렵다는 사실을 인식하는 것이다. 어쩔 수 없이 실수는 발생한다. 모든 문제를 예방하려는 유토피아적인 목표에 당신이 가진 자원(주의집중, 트레이닝 시스템, 인력, 예산 등)을 집중하는 것이 실은 (비용도 훨씬 많이 들며) 덜 효과적이라는 점을 깨달아야 한다. 차라리 실수와 문제점을 빨리 해결하고 높은 만족도를 이끌어내는 목표에 자원을 집중하는 것이 낫다.

그렇다고 품질 관리가 중요하지 않다는 의미는 아니다. 결국 인간은 누구나 실수를 하는 존재라는 현실을 감안할 때 완벽한 수행을 목표로 삼는 것은 헛된 일이다. '완벽'이란 단어는 많은 사람에게 너무나도 다른 의미이기 때문에 미리 계획해 완벽하게 준비하기가 힘들다. 반대로 실수를 개선하는 일은 무엇이 만족스러운 것이고 무엇이 상대를 만족시키는 것인지 불만을 가진 대상에 맞춰 제공할 수 있기 때문에 더 만족스러운 결과를 만들 수 있다.

실수에 맞춰 반응한다는 것은 잠재 고객에게 맞춤형 선물이나 서비스로 인식될 가능성이 있으며, 역설적이긴 하지만 저지른 실수로 말미암아 오히려 대응하는 사람의 영향력을 높이는 효과도 가져올 수 있다. 결론적으로 비즈니스에서 '문제 없음'은 '문제 해결'만큼 좋지 않은 것일 수 있다.

49

타이밍을 바꾸는 스몰 빅으로
어떤 변화를 만들어낼 수 있을까?

◆

◆

2013년 10월 대만의 공정거래위원회는 삼성이 오랜 라이벌인 HTC 사의 제품을 공격하는 동시에 자사 제품에 대한 칭찬을 담은 리뷰와 코멘트를 소셜 미디어와 웹사이트에 올려놓도록 사람들에게 돈을 줬다면서 1,000만 타이완달러(한화로 약 3억 5,000만 원)의 벌금을 부가했다.[5]

이 사례는 많은 사람의 관심을 받았는데, 소비자들이 결정을 내릴 때 온라인상의 제품 리뷰에 얼마나 의존하는지를 여실히 보여주고 있다. 예를 들면 펜 숀 벌랜드 사가 실시한 연구에 따르면, 구매를 하기 전에 미국인 10명 중 7명은 온라인의 제품 리뷰나 소비자 평가를 참조한다. 대만의 공정위가 삼성에 즉각적으로 조치를 취한 것이 충분히 이해되는 대목이다. 47장에서도 말했지만, 로이 바우마이스터와 동료들은 사람들이 "긍정적인 정보보다 부정적인 정보에 훨씬 더 많이 신경 쓰며, 부정적인 정보로부터 교훈을 얻고, 부정적인 정보를 더 적극적으로 사용한다"라고 말했다. 온라인 환경이라는 맥락을 고려할 때 사업 프로모션을 위해 고객들의 리뷰에 의존하는 개인이나 조직에게 이 부정성 편향은 엄청난 도전을 제기한다. 만약 잠재 고객들이 부정적인 리뷰를 긍정적 리뷰보다 더 중요하게 생각한다면, 비즈니스의 입장에서 경쟁사를 타깃으로 한 부정적 가짜 리뷰를 포스팅하는 것처럼 부정한 방법에 기대지 않고 온라인상의 긍정적 리뷰를 가치 있게 보이게 하려면 어떤 단계를 밟아야 할까?

이를 위해 특별히 추천하는 한 가지 단계가 있다. 여러분이 상상하듯 사소하면서도 매우 효과적인 방법이 될 것이다. 마케팅을 연구하는 조이 첸Zoey Chen과 니콜라스 루리Nicholas Lurie는 만약 리뷰어가 리뷰를 올린 그날 경험을 기반으로 진실하게 쓴다면 부정적 리뷰만큼이나 긍정적 온라인 리뷰가 가치 있게 보일 수 있다는 가설을 세웠다(예를 들면 "방금 레스토랑에서 돌아온 길이다" 혹은 "오늘 연인과 함께 방문했다" 등과 같은 문장을 사용해 리뷰를 올리는 경우를 말한다).

이런 현상이 나타나는 것은 누군가 부정적 리뷰를 올렸을 때 이는 실제로 부정적 경험을 했을 가능성이 매우 높기 때문이다. 반면에 긍정적인 리뷰가 그날 경험한 것을 바탕으로 했음을 암시하면 읽는 사람 입장에서는 단지 레스토랑이나 여행지에 대해 리뷰어가 훌륭한 취향을 가졌다고 세상에 자랑하는 것이 아니라 경험 자체의 진정한 반영이라고 추측하게 된다.

연구자들은 이 가설을 검증하기 위해 옐프닷컴Yelp.com에 올라온 6만 5,000개의 리뷰 중 미국의 5개 주요 도시의 인기 레스토랑에 대한 리뷰를 선별했다. 지난 3년여 동안 100개에 이르는 레스토랑에 대한 리뷰를 검토했다. 각각의 리뷰에 대해 방문자들이 별 1개에서 5개(별 5개는 가장 긍정적 경험을 뜻함)까지 평가했는데, 연구자들은 리뷰가 '유용했다'는 이 투표의 숫자를 측정했다. 또한 레스토랑을 방문한 그날 리뷰를 썼다는 것을 나타내는 단어나 문장이 있는지를 검토했다.

그 결과 흥미로운 사실을 발견했다. 리뷰가 언제 쓴 것인지에 대한 단서가 아무것도 없을 때에는 레스토랑에 대한 부정적 리뷰가 긍정적 리뷰보다 훨씬 더 유용한 것으로 평가됐다. 하지만 특정 레스토랑에 대한 리뷰가 방문한 그날 쓰인 것이 확실할 때에는 긍정적 리뷰를 읽은 사람들은 부정적 리뷰와 최소한 유사한 정도로 유용하다는 평가를 내렸다.

또 다른 온라인 연구에서는 실험 참여자들을 무작위로 4개 그룹 중한 곳에 배정한 후 저녁식사를 위해 레스토랑 한 곳을 고른다고 상상하게 했다. 4개 그룹 각각에게 '조 레스토랑'에 대한 리뷰를 보여줬다. 이 중 두 그룹에는 긍정적이거나 부정적인 리뷰를 보여줬다. 또 다른두 그룹에도 긍정 혹은 부정적 리뷰를 보여줬는데, 다만 이 경우에는 리뷰가 레스토랑을 방문한 그날에 쓰인 것이라는 점을 명시했다. 또한 4개 그룹 모두가 선호하는 레스토랑을 선택하기 전에 '마이크 레스토랑'에 대한 중립적 리뷰를 보여주고 어느 한 곳을 고르거나 아예두 곳 모두 고르지 않아도 된다고 이야기했다. 옐프닷컴 실험과 마찬가지로 이 연구에서도 리뷰가 긍정적이면서 방문한 그날 작성된 것이라는 암시가 돼 있는 경우 조 레스토랑을 선택하는 비율이 의미 있는 정도로 증가했다. 긍정적인 맥락이고 그날 작성된 리뷰임을 확인한 참가자들은 모두 그곳에서 저녁식사를 하겠다고 답했다.

이렇게 적시성으로 말미암아 리뷰가 더 가치 있게 보인다면, 마케터는 소비자들에게 제품을 사용한 직후에 리뷰를 작성하고, 리뷰에 그와 관련한 부분을 명확하게 표현하도록 권장하는 사소한 변화를 줄 수 있다. 또 레스토랑은 영수증에 웹 주소를 적어 손님들이 리뷰를 남기도록 유도할 수 있다. 이 연구는 "만약 만족하셨다면 옐프나 트립어드바이저에 저희에 대한 후기를 남겨주세요"라는 흔한 문구를 다음과 같이 바꾸라고 제안한다. "만약 만족하셨다면 옐프나 트립어드바이저에 후기를 남겨주시고 오늘 이곳을 방문하셨다고 말해주세요." 이런 작은 변화로도 큰 차이를 가져올 수 있다.

온라인 쇼핑의 웹 담당자는 고객들에게 웹 주소를 링크해 보내고 구매 후기를 남겨달라고 부탁하면 좋을 것이다. 이때 팝업창을 통해 만약 고객들이 조금 전에 구매했다는 사실을 강조하면 후기에 '좋아요' 혹은 추천이 더 늘어날 수 있다는 점을 알려줄 필요가 있다. 온라인에서 책 리뷰를 하는 사람들은 포스팅 내용에 구매 시점을 포함시키면 잠재적 혜택이 더 커진다는 사실을 알아야 한다. 이렇게 하면 포스팅 내용에 대해 더욱 긍정적 반응을 이끌어낼 수 있기 때문에 저자는 물론 리뷰어들도 이득을 얻게 된다. 그런 상황이라면 어떤 책에 대해 열심히 또 흥미롭게 이야기할지만 결정하면 될 것이다.

50

비즈니스 파트너에게 보내는 이메일에
어떤 스몰 빅이 필요할까?

◆

◆

'덴마크의 익살왕'이라는 애칭으로 알려질 만큼 많은 사랑을 받은 덴마크 출신 미국 코미디언이자 엔터테이너였고 피아니스트였던 빅터 보르게Victor Borge가 이렇게 말했다고 한다.

"웃음이란 두 사람 사이의 가장 짧은 거리다."

웃음은 사람들을 연결시켜주고 관계를 쌓아주는 것은 물론, 설득 연구자들이 수행해온 연구에 따르면, 온라인상에서 다른 사람들과 협상할 때 이익을 안겨주기도 한다.

점차 세계화돼가는 경제체제에서 8억 5,000개로 추정되는 기업 이메일 계정이 하루 평균 110개의 메시지를 주고받는다. 그저 일상적인 내용뿐만 아니라 많은 기업이 비즈니스를 위한 복잡한 상호작용 수단으로 이메일을 통해 소통한다. 협상을 예로 들어보자. 지리적으로 멀리 떨어져 있는 두 집단이 협상을 해야 할 때 이메일은 매력적이면서 효율적인 소통 수단이 된다. 협력업체는 수많은 잠재 고객에게 접근할 수 있고, 고객은 다수의 공급업체와 연결할 수 있다.

많은 경우 이메일은 공식적인 협상 이전에 유용하고 비용 대비 효과 높은 여과 장치가 될 수 있다. 예를 들어 잠재 구매자는 공급업체를 추려내어 이메일로 연락한다. 그 후 전화, 비디오 컨퍼런스, 스카이프 혹은 페이스타임 같은 화상통화를 이용해 다음 단계로 넘어간다. 그리고 나서 (이 시점에서 결코 최종 확정된 것은 아니지만) 결론을 내기 위해 얼굴을 마주 보고 협상 회의를 하기로 결정한다.

이런 이메일의 동시다발적인 특성을 고려할 때 성공적인 거래에 중요한 신뢰를 만들기 위해 이메일을 어떻게 활용할 수 있을까? 테리 커츠버그Terri Kurtzberg와 그녀의 동료인 찰스 E. 나퀸Charles E. Naquin, 리우바 벨킨Liuba Belkin은 일련의 멋진 연구를 통해 비즈니스와 협상 상황에서 이메일을 주고받는 초기에 유머가 차지하는 역할을 밝혀냈다. 이 연구는 유머의 사용이 협상 당사자들 사이에 생겨난 신뢰에 어떤 차이를 만드는지, 당사자들이 얻는 상업적 이익에 어떤 영향을 주는지 관찰했다.

커츠버그와 동료들은 기업에 근무하는 사람들이 구체적이면서 복잡한 계약에 대해 이메일로 협상하도록 했다. 참가자들 중 절반은 자신과 파트너인 협상 상대와 바로 비즈니스 협상에 들어가도록 했다. 또 다른 절반의 참가자는 먼저 이메일을 통해 상대방에게 만화 한 편을 보내도록 했다. 스콧 아담스가 그린 만화 주인공 딜버트가 협상을 망치는 내용이었는데, 딜버트가 상대방이 제안도 하기 전에 제안을 받아들이고, 또 다른 곳으로부터 제안이 들어오기 전에 마치 다른 쪽으로부터 '더 나은' 제안이 있는 것처럼 행동한다. 이 만화 내용이 웃음을 이끌어내는 데 효과적인지 그리고 거부감을 가질 만한 내용은 아닌지 비즈니스에 종사하는 다른 사람들과 사전 테스트를 통해 확인했다(둘 다 통과했다).

연구자들은 협상을 시작하기 전에 만화를 제공한 것이 협상 당사자 사이에 신뢰를 높이는 데 기여했고, 결국 더 나은 이득을 가져다줄 것이라는 가설을 세웠다. 그 가설은 정확히 들어맞았다. 만화를 보내면서 협상을 시작한 집단은 높은 수준의 신뢰를 이끌어냈으며, 15퍼센트 더 높은 상업적 결과로 이어졌다. 이처럼 작은 변화를 시도한 것치고는 꽤나 인상적인 변화였다.

지금까지는 아주 좋다. 하지만 협상의 유연성이 제한된 상황에서는 과연 어떨까? 많은 조직이 협상 결과의 변수를 줄이기 위해 가격 구조를 정해놓거나, 지불 조건이나 배달 일정처럼 협상 관련 항목을 제한하기도 한다. 이 경우 유머가 담긴 만화로 협상을 시작하는 것이 여전히 결과에 영향을 미칠까?

실험 결과 협상을 앞두고 만화를 받은 쪽은 받지 못한 쪽과 비교해 상대방이 받아들일 수 있는 협상 한도 내에서 우선적 제안을 할 가능성이 두 배 이상 높은 것으로 나타났다. 정리하면 단순한 한 가지 사소한 변화가 훨씬 더 효율적인 협상을 이끌어냈으며 양자 간의 신뢰를 높인 것으로 나타났다.

이런 실험이 보여주는 교훈은 명백하다. 시간에 쫓기는 상황에서 계속 늘어가는 '해야 할 일 목록'에서 하나라도 줄이기 위해 퉁명스럽고 간결한 이메일을 보내기 쉽다. 하지만 이렇게 하면, 특히 협상 초기 단계에서는 상당한 대가를 치르게 된다는 것을 보여준다.

단 1분만이라도 더 투자해서 초기 대화를 인간미 있게 만드는 일은 매우 중요하다. 연구자들은 이렇게 제안한다. "'상대방'이 단지 이메일 주소가 아니라 진짜 사람이라는 것을 느낄 수 있게 해주면 협상 대상자와 신뢰와 이해를 쌓을 수 있고, 따라서 서로 더 좋은 합의에 이르게 된다." 사실 커츠버그와 또 다른 학자들의 추가 연구에 따르면, 온라인상으로 협상할 때 대화를 시작하면서 먼저 개인적 정보를 제공해 상대방과의 연결을 찾아내려고 노력하면 이후의 협상에서 교착 상태를 줄여줄 뿐 아니라 실제 협상에서 서로 상업적 이득도 얻게 되는 것으로 나타났다.

물론 당신이 보낸 이메일의 주목도와 반응률을 높이려고 개인적인 정보를 알려줘 혹시라도 당신을 위험에 빠뜨리려는 것(혹은 받는 사람을 겁나게 만들게 하거나)은 아니다. 하지만 이메일을 받을 사람과 공유할 만한 자신의 이전 경력이나 흥밋거리 등 사소한 정보를 활용하면 온라인상에서 관계를 쌓을 때 주목할 만한 차이를 만들어낼 수 있다.

단지 재미있는 만화를 보내는 것만으로 충분하지 않다는 점에 주목하라. 이런 연구들에서 사용된 특정 만화는 단지 웃음 짓게 만든다는 이유로 선택된 것이 아니다. 그 만화는 양쪽이 경험하게 될 업무인 협상과 밀접한 관련이 있는 것들이다. 따라서 협상 전략으로 웃음을 사용할 때에는 단지 웃음을 유발할 뿐 아니라 논의하려는 주제나 이슈와 연관된 것으로 찾는 것이 좋다. 때로는 이메일을 완전히 무시하고, 잠시 얼굴을 마주 보고 친밀한 잡담을 하거나 전화를 거는 것 또한 효과적일 수 있다는 점을 기억하라.

엄청난 비용을 들이지 않고 반응률과 참여도를 높이기 위해 사소한 변화라도 시도하려는 경쟁이 치열한 비즈니스 세계에서 빅터 보르게의 말은 가슴에 와닿는다. 이질적인 집단과 소통할 때 온라인상에서뿐 아니라 대면 협상에서도 두 사람 사이의 가장 가까운 지점은 '웃음'이다. 예를 들어 카렌 오퀸Karen O'Quinn과 조엘 아로노프Joel Aronoff가 수행한 연구에서는 농담("나의 최종 제안은 ○○○달러라네. 그리고 여기에 내 애완용 개구리까지 함께 얹어줌세")과 함께 제안을 받은 협상가들은 단지 제안만 받은 사람들보다 더 많이 양보했다. 하지만 당신이 아끼던 애완용 개구리를 얹어주지 않고도 거래를 끝내고 싶다면, 적절한 만화처럼 상대방을 웃음 짓게 하는 요소를 첨가하면 좋은 것이다.

51
작은 터치가 가치 변화로 이어지는
스몰 빅이 될 수 있을까?

◆

◆

그리스 신화에서 보면, 미다스 왕은 디오니소스의 친구에게 친절하게 행동한 대가로 보상이 되는 선물을 하나 고르게 된다. 미다스는 자신이 만지는 모든 것이 금으로 변하게 해달라고 요청했고, 디오니소스는 그 힘을 줬다. 물론 우리 모두는 이 내용이 책에 나오는 신화임을 알고 있다. 어떤 물건을 만진다고 그것이 금으로 변할 수는 없지 않은가. 아니 혹시 그럴 수도 있을까?

소비자를 연구하는 조안 펙Joann Peck과 수잔 슈Suzanne Shu는 무언가를 만진다고 물건이 금으로 변할 수는 없겠지만 물건에 대한 인식 가치는 높일 수 있다고 믿었다. 이런 생각이 직관적으로는 이해되지 않을 것이다. 수많은 상점에서 "만지지 마세요", "눈으로만 봐주세요"라는 안내문을 붙여놓고 고객들이 상품을 만지지 못하도록 하고 있지 않은가. 펙과 슈는 무언가를 만지는 행위가 감정적인 연결점을 만들 수 있다는 가설을 세웠다. 두 연구자는 〈스타트렉〉에 나오는 장 뤽 피카

드 함장 역시 동일한 믿음을 갖고 있다는 점을 눈여겨봤다.

장 뤽 피카드 함장: 그건 어린 시절의 판타지야……. 스미소니언 박물관에서 100번도 넘게 이 배를 봤지만 난 직접 만져볼 수가 없었어.
데이터 소령: 함장님, 촉각적인 접촉이 대장님의 인식을 바꿉니까?
장 뤽 피카드 함장: 오 그럼! 인간이란 접촉을 통해 어떤 물건과 매우 개인적으로 연결되지.

_〈스타트렉 8: 퍼스트 콘택트〉

이런 생각이 맞는지 알아보기 위해 고안된 실험에서 참가자들에게 잠재 고객 역할을 맡기고, 커피 머그잔과 스프링으로 된 슬링키 장난감을 보여줬다. 이 연구에서 절반의 참여자들에게 제품을 만지고 느껴보도록 했고, 나머지 절반에게는 제품을 만지지 못하게 했다. 그러고 나서 잠재 고객 역할을 한 참여자들은 "나는 이 물건이 내 장난감 혹은 내 머그잔처럼 느껴진다", "나는 슬링키 장난감이나 머그잔에 대해 강한 개인적 소유권을 갖고 있다고 느껴진다", "슬링키 장난감이나 머그잔을 내가 소유하고 있는 것처럼 느껴진다"와 같은 문장에 얼마나 동의하는지 적도록 했다. 또 참가자들이 두 물건에 대한 가치를 어떻게 생각하는지도 답하게 했다.

결과는 명확했다. 물건을 만질 수 있었던 참가자들은 이 물건에 대해 훨씬 더 긍정적인 감정반응을 보여줬고, 접촉을 통해 훨씬 더 강한 소유권을 느꼈다. 긍정적인 감정반응과 증가된 소유의식이 결합되면서 참석자들이 머그잔과 슬링키 장난감에 대해 느끼는 가치 또한 높아졌다. 만지지 못하게 한 그룹과 비교했을 때 일반적으로 30퍼센트 이상 가치를 높게 평가했다. 고객들에게 상품을 만질 수 있는 기회를 준 것 이외에는 별다른 차이가 없었는데, 사소한 변화치고는 상당히 의미 있는 결과의 차이를 나타낸 것이다. 흥미로운 것은 구매자가 아닌 판매자에게서도 유사한 패턴을 발견했다는 점이다. 판매자는 자신이 만지지 않은 것보다 만진 물건에 더 높은 가격을 제시했다.

이 연구는 몇 가지 점에서 중요하다. 소비자라면 자신의 판단과 결정에 영향을 미치는 요소를 이해하고 인지해야 한다. 만약 상점 주인이 물건을 만지고 잡아보라고 한다면 고객이 느끼는 물건의 가치가 자동적으로 올라갈 것이다.

이와 비슷하게 잠재 고객으로 하여금 제품과 좀 더 가까운 유대감을 느끼게 하려는 판매자는 고객이 제품을 만질 수 있도록 하는 작은 변화만으로 큰 차이를 만들어낼 수 있다. 예를 들어 페이퍼 메이트 볼펜의 포장에는 살짝 도려낸 부분이 있어서 고객들이 펜을 만져볼 수 있게 하고 있다. 그 덕에 소비자들은 펜의 느낌이 어떤지 확인할 수 있고 제품의 가치는 높아진다.

슈퍼마켓과 상점도 접촉을 통해 가치를 높이는 혜택을 볼 수 있다. 어떤 상점은 누구나 이해할 만한 위생상의 이유로 과일이나 야채, 빵 등을 만지는 소비자들에게 얼굴을 찌푸린다. 하지만 어차피 일부분은 상해서 버려지는 것을 고려할 때 이 음식 재료들을 만져볼 수 있게 하면 결국 이익을 높일 수 있다.

필기구, 복숭아, 호밀식빵 등 일상적인 물건 외에도 접촉을 활용한 미묘하면서도 강력한 설득력은 인쇄물의 경우에도 가치를 높일 수 있다. 상사에게 보고서를 제출하거나 잠재 고객에게 입찰 제안서를 제출할 때도 이메일을 통해서 파일로 보내는 것보다 인쇄해 직접 건네보자. 강연자나 워크숍 진행자, 기업의 트레이너들에게는 테이블 위에 강연 자료를 놓아두기보다 사람들이 강연장에 들어올 때 참여자들에게 직접 자료를 건네라고 조언하고 싶다. 컨퍼런스나 컨벤션 회의 등에서 스폰서 기업이 나눠주는 선물이나 과자 등의 가치를 높이고 싶다면 회의나 이벤트 매니저들은 종이봉투에서 선물을 꺼내 개별적으로 주는 방식을 고려할 수 있다. 이렇게 함으로써 선물의 가치를 높일 뿐 아니라 봉투 안에서 선물이 머물다 시들해질 기회를 막을 수 있다.

하지만 제품을 구매하기 전에는 만질 수 없는 상황이라면 어떻게 해야 할까? 점점 더 많은 사람들이 온라인에서 제품을 구매하는 환경에서는 구매한 제품이 도착하기 전에는 제품을 만져볼 수 없는 잠재 소비자가 많다. 그럼 영화 〈스타트렉〉에서나 나올 법하게 구글이 온라인을 통해 제품을 전달하는 시스템을 발명할 때까지 아무런 접촉을 못하는 것일까? 그렇지 않다.

펙과 슈는 연구를 통해 만약 물건을 직접 만질 수 없는 경우에는 다른 스몰 빅 과정이 효과적일 수 있다는 점을 발견했다. 고객에게 제품을 만지고 있다고 상상해보라고 요청하면 사람들은 그 제품이 자기 것이라고 생각할 가능성이 높아지고, 따라서 가치도 더 높아지게 된다.

하지만 이 연구의 예외 조항 또한 중요하다. 펙과 슈에 따르면, 소비자들에게 제품을 만지게 하는 것은 제품이 중립적이거나 소비자들이 만져보고 싶어 하는 경우에만 효과를 볼 수 있다.

52
최고의 것은 마지막을 위해,
스몰 빅이 어떤 차이를 만들 수 있을까?

◆

◆

첫인상은 중요하다. 하지만 팝스타나 영화감독들이 말해주듯 결국 마지막에 일어나는 일 역시 중요하다. 비즈니스에서 거래를 마무리할 때나 휴가 마지막 날에 무엇을 할지 등 사람들 사이의 관계가 끝나는 시점에 신경을 쓰거나 미묘한 차이를 만들면 고객의 만족도 점수, 계속 새로운 비즈니스를 얻거나 고객 충성도를 이끌어낼지의 여부, 심지어 다음 휴가를 얼마나 즐길 수 있을지 등에도 엄청난 영향을 미친다.

이런 상황을 한번 상상해보자. 병원에서 일상적이긴 하지만 불편한 의료 절차를 밟고 진료실을 나서려는데 누군가 다가와 얼마나 힘들었는지 그리고 얼마나 다음 검사를 기대하는지 묻는다. 반대로 훨씬 더 즐거운 상황을 상상해보자. 방금 휴가에서 돌아왔는데 휴가가 얼마나 즐거웠는지, 다음 휴가가 얼마나 기대되는지 묻는다.

이 질문에 답변한 대부분의 사람은 두 가지에 영향을 받아 응답할 것이다. 병원 검진 시 고통, 휴가 때 느낀 기쁨처럼 강렬함이 최고조에 달했던 순간 그리고 그 경험의 최종 순간이 그 두 가지다. 이 현상을 처음 연구했던 연구자들은 이를 두고 '피크엔드 효과peak-end effect'라고 불렀다.

놀랍게도 이외의 순간에 느끼는 감정은 우리가 생각하는 것만큼 중요하지 않다. 더 나아가 경험에 대한 전반적인 평가는 지속 기간 경시duration neglect에 영향을 받는다. 이는 어떤 경험이 얼마나 오래 지속되는지에 대해 신경을 덜 쓰게 되고, 경우에 따라 그 기간을 완전히 무시한다는 것이다.

노벨상 수상자인 대니얼 카너먼Daniel Kahneman과 의사 도날드 리델마이어Donald Redelmeier가 수행한 고전적 연구가 훌륭하게 보여주듯이 고통스러운 의료 검사(결장경 검사)를 거친 환자들이 후에 기억하는 것은 불편함이 절정에 도달한 순간과 검사의 마지막 순간이 얼마나 고통스러웠는가와 관련 있다.

피크엔드 효과는 왜 팝스타들이 가장 인기 있는 노래를 콘서트의 마지막에 부르는지 설명해준다. 기껏 식사를 즐겁게 한 마지막 순간에 종업원이 불친절하게 굴면 전체 기억을 완전히 망치게 되는지 설명해준다. 또한 절대 끝나지 않을 것처럼 지루했던 지난주의 회의를 떠올려보라. 되돌아보면 지금은 그 회의가 그리 길지 않았던 것처럼 느껴질 것이다. 지속 기간 경시가 효과를 발휘하고 있는 것이다.

우리가 어떤 경험을 기억할 때 지속되는 기간보다 최고조와 최근의 느낌이 마음속 깊이 새겨지는 것을 고려한다면, 우리가 기억을 기반으로 어떤 경험에 대한 느낌을 결정하는 것은 완벽하지 못하다. 하지만 기억의 길잡이가 불완전할지라도 여전히 미래의 의사 결정에 엄청난 영향력을 행사할 수 있다. 따라서 다른 사람들과 미래에 협력하고 싶거나 고객의 충성도를 훨씬 더 높이고 싶거나 혹은 단순히 더 나은 피드백을 받고 싶다면, 모든 경험에 집중하려 할 수도 있겠지만 경험의 최고점을 증폭시키거나(혹은 최저점을 최소화하거나) 경험의 끝부분을 풍부하게 만들도록 작은 변화를 만드는 것이 바람직하다.

많은 사람이 초콜릿을 좋아하며 스위스 초콜릿을 세계 으뜸으로 여긴다. 최근 저자들 중 한 사람은 항공기에 탑승하면서 받은 스위스 초콜릿에 기분 좋아했다. 하지만 비행기에 탑승할 때만이 아니라 목적지에 도착해 비행기에서 내릴 때 탑승객들에게 초콜릿을 준다면, 이 작지만 현명한 행동의 효과가 더 증폭될 수 있지 않을까?

비슷한 맥락에서 일부 호텔은 투숙객들에게 필기구 용품이나 호텔 브랜드가 새겨진 목욕 제품 그리고 때로는 고급 병따개 등을 환영 선물로 제공한다. 이런 아이템들은 보통 호텔의 담당 매니저가 손님들에게 즐거운 투숙이 되길 바란다는 손으로 쓴 카드와 함께 제공된다. 만약 스몰 빅을 고민하는 호텔 매니저라면 체크인할 때 손으로 쓴 카드를 제공하고 체크아웃할 때 선물을 제공함으로써 두 가지 모두 최고의 효과를 얻을 수 있지 않을까?

웹 디자이너 역시 스몰 빅을 통해 혜택을 얻을 수 있다. 사이트 방문자들이 로그오프하고 떠날 때 멋진 그림이나 감사 노트를 팝업창 등으로 띄워 피크엔드 효과를 활용할 수 있다. 혹은 온라인 구매 사이트의 경우 놀랄 만한 정보나 미래에 쓸 수 있는 쿠폰을 배치할 수 있다. 간호사들은 백신을 맞는 아이들에게(일부 어른들도 해당될 것이다) 용감하게 주사를 맞은 보상으로 사탕이나 스티커를 줄 수 있다. 많은 병원이나 보건소에서 이 효과를 염두에 둔 것은 아닐지 몰라도 이미 이런 것들을 실천하고 있다.

대화나 경험의 말미에 이처럼 스몰 빅을 강조하는 것은 여행이나 서비스업과 같은 분야에만 제한될 필요가 없다. 공공 분야에서도 적용할 수 있다. 예를 들어 병원에서 치료 과정에 대해 매우 만족한(그리고 비싼) 경험을 한 환자들의 기억이 병원을 떠날 때의 마지막 경험, 즉 주차관리인에게 비싼 주차비를 내는 것으로 좋았던 기억이 꺾일 수 있다.

만약 병원이 주차비를 받지 않거나 불과 몇 달러라도 할인해준다면 병원을 떠나면서 마지막으로 긍정적인 느낌을 가질 수 있고, 결국 환자들이 친구나 이웃들에게 전체 경험에 대해 이야기할 때 큰 도움이 될 수 있다. 논란이 있을 수 있지만, 교도소에 수감돼 있던 수감자가 석방되기 전에는 보통 가장 편안한 나날을 보낸다. 그런데 만약 그들이 선고 받은 형과 관련해 가장 고통스러운 부분을 경험하게 된다면 다시 범죄를 저지를 가능성이 줄어들 수도 있다.

사람들의 이전 경험에 대한 기억이 지속 기간 경시 현상에 영향을 받는다는 연구 결과는 고객이 쓰는 기존 제품을 다른 제품으로 바꾸기 위해 영업사원이나 마케터들이 흔히 쓰는 전략에 작은 변화를 줄 수 있다. 잠재 고객이 기존 제품을 사용할 경우 경험할 수 있는 불편한 점을 말할 때, 그런 문제 때문에 시간을 낭비할 수 있다는 것을 보여주는 데 신경 쓰기보다 문제가 발생했을 경우 소비자가 경험할 고통의 강도에 집중해 설명하는 것이 더 낫다.

이처럼 경험을 평가할 때 피크엔드 효과가 만들어내는 영향력을 이해하면 큰 효과로 이어지는 작은 변화를 만들어낼 수 있다. 만약 당신이 다음 휴가에 멋진 추억을 만들고 싶다면 예산을 짧은 여행이나 당일 여행에 조금씩 배분하기보다 큼직한 예산을 마지막 경험을 포함해 두 가지의 멋진 경험을 만드는 데 배분하는 것이 좋다. 예를 들어 항공사 마일리지 혜택을 여행을 떠났다 돌아오는 길에 사용해 좌석 업그레이드를 하는 것이다.

비즈니스 분야 작가들은 독자들이 긍정적 기억을 갖도록 저서의 마지막 부분에 특별히 신경을 써서 아마존에서의 긍정적인 독자 리뷰와 친구나 동료들에게 추천받을 가능성을 높일 수 있다. 이제 스몰 빅의 52개 장의 마지막 부분에 이르렀다. 여기에 보너스 장을 포함시켰는데, 당신이 이 책에서 가장 좋아하는 장과 함께 합쳐졌을 때 당신이 피크엔드 효과를 경험하게 만들 수 있을 것이라고 생각한다.

스몰 빅 : 보너스

이 책을 쓴 목적은 설득이라는 도구상자에 추가할 수 있는 다양한 스몰 빅을 소개하는 것이었다. 최근 설득의 과학으로부터 나온 작은 변화들은 사업가부터 의료계 종사자들, 정치인부터 부모들까지 누구라도 다른 사람들을 설득하거나 커뮤니케이션할 때 큰 차이를 만들어내는 데 사용할 수 있다.

우리가 제시한 쉰두 가지의 스몰 빅은 심리적 작동 방식이나 가장 성공적으로 쓰일 수 있는 맥락, 상황 등 어떤 면에서는 서로 다르지만 한 가지 중요한 유사성을 갖고 있다. 책임감 있게 올바른 맥락에서 사용한다면 각각의 도구는 다른 사람들에게 영향력을 행사하는 데 큰 도움이 된다는 것이다.

하지만 스몰 빅을 윤리적이고 적절한 상황에서 사용할 때 큰 차이를 만들어낸다는 말에 또 하나의 질문이 이어질 수 있다. 여러 개의 스몰 빅을 연이어서 혹은 함께 사용할 경우 어느 정도까지 훌륭한 결과를 얻을 수 있을까? 영향력을 행사하려고 할 때 되도록 많은 스몰 빅 전략을 사용하면 설득 노력이 훨씬 더 생산적일 수 있을까?

항상 그런 것은 아니다. 집에서 어느 한 곳을 수리할 때 도구상자에 들어 있는 모든 도구를 사용하는 것이 아니듯 한꺼번에 여러 가지 설득 도구를 사용하면 오히려 효과 달성이 더 어려워질 수 있다. 몇몇 전략을 결합해 사용하면 효과를 낼 수 있다는 증거가 나오고 있지만, 하나의 전략이 다른 전략의 효과를 상쇄시키고 아무런 전략을 쓰지 않았을 때보다 오히려 더 나쁜 결과로 이어질 수 있다는 증거도 있다. 이런 사례를 몇 가지 살펴보자.

8장을 잠시 떠올려보자. 의료기관 매니저가 예약 전화를 끊기 전에 환자들이 직접 약속 시간을 스스로 확인하도록 만들어 예약 시간에 나타나지 않는 환자를 줄인 연구를 소개했다. 두 번째 연구에서 리셉션 담당자가 환자의 예약 카드에 날짜를 적는 대신 환자가 직접 적도록 함으로써 예약 시간에 나타나지 않는 비율을 18퍼센트 더 낮추는 효과가 있었음을 기억해주기 바란다. 또 다른 전략도 실험해봤다. 몇 달에 걸쳐 진료 예약을 지키지 않은 환자 숫자를 크게 적어놓던 것을 사회적 증거 원칙을 활용해 제시간에 맞춰 온 환자의 숫자로 바꿨다. 이 세 가지 스몰 빅 전략을 함께 사용했을 때 진료 예약을 어긴 환자의 비율이 31.4퍼센트나 떨어진 것으로 측정됐다. 혹시 다른 요소가 관련된 것은 아닐지 확인하기 위해 이 세 가지 변화를 중단시켰더니 다시 진료 예약을 지키지 않은 환자의 비율이 급속히 올라갔다. 다시 세 가지 작은 변화를 조합해 실시하자마자 약속을 지키지 않은 환자 비율이 평균 30퍼센트 떨어졌으며, 이렇게 함으로써 몇 가지 작은 변화의 조합이 더 큰 차이를 만들어낼 수 있음을 보여줬다.

여기까지는 설득 전략을 조합하는 시도가 괜찮아 보인다. 하지만 흥분하기 전에 항상 성공적인 것은 아니라는 점을 명심하자. 행동과학자 폴 돌란Paul Dolan, 로버트 메트컬프Robert Metcalfe가 실행한 훌륭한 연구를 살펴보자. 이웃 주민들보다 얼마나 에너지를 더 소비하고 있는지 각 가구에 알려주는 작은 변화가 큰 차이를 만들어낸다는 것을 발견했다. 그 후 몇 달 동안 살펴본 결과 각 가정의 에너지 소비량은 평균 6퍼센트가 줄어들었다.

에너지 소비를 줄일 경우 해당 가구에 100파운드(16만 원)의 보상금을 준다는 조건도 매우 효과적이었다. 주변 이웃과 달리 예외적으로 더 많은 에너지를 사용하고 있음을 확인한 사람들의 에너지 소비량이 줄어든 것과 유사한 정도로 줄었다.

하지만 이런 사회적 규범에 접근하는 방식과 보상금에 접근하는 방식을 합치면 어떻게 될까? 다행스럽게도 연구자들은 이 질문을 고려했고, 또 다른 세대들에게는 주변 이웃에 비해 그들이 얼마나 쓰는지에 대한 정보를 제공하는 동시에 만약 소비량을 줄일 경우 100파운드를 제공하겠다고 했다. 어떻게 됐을까?

이 전략은 소비량 감소에 어떠한 효과도 없었다. 처음에는 잘 이해되지 않았다. 수학에서는 '1'과 '1'을 더하면 '2'가 된다. 이 연구에서는 '1'과 '1'을 더했는데도 '1'보다 더 큰 결과가 나오지 않았다. 그 결과는 '0'이었다. 아무런 변화도, 어떤 의미도 없었다. 한 가지 성공적인 설득 전략이 역시 성공적인 또 다른 설득 전략을 상쇄시켰고, 차라리 아무엇도 하지 않았으면 사람들에게 통지문을 보낼 때 쓴 우표 값이라도 아낄 수 있었다.

도대체 무슨 일이 벌어진 걸까? 왜 어떤 설득 전략은 섞어서 사용할 때 잘 작동해 전체 결과를 향상시키는 반면 또 어떤 것은 제대로 작동하지 않는 것일까? 여기에는 세 가지 설명이 가능하다.

첫 번째로, 다면적인 메시지로 작동되는 잠재 동기가 서로 양립될 수 없기 때문이다. 예를 들어 에너지를 절약하도록 요청받을 때 개인적 이득(연구자들이 주는 100파운드)을 강조한 동기는 공동선(주변 이웃들에 의해 입증된)을 위해 희생하려는 동기와 양립하는 게 불가능하다고 느꼈을 수 있다. 따라서 강력하지만 서로 대립되는 두 동기가 서로 상쇄됐을 수 있다.

영향력을 행사하기 위해 설득력 있는 접근법을 몇 가지 조합할 때에는 서로 보완해 각각의 동기가 양립 가능한지를 살펴보는 것이 중요하다.

설득을 위해 여러 가지 접근 방식을 조합하는 시도가 때론 실패하는 두 번째 이유는 다른 사람에게 영향력을 미치기 위해 더 많은 설득 도구를 사용할수록 상대방의 관여가 줄어들기 때문이다. 예를 들어 일찍 퇴근하기 위해 상사를 설득하는 데 수많은 테크닉을 활용한 여섯 문단짜리 이메일보다 한 가지 전략을 사용한 한 줄짜리 이메일에 즉각 답변할 확률이 높다. 상사가 장문의 이메일을 다 읽을 시간이 없을 수도 있다. 상사는 이메일을 나중에 읽도록 미뤄두거나 이메일함에 가득찬 (아마도 더 짧고 분명한) 또 다른 급한 요청들 때문에 당신의 이메일을 잊어버릴 수도 있다. 마찬가지로 거주자들은 많은 테크닉을 적용한 장문의 에너지 사용 보고서나 혹은 이와 관련된 우편물들을 읽지 않거나 "나중에 읽지" 하고 미뤄둘 가능성이 있다.

적절한 조합이 제대로 먹히지 않는 세 번째 이유는 영향력 시도가 얼마나 명확한지와 관련 있다. 때로 몇 가지의 작은 변화가 조합될 때 이 전략들은 미묘한 변화가 아니라 더 크고 훨씬 더 명백한 설득 시도로 받아들여지면서 사람들의 저항을 불러일으킨다.

다니엘 페일러Daniel Feiler, 리 토스트Leigh Tost, 애덤 그랜트Adam Grant가 주립대학교 동문 8,000명에게 이메일로 기부 의사를 물어보는 실험을 진행했다. 수신자들 중 일부에게는 기부의 '자기중심적인' 이득을 강조한 메시지를 보냈다. "기부를 한 동문들은 큰 기쁨을 느꼈다고 말했다." 또 다른 이메일 수신자들에게는 이타적인 메시지를 사용했다. "기부 행위는 학생들, 교수들 그리고 교직원들의 삶에 변화를 줄 수 있는 기회입니다." 마지막 그룹에는 기부의 자기중심적인 이유와 이타적인 이유 모두를 강조한 메시지를 사용했다. 이 두 가지 메시지를 조합해 받은 그룹은 앞의 두 가지 중 한 가지 메시지 유형만 받은 그룹에 비해 기부할 의사가 절반에도 미치지 못하는 것으로 나타났다.

같은 연구자들이 진행한 또 다른 연구에서 참가자들이 메이크어위시 재단에 기부하도록 요청받았는데 두 가지 자기중심적인 이유, 두 가지 이타적인 이유 혹은 네 가지 모두를 합친 이유를 담아 요청 메시지를 보냈다. 여기에서도 네 가지 기부 이유를 들어 요청받은 그룹의 기부 의사가 현저히 낮았다. 후속 연구에서 그 이유가 무엇인지 명확히 드러났다. 사람들은 그 메시지들이 단지 설득을 위한 것이라고 받아들였다. 설득 커뮤니케이션을 시도할 때는 추가 이유나 정당성을 더하는 것이 오히려 저항을 불러오는 경우가 있다. 이는 결국 커뮤니케이션의 영향력을 훨씬 축소시킨다. 그렇다면 주장이나 설득을 하는 데 가장 긍정적인 인상을 만들어내는 최상의 숫자는 무엇일까?

이 중요한 질문에 답변하기 위해 행동과학자 수잔 슈와 커트 카슨 Kurt Carson이 진행한 연구를 보자. 슈와 카슨의 연구에서 참석자들은 6개 집단 중 하나에 배정됐고 시리얼, 레스토랑, 샴푸, 아이스크림 가게, 정치인 등 다섯 가지 다른 대상에 대한 서술을 읽도록 했다. 예를 들어 샴푸는 다음과 같이 소개됐다.

당신이 가장 좋아하는 잡지를 읽는 중에 새로운 샴푸 브랜드 광고 하나가 주의를 끌었다고 상상해보라. 이 새로운 제품을 시도해볼 가치가 있는지 알아보기 위해 광고를 주의 깊게 읽어보기로 했다. 광고는 새로운 샴푸가 다음과 같은 특징을 갖고 있다고 말한다.

〈   〉

이 〈   〉에 샴푸를 설명하는 소개문을 하나, 둘, 셋, 넷, 다섯 혹은 여섯 가지로 구분해 적었다. 참가자들은 "당신의 머리를 더 맑고, 강하고, 건강하고, 부드럽고, 더 빛나게, 더 풍성하게 만듭니다"라는 여섯 가지 주장 모두를 읽었다.

정치 광고에서는 여섯 가지 주장을 모두 담아 후보자가 '정직하고,

진실하고, 경험과 지성을 겸비하고, 대인관계가 좋고, 봉사하고자 하는 열망을 갖고 있다'고 소개했다.

참가자들은 광고를 보고 난 뒤 대상 제품이나 사람에 대해 긍정적인지 부정적인지 인상을 측정했다. 연구자들은 참가자의 회의적인 수준도 함께 측정했는데, 이 광고가 정보를 제공해주는 것이라기보다 특정 제품을 선택하도록 강요하는 주장이라고 생각하는 지점이 어디인지를 알고자 했다.

결과는 세 가지 주장을 읽은 사람들이 하나, 둘, 넷, 다섯, 여섯 가지 주장을 읽은 사람들에 비해 모든 광고의 주제(그 대상이 아침식사 대용 시리얼이든 정치인이든)에서 통계적으로도 의미 있는 수준이었고 대체로 긍정적이었다. 설득을 하며 주장의 근거를 더해가는 것은 3개까지에 한해 효과를 증대시키는 것으로 보인다. 하지만 이 선을 넘어가면 설득 시도가 회의론을 증가시키며 전반적으로 저항감을 높인다.

따라서 가장 긍정적인 인상을 만들어내기 위해 필요한 최상의 근거는 몇 개냐는 질문에 대한 답은 '3개'라고 할 수 있다.

슈와 카슨도 간단명료하게 결론을 내렸다.

"3개는 매혹적이지만 4개는 의심하게 만든다."

완벽하게 윤리적인 방식으로 이런 전략을 사용하고 조합하더라도 설득적인 주장이나 전술을 너무 많이 사용하면 영향력을 발휘하려는 상대가 당신이 윤리적인지 의문을 품을 위험이 있다.

다른 사람들이 생각하고 느끼고 행동하는 방식에 영향을 주려 할 때 작은 변화를 통해 큰 차이를 만들 수 있는 이유는 그것이 사소하고 작은 변화이기 때문이다. 이런 변화는 레이더망 아래로 피해 날아다닌다. 이런 변화에 의심이나 주의를 기울이는 사람은 적다. 대신 이런 변화는 거의 자동적이고 무의식적인 방법으로 조용하게 결정을 내리게 하고 우리의 행위에 영향을 미친다. 더 큰 것이 종종 더 낫다는 이 시대에 우리는 윤리적인 영향력의 도구로 가득 찬 도구상자를 제공했다는 점뿐만 아니라 이 도구들이 아주 작고 사소해서 사람들이 거의 눈치채지 못한다는 점을 특히 기쁘게 생각한다. 그런 점에서 영향력과 관련해서는 사소하고 작은 것이 새로운 '빅'인 것이다.

감사의 글

 '아이 하나를 키우기 위해서는 온 마을 사람들이 필요하다'는 속담이 있다. 책 한 권을 키우는 것도 똑같다고 생각한다. 우리의 감사 인사를 받아야 할 사람이 많다.

 영향력과 설득의 과학과 실행을 연구한 우리 저자들은 설득 과정에 대한 지식과 교훈이 시사하는 바를 발전시키기 위해 끊임없이 노력하는 헌신적이고 훌륭한 연구자가 세상에 가득하다는 점을 엄청난 행운으로 느낀다. 이런 연구자 모두에게 감사의 인사를 보내며, 특히 이 책에서 우리가 참조한 연구와 인사이트를 제공한 사람들에게 감사한다.

 추가로 키스 앤더슨, 수라 바시, 루퍼트 던바 리스, 폴 돌란, 버니 골드스타인 그리고 제임스 니콜스 등 이번 작업에 영향을 끼친 모든 사람에게 감사를 전하고 싶다.

 우리가 쓴 각 장의 초고를 흔쾌히 읽어주고 거기에 담긴 통찰을 실제 상황에 어떻게 적용할 수 있을지 아이디어를 제공한 사람들과 교류할 수 있었다는 점을 행운으로 생각한다. 롭 빌랙키, 나탈리 브릿, 션 버크랜드, 에일리 코놀리, 엠마 로스 허스트, 벤자민 카우베, 그레고르 맥퍼슨, 스티브 몬드, 존 빈센트 그리고 제임스 웨스트에게 감사한다.

또한 에일리 벤더미어, 사라 토빗을 포함해 인플루언스 앳 워크의 미국과 영국 오피스의 직원들은 물론 출판사인 뉴욕의 비즈니스 플러스/그랜드 센트럴과 런던의 프로파일 북스의 모든 직원에게 감사하고 싶다. 특별히 편집자인 릭 월프와 다니엘 크루에게 감사하며 이들의 지원과 격려, 통찰은 우리에게 매우 큰 도움이 됐다.

특별히 감사 인사를 전하고 싶은 세 사람이 있다. 다니카 길레스는 연구원으로서 사실을 확인하고 또 확인하기 위해 지칠 줄 모르고 일했다. "다니카, 당신의 지원과 도움에 감사합니다. 당신은 스타였습니다!"

처음부터 우리의 에이전트인 르바인 그린버그 사의 짐 르바인은 즐겁게 일할 수 있는 상대였다. "짐, 당신과 팀원들은 파트너십이 무엇인지 보여주는 최고의 사례였습니다. 정말 고맙습니다."

보벳 고든은 통찰력과 끝없는 에너지 그리고 노력으로 이 책의 보이지 않는 영웅이 돼줬다.

마지막으로 사랑하는 사람들과 가족들이 보내준 지지와 사랑에 감사한다.

주석

1   놀랍게도 연구자들이 최근 '파도타기'에 대해 연구했는데, 경기장에서 행해지는 운동 종목이나 관중의 문화적 근원과 상관없이 눈에 띄는 일관적인 행태가 드러났다. 예를 들어 헝가리 부다페스트에 있는 외트뵈시 대학교의 연구에 따르면, 대부분의 경우 경기장의 파도는 시계 방향으로 돌게 되고 넓이는 15열 정도, 속도는 초당 12미터 정도라고 한다. 파도타기를 시작하려면 몇 명 정도가 필요할까? 이 연구 자료에 따르면, 12명 안팎이라고 한다.

2   오랫동안 인기를 끈 이 프로그램 중 사람들이 가장 재미있어한 것은 다음 질문에 남편이 어떻게 대답할지 아내에게 추측해보라고 했을 때였다. "두 사람이 사랑을 나누고 싶어 했던 가장 이상한 곳은?"이라는 질문에 남편의 대답은 "자동차 안"이었는데 아내는 "엉덩이에다"라고 대답했다. 당연히 이 장면은 당시 프로그램에 나가지 못했고, 훗날 미공개 장면을 모은 영상으로 소개됐다.

3   대부분의 영미권 나라에서 '페니'는 가장 작은 통화 단위다. '떨어진 동전을 주우면 하루 종일 재수가 좋다'는 옛 속담을 떠올리며 떨어진 동전을 줍는 것이 시간과 노력을 들일 만한 일일까 생각할 것이다. 경제학자들은 이런 사실에 대해 연구했고 명확한 대답을 얻었다. 그만큼의 시간과 노력을 들일 가치가 없다는 것이다. 동전 한 닢이 행운을 가져다준다는 말을 지지할 증거도 없었다. 하지만 그 결정은 과학자들에게 넘기고 이 옛날 속담에 대해서는 스스로 판단하는 것이 나을 듯하다.

4   연구자들이 분명하게 실험한 것은 아니지만, 고객들은 이 레스토랑이 5성급이었다면 더 높은 숙박비를 지불했을 것이다. 나머지 조건은 모두 동일했기 때문이다.

5   일반 대중을 상대로 하는 캠페인의 한 부분으로 가짜 리뷰를 등장시키는 것을 '인조잔디 깔기astro-turfing'라고 부르기도 하는데, 이는 1980년대 스포츠 시설에 사용되던 인조잔디 상표에서 나온 용어다.

참고자료

서문

The no-shows in health centers study can be found in: Martin, S. J., Bassi, S., & Dunbar-Rees, R. (2012). Commitments, norms and custard creams − a social influence approach to reducing did not attends (DNAs). Journal of the Royal Society of Medicine 105(3), 101-104. doi:10.1258/jrsm.2011.110250

The full reference for Robert Cialdini's book is: Cialdini, R. B. (2009). Influence: Science and Practice (5th ed.). Boston: Allyn & Bacon.

The full reference for the book Yes! is: Goldstein, N. J., Martin, S. J., & Cialdini, R. B. (2008). Yes! 50 Scientifically Proven Ways to Be Persuasive. New York: Free Press.

01 사람들이 제때 세금을 내도록 설득한 스몰 빅은 무엇일까?

For more details on the tax letter study, see: Martin, S. J. (2012). 98 percent of HBR readers love this article. Harvard Business Review 90, 23-25.

For a review of compliance and conformity research in light of the three fundamental human motivations described, see: Cialdini, R. B., Goldstein, N. J. (2004). Social influence: Compliance and conformity. Annual Review of Psychology 55, 591-621. doi:10.1146/annurev.psych.55.090902.142015

The household energy conservation study can be found in: Schultz, P. W., Nolan, J. M., Cialdini, R. B., Goldstein, N. J., & Griskevicius, V. (2007). The constructive, destructive, and reconstructive power of social norms. Psychological Science 18(5), 429-434. doi:10.1111/j.1467-9280.2007.01917.x

The account of commuters giving money to a musician can be found in: Cialdini, R. B. (2007). Descriptive social norms as underappreciated sources of social control. Psychometrika 72(2), 263-268.

Following on from our initial HMRC work, a comprehensive series of studies has been conducted by HMRC and the UK government. For more, see Hallsworth, M., List, J. A.,

Metcalfe, R. D., & Vlaev, I. (2014). The behavioralist as tax collector: Using natural field experiments to enhance tax compliance. National Bureau of Economic Research working paper no. 20007.

02 대중의 뜻을 거스르도록 설득하는 스몰 빅은 무엇일까?

Asch's original conformity studies can be found in: Asch, S. E. (1951). Effects of group pressure upon the modification and distortion of judgments. Groups, Leadership, and Men, 222-236.

The research on Mexican waves can be found in: Farkas, I., Helbing, D., & Vicsek, T. (2002). Mexican waves in an excitable medium. Nature 419(6903), 131-132. doi:10.1038/419131a

The brain-imaging studies on conformity can be found in: Berns, G. S., Chappelow, J., Zink, C. F., Pagnoni, G., Martin-Skurski, M. E., & Richards, J. (2005). Neurobiological correlates of social conformity and independence during mental rotation. Biological Psychiatry 58(3), 245-253.

For an in-depth review of the digital, technology, and analytics operations of President Barack Obama's reelection campaign, visit Inside the Cave at: http://enga.ge/projects/inside-the-cave/.

For a more detailed history of persuasion strategies applied to political campaigns, see Issenberg, S. (2012). The Victory Lab: The Secret Science of Winning Campaigns. New York: Crown Books. It is well worth a read.

The study investigating people's divergence from out-group choices can be found in: Berger, J., & Heath, C. (2008). Who drives divergence? Identity signaling, outgroup dissimilarity, and the abandonment of cultural tastes. Journal of Personality and Social Psychology 95(3), 593.

03 메시지 프레임에 큰 차이를 가져오는 스몰 빅은 무엇일까?

The "sneezy" study can be found in: Blanton, H., Stuart, A. E., & Van den Eijnden, R. J. J. M. (2001). An introduction to devianceregulation theory: The effect of behavioral norms on message framing. Personality and Social Psychology Bulletin 27(7), 848-858. doi:10.1177/0146167201277007

The healthy practices study can be found in: Blanton, H., Van den Eijnden, R. J. J. M., Buunk, B. P., Gibbons, F. X., Gerrard, M., & Bakker, A. (2001). Accentuate the negative: Social images in the prediction and promotion of condom use. Journal of Applied Social

Psychology 31(2), 274-295. doi:10.1111/j.1559-1816.2001.tb00197.x

04 잘못된 행동을 바로잡는 데 도움이 되는 스몰 빅은 무엇일까?

For more on James Wilson's and George Kelling's work on the broken-window theory, see: Wilson, J., & Kelling, G. (1982). Broken windows. Atlantic Monthly 249(3), 29-38.

The bicycle littering study, the fence study, and the mailbox study can all be found in: Keizer, K., Lindenberg, S., & Steg, L. (2008). The spreading of disorder. Science 322(5908), 1681-1685. doi:10.1126/science.1161405

The research on the encouragement of desirable behaviors can be found in: Keizer, K., Lindenberg, S., & Steg, L. (2013). The importance of demonstratively restoring order. PLOS ONE 8(6). e65137. doi:10.1371/journal.pone.0065137

The littering reduction study can be found in: Cialdini, R. B., Reno, R. R., & Kallgren, C. A. (1990). A focus theory of normative conduct: Recycling the concept of norms to reduce littering in public places. Journal of Personality and Social Psychology 58(6), 1015.

05 '이름'에서 발견할 수 있는 스몰 빅은 무엇일까?

For the hurricane donation study, see: Chandler, J., Griffin, T. M., & Sorensen, N. (2008). In the "I" of the storm: Shared initials increase disaster donations. Judgement and Decision Making 3(5), 404-410.

The full reference for Drunk Tank Pink is: Alter, A. L. (2013). Drunk Tank Pink: And Other Unexpected Forces That Shape How We Think, Feel, and Behave. New York: Penguin.

For more on the Cocktail Party Phenomenon, see: Conway, A. R. A., Cowan, N., & Bunting, M. F. (2001). The cocktail party phenomenon revisited: The importance of working memory capacity. Psychonomic Bulletin & Review 8(2), 331-335.

The favorite letters study can be found in: Nuttin, J. (1985). Narcissism beyond Gestalt and awareness: The name letter effect. European Journal of Social Psychology 15, 353-361.

The finding that including a recipient's first name in SMS text messages can reduce subsequent no-shows is currently unpublished and part of a broader Demand and Capacity experiment conducted with a team of British physicians and the management consulting firm BDO. http://www.bdo.co.uk/.

For the study that examined the effect of sending a text message requesting payment of a fine that included the offender's first name, see: Behavioural Insights Team (2012). Applying Behavioural Insights to Reduce Fraud, Error and Debt. London: Cabinet Office.

06 관계와 파트너십, 팀워크를 키우는 스몰 빅은 무엇일까?

The soccer fans study can be found in: Levine, M., Prosser, A., & Evans, D. (2005). Identity and emergency intervention: How social group membership and inclusiveness of group boundaries shape helping behavior. Personality and Social Psychology Bulletin 31(4), 443-453.

The full reference for Give and Take is: Grant, A. (2013). Give and Take − A Revolutionary Approach to Success. New York: Viking.

07 우리가 현명해지는 데 스몰 빅은 어떤 도움을 주는가?

You can find the preference predictions study in: Scheibehenne, B., Mata, J., & Todd, P. M. (2011). Older but not wiser − Predicting a partner's preferences gets worse with age. Journal of Consumer Psychology 21(2), 184-191. doi:10.1016/j.jcps.2010.08.001

08 스몰 빅을 활용해 약속을 지키도록 하는 방법은 없을까?

The data source of the overall cost to the UK health department caused by no-shows is: BBC News. (2009, August). "No shows" cost the NHS millions. http://news.bbc.co.uk/1/hi/health/8195255.stm.

The beach theft study can be found in: Moriarty, T. (1975). Crime, commitment, and the responsive bystander: Two field experiments. Journal of Personality and Social Psychology 31(2), 370-376. doi:10.1037/h0076288

The studies examining reduction of no-shows can be found in: Martin, S. J., Bassi, S., & Dunbar-Rees, R. (2012). Commitments, norms and custard creams − A social influence approach to reducing did not attends (DNAs). Journal of the Royal Society of Medicine 105(3), 101-104. doi:10.1258/jrsm.2011.110250

09 영향력을 행사하는 데 스몰 빅은 어떤 도움을 줄 수 있을까?

For the full reference for our book Yes!, see research notes to the Introduction.

For the hotel towel study, see: Goldstein, N. J., Cialdini, R. B., & Griskevicius, V. (2008).

A room with a viewpoint: Using social norms to motivate environmental conservation in hotels. Journal of Consumer Research 35(3), 472-482. doi:10.1086/586910

The study investigating commitment related to environmental protection in hotels can be found in: Baca-Motes, K., Brown, A., Gneezy, A., Keenan, E. A., & Nelson, L. D. (2013). Commitment and behavior change: Evidence from the field. Journal of Consumer Research 39(5), 1070-1084. doi:10.1086/667226

10 역효과 없이 영향력을 발휘하는 스몰 빅에는 어떤 것이 있을까?

The licensing effect studies can be found in: Catlin, J. R., & Wang, Y. (2013). Recycling gone bad: When the option to recycle increases resource consumption. Journal of Consumer Psychology 23(1), 122-127. doi:10.1016/j.jcps.2012.04.001

11 직원의 생산성을 높이려면 어떤 스몰 빅을 더해야 할까?

For the task significance study, see: Grant, A. M. (2008). The significance of task significance: Job performance effects, relational mechanisms, and boundary conditions. The Journal of Applied Psychology 93(1), 108-124. doi:10.1037/0021-9010.93.1.108

12 성공적인 의사 결정을 위해 피해야 하는 스몰 빅은 무엇일까?

The vicarious entrapment studies can be found in: Gunia, B. C., Sivanathan, N., & Galinsky, A. D. (2009). Vicarious entrapment: Your sunk costs, my escalation of commitment. Journal of Experimental Social Psychology 45(6), 1238-1244. doi:10.1016/j.jesp.2009.07.004

The study that demonstrates how assigning others to judge can minimize self-enhancement bias can be found in: Pfeffer, J., Cialdini, R. B., Hanna, B., & Knopoff, K. (1998). Faith in supervision and selfenhancement bias. Two psychological reasons why managers don't empower workers. Basic and Applied Social Psychology 20, 313-321.

13 설득을 준비하는 데 중요한 역할을 하는 스몰 빅은 무엇일까?

For the voting study, see: Nickerson, D. W., & Rogers, T. (2010). Do you have a voting plan?: Implementation intentions, voter turnout, and organic plan making. Psychological Science 21(2), 194-199. doi:10.1177/0956797609359326

The Behavioural Insight Team job center study will be the subject of a future published report. The data can be accessed at http://blogs.cabinetoffice.gov.uk/behavioural-insights-team/2012/12/14/new-bit-trial-results-helping-people-back-into-work/.

For the flu vaccination study, see: Milkman, K. L., Beshears, J., Choi, J. J., Laibson D., & Madrian, B. C. (2011). Using implementation intentions prompts to enhance influenza vaccination rates. Proceedings of the National Academy of Sciences 108, 10415-10420.

14 설득으로 상대를 고정시키는 스몰 빅은 무엇일까?

The research investigating how people think about events that occur in the future can be found in: Trope, Y., & Liberman, N. (2003). Temporal construal. Psychological Review 110(3), 403.

A broader discussion of how people think and feel about the future can be found in the excellent Wilson, T. D., & Gilbert, D. T. (2003). Affective forecasting. Advances in Experimental Social Psychology 35, 345-411.

For the "future lock-in" commitment strategy study, see: Rogers, T., & Bazerman, M. H. (2008). Future lock-in: Future implementation increases selection of "should" choices. Organizational Behavior and Human Decision Processes 106(1), 1-20. doi:10.1016/j.obhdp.2007.08.001

You can read more about the "Save More Tomorrow" program in: Thaler, R., & Benartzi, S. (2004). Save more tomorrowTM: Using behavioral economics to increase employee saving. Journal of Political Economy 112(1), S164-S187.

15 스스로 행동하는 데 스몰 빅을 어떻게 활용할 수 있을까?

The savings for retirement study can be found in: Bryan, C. J., & Hershfield, H. E. (2012). You owe it to yourself: Boosting retirement saving with a responsibility-based appeal. Journal of Experimental Psychology: General 141(3), 429.

The age-progression studies can be found in: Hershfield, H. E., Goldstein, D. G., Sharpe, W. F., Fox, J., Yeykelis, L., Carstensen, L. L., & Bailenson, J. N. (2011). Increasing saving behavior through age-progressed renderings of the future self. Journal of Marketing Research 48(SPL), S23-S37.

The impact of reminding people that although they may change their core identity remains the same can be found in: Bartels, D. M., & Urminsky, O. (2011). On inter-temporal selfishness: How the perceived instability of identity underlies impatient consumption.

Journal of Consumer Research 38(1), 182-198.

16 사람들에게 일의 목적을 상기시키는 스몰 빅은 무엇일까?

The high-low versus specific goal experiments can be found in: Scott, M. L., & Nowlis, S. M. (2013). The effect of goal specificity on consumer goal reengagement. Journal of Consumer Research 40(3), 444-459.

More on the factors that persuade people to pursue goals can be found in: Oettingen, G., Bulgarella, C., Henderson, M., & Gollwitzer, P. M. (2004), The self-regulation of goal pursuit. In R. A. Wright, J. Greenberg, and S. S. Brehm (Eds). Motivational Analyses of Social Behavior: Building on Jack Brehm's Contributions to Psychology. Mahwah, NJ: Erlbaum, 225-244.

17 효과적인 디폴트 옵션을 만드는 스몰 빅은 무엇일까?

For the research on Enhanced Active Choice, see: Keller, P., Harlam, B., Loewenstein, G., & Volpp, K. G. (2011). Enhanced active choice: A new method to motivate behavior change. Journal of Consumer Psychology 21, 376-383.

18 미루고 지연하려는 경향을 줄여주는 스몰 빅은 무엇일까?

For the gift certificate studies, see: Shu, S., & Gneezy, A. (2010). Procrastination of enjoyable experiences. Journal of Marketing Research 47(5), 933-944.

The email invitations research can be found in: Porter, S. R., & Whitcomb, M. E. (2003). The impact of contact type on web survey response rates. Public Opinion Quarterly 67, 579-588.

19 고객을 매혹시키는 스몰 빅은 무엇일까?

The waiting-in-line research can be found in: Janakiraman, N., Meyer, R. J., & Hoch, S. J. (2011). The psychology of decisions to abandon waits for service. Journal of Marketing Research 48(6), 970-984.

20 가능성을 현실로 바꿔주는 스몰 빅은 무엇일까?

The potential versus achievement studies can be found in: Tormala, Z. L., Jia, J. S.,

& Norton, M. I. (2012). The preference for potential. Journal of Personality and Social Psychology 103(4), 567-583. doi:10.1037/a0029227

21 생산적인 회의를 가능하게 하는 스몰 빅은 무엇일까?

Titus and Stasser's research on group decision making can be found in: Stasser, G., & Titus, W. (1985). Pooling of unshared information in group decision making: Biased information sampling during discussion. Journal of Personality and Social Psychology 48(6), 1467-1478. doi:10.1037//0022-3514.48.6.1467

For the medical cases study, see: Larson, J. R., Christensen, C., Franz, T. M., & Abbott, S. (1998). Diagnosing groups: The pooling, management, and impact of shared and unshared case information in team-based medical decision making. Journal of Personality and Social Psychology 75(1), 93-108.

The full reference for The Checklist Manifesto is: Gawande, A. (2009). The Checklist Manifesto: How to Get Things Right. New York: Metropolitan Books.

The seating arrangements research can be found in: Zhu, R., & Argo, J. J. (2013). Exploring the impact of various shaped seating arrangements on persuasion. Journal of Consumer Research 40(2), 336-349. doi:10.1086/670392

22 옷 입기에서의 스몰 빅은 무엇일까?

For more on the powerful sway of the well-attired, see: Bickman, L. (1974). The social power of a uniform. Journal of Applied Social Psychology 4(1), 47-61.

The stethoscope research can be found in: Castledine, G. (1996). Nursing image: It is how you use your stethoscope that counts! British Journal of Nursing 5(14), 882.

For the jaywalker study, see: Lefkowitz, M., Blake, R. R., & Mouton, J. S. (1955). Status factors in pedestrain violation of traffic signals. Journal of Abnormal Psychology 51(3), 704-706.

23 팀을 전문가로 포지셔닝할 때 효과적인 스몰 빅은 무엇일까?

More about the "cognitive response model" can be found in: Greenwald, A. G. (1968). Cognitive learning, cognitive response to persuasion, and attitude change. Psychological Foundations of Attitudes 147-170.

For the brain-imaging studies, see: Engelmann, J. B., Capra, C. M., Noussair, C., & Berns, G. S. (2009). Expert financial advice neurobiologically "offloads" financial decision-making under risk. PLOS ONE 4(3), e4957. doi:10.1371/journal.pone.0004957

The doctor introduction intervention is currently unpublished and part of the same Demand and Capacity experiment mentioned in 5.

24 확신 없는 전문가에게 권한을 위임하는 스몰 빅은 무엇일까?

The studies on (un)certain experts can be found in: Karmarkar, U. R., & Tormala, Z. L. (2010). Believe me, I have no idea what I'm talking about: The effects of source certainty on consumer involvement and persuasion. Journal of Consumer Research 36(6), 1033-1049.

25 '위키스트 링크'를 방지해주는 스몰 빅은 무엇일까?

The Weakest Link and center-of-inattention research can be found in: Raghubir, P., & Valenzuela, A. (2006). Center-of-inattention: Position biases in decision-making. Organizational Behavior and Human Decision Processes 99(1), 66-80. doi:10.1016/j.obhdp.2005.06.001

For the chewing gum and related studies, see: Raghubir, P., & Valenzuela, A. (2009). Position based beliefs: The center stage effect. Journal of Consumer Psychology 19(2), 185-196.

26 창의적인 사고를 자극하고 격려하는 스몰 빅은 무엇일까?

The plate size study can be found in Van Ittersum, K., & Wansink, B. (2012). Plate size and color suggestibility: The Delboeuf Illusion's bias on serving and eating behavior. Journal of Consumer Research 39(2), 215-228.

The tipping study can be found in: McCall, M., & Belmont, H. J. (1996). Credit card insignia and restaurant tipping: Evidence for an associative link. Journal of Applied Psychology 81(5), 609.

The voting study can be found in: Berger, J., Meredith, M., & Wheeler, S. C. (2008). Contextual priming: Where people vote affects how they vote. Proceedings of the National Academy of Sciences 105(26), 8846-8849.

The ceiling height study can be found in: Meyers-Levy, J., & Zhu, R. (2007). The influence of ceiling height: The effect of priming on the type of processing that people use. Journal of

Consumer Research 34, 174-187.

27 장소의 변화로 협상 결과를 바꾸는 스몰 빅은 무엇일까?

For the home advantage study, see: Brown, G., & Baer, M. (2011). Location in negotiation: Is there a home field advantage? Organizational Behavior and Human Decision Processes 114(2), 190-200. doi:10.1016/j.obhdp.2010.10.004

Courneya, K. S., & Carron, A. V. (1992). The home field advantage in sports competitions: A literature review. Journal of Sport and Exercise Psychology 14, 13-27.

28 능력과 설득력을 동시에 개선하는 스몰 빅은 무엇일까?

The warm drink equals warm heart study can be found in: Williams, L. E., & Bargh, J. A. (2008). Experiencing physical warmth promotes interpersonal warmth. Science 322(5901), 606-607.

You can find the power priming research in: Lammers, J., Dubois, D., Rucker, D. D., & Galinsky, A. D. (2013). Power gets the job: Priming power improves interview outcomes. Journal of Experimental Social Psychology 49(4), 776-779. doi:10.1016/j.jesp.2013.02.008

The study showing that adopting a high-power physical posture can increase feelings of power can be found in: Carney, D. R., Cuddy, A. J. C., & Yap, A. J. (2010). Power posing: Brief nonverbal displays cause changes in neuroendocrine levels and risk tolerance. Psychological Science 21, 1363-1368.

29 당신이 필요로 하는 단 하나의 스몰 빅이 사랑인 이유는 무엇일까?

The study conducted with pedestrians can be found in: Fischer-Lokou, J., Lamy, L., & Guéguen, N. (2009). Induced cognitions of love and helpfulness to lost persons. Social Behavior and Personality 37, 1213-1220.

For the "donating=loving" study, see: Guéguen, N., & Lamy, L. (2011). The effect of the word "love" on compliance to a request for humanitarian aid: An evaluation in a field setting. Social Influence 6(4), 249-58. doi:10.1080/15534510.2011.627771

The heart-shaped plate study can be found in: Guéguen, N. (2013). Helping with all your heart: The effect of cardioid dishes on tipping behavior. Journal of Applied Social Psychology 43(8), 1745-9. doi:10.1111/jasp.12109

30 완벽한 선물을 찾아내는 데 도움이 되는 스몰 빅은 무엇일까?

The gift studies can be found in: Gino, F., & Flynn, F. J. (2011). Give them what they want: The benefits of explicitness in gift exchange. Journal of Experimental Social Psychology 47(5), 915-22. doi:10.1016/j.jesp.2011.03.015

31 교환할 때 큰 혜택을 안겨주는 스몰 빅은 무엇일까?

For the favor-doing research, see: Flynn, F. J. (2003). How much should I give and how often? The effects of generosity and frequency of favor exchange on social status and productivity. Academy of Management Journal 46(5), 539-53. doi:10.2307/30040648

32 어떻게 하면 감사의 표현을 통해 스몰 빅을 만들어낼 수 있을까?

The appreciation studies can be found in: Grant, A. M., & Gino, F. (2010). A little thanks goes a long way: Explaining why gratitude expressions motivate prosocial behavior. Journal of Personality and Social Psychology 98, 946-955.

33 창대한 결과의 씨앗이 될 수 있는 스몰 빅은 무엇일까?

For more on the British vicar and his "uncollection," see: http://www.bbc.co.uk/news/uk-22012215.

The restaurant-tipping study can be found in: Strohmetz, D. B., Rind, B., Fisher, R., & Lynn, M. (2002). Sweetening the till: The use of candy to increase restaurant tipping. Journal of Applied Social Psychology 32(2), 300-309.

The study showing how consumers react more favorably to unexpected coupons can be found in: Heilman, C. M., Nakamoto, K., & Rao, A. G. (2002). Pleasant surprises: Consumer response to unexpected in-store coupons. Journal of Marketing Research, 242-252.

34 원하는 도움을 얻게 해주는 스몰 빅은 무엇일까?

For the studies on asking for help, see: Flynn, F. J., & Lake, V. K. B. (2008). If you need help, just ask: Underestimating compliance with direct requests for help. Journal of Personality and Social Psychology 95(1), 128-143. doi:10.1037/0022-3514.95.1.128

The research showing that helpers tend to overestimate the likelihood that a requester will ask for help can be found in: Bohns, V. K., & Flynn, F. J. (2010). "Why didn't you just ask?"

Underestimating the discomfort of help-seeking. Journal of Experimental Social Psychology 46(2), 402-409.

35 협상에서 큰 차이를 만들어내는 스몰 빅은 무엇일까?

The research on making the first offer in negotiations can be found in: Galinsky, A., & Mussweiler, T. (2001). First offers as anchors: The role of perspective-taking and negotiator focus. Journal of Personality and Social Psychology 81(4), 657-669. doi:10.1037//OO22-3514.81.4.657

36 거래를 할 때 정확성은 스몰 빅이 될 수 있을까?

For the studies on precise offers, see: Mason, M. F., Lee, A. J., Wiley, E. A., & Ames, D. R. (2013). Precise offers are potent anchors: Conciliatory counteroffers and attributions of knowledge in negotiations. Journal of Experimental Social Psychology 49(4), 759-763. doi:10.1016/j.jesp.2013.02.012

37 숫자 끝자리를 바꾸는 스몰 빅은 무엇일까?

A nice review of the origins of odd and 99-cent price endings can be found in: Gendall, P., Holdershaw, J., & Garland, R. (1997). The effect of odd pricing on demand. European Journal of Marketing 31(11/12), 799-813.

For the research on .99 price endings, see: Gaston-Breton, C., & Duque, L. (2012). Promotional benefits of 99-ending prices: The moderating role of intuitive and analytical decision style. In Proceedings of the 41st Conference of the European Marketing Academy(EMAC). Lisbon, Portugal.

More information about the leveling-down effect can be found in: Stirving, M., & Winer, R. (1997). An empirical analysis of price ending with scanner data. Journal of Consumer Research 24, 57-67.

The pen study can be found in: Manning, K. C., & Sprott, D. E. (2009). Price endings, left-digit effects, and choice. Journal of Consumer Research 36(2), 328-335. doi:10.1086/597215

38 순서를 바꿔 주문량을 늘리는 스몰 빅은 무엇일까?

For the item-price order study, see: Bagchi, R., & Davis, D. F. (2012). $29 for 70 items or 70

참고자료 **335**

items for $29? How presentation order affects package perceptions. Journal of Consumer Research 39(1), 62-73. doi:10.1086/661893

39 더 적게 투자하고 더 많이 얻는 스몰 빅은 무엇일까?

The additive versus averaging effect studies can be found in: Weaver, K., Garcia, S. M., & Schwarz, N. (2012). The presenter's paradox. Journal of Consumer Research 39(3), 445-460. doi:10.1086/664497

For the research on the "and that's not all" approach, see: Burger, J. M. (1986). Increasing compliance by improving the deal: The that's-not-all technique. Journal of Personality and Social Psychology 51(2), 277-283. doi:10.1037//0022-3514.51.2.277

40 꾸러미로 묶어 제안하는 스몰 빅은 무엇일까?

For the donation study, see: Hsee, C. K., Zhang, J., Lu, Z. Y., & Xu, F. (2013). Unit asking: A method to boost donations and beyond. Psychological Science 24(9), 1801-1808. doi:10.1177/0956797613482947

41 캠페인 효과를 높이는 스몰 빅은 무엇일까?

For more on the impact of attaching a photograph to a CT scan, see: Wendling, P. (2009). Can a photo enhance a radiologist's report? Clinical Endocrinology News 4(2), 6.

A nice report on the same can be found at http://www.nytimes.com/2009/ 04/07/ health/07pati.html.

For more on the "identifiable victim" effect in donations, see: Small, D. A., & Loewenstein, G. (2003). Helping the victim or helping a victim: Altruism and identifiability. Journal of Risk and Uncertainty 26(1), 5-16.

For the "identifiable victim" effect in medical decisions, see: Redelmeier, D. A., & Tversky, A. (1990). Discrepancy between medical decisions for individual patients and for groups. The New England Journal of Medicine 322, 1162-1164.

The "identified intervention" effect studies can be found in: Cryder, C. E., Loewenstein, G., & Scheines, R. (2013). The donor is in the details. Organizational Behavior and Human Decision Processes 120(1), 15-23. doi:10.1016/j.obhdp.2012.08.002

42 비용이 기회 상실로 이어지지 않게 하는 스몰 빅은 무엇일까?

For the studies on opportunity cost neglect, see: Frederick, S., Novemsky, N., Wang, J., Dhar, R., & Nowlis, S. (2009). Opportunity cost neglect. Journal of Consumer Research 36(4), 553-561. doi:10.1086/599764

43 다른 사람 또는 나 자신에게 동기부여해주는 스몰 빅은 무엇일까?

The loyalty program study can be found in: Koo, M., & Fishbach, A. (2012). The small-area hypothesis: Effects of progress monitoring on goal adherence. Journal of Consumer Research 39(3), 493-509. doi:10.1086/663827

44 어떤 스몰 빅이 더 높은 고객 충성도를 이끌어낼까?

The yogurt study can be found in: Jin, L., Huang, S., & Zhang, Y. (in press). The unexpected positive impact of fixed structures on goal completion. Journal of Consumer Research.

45 '1+1'이 '2' 이상의 결과를 가져다주는 스몰 빅은 무엇일까?

The research on dividing rewards into categories can be found in: Wiltermuth, S., & Gino, F. (2013). "I'll have one of each": How separating rewards into (meaningless) categories increases motivation. Journal of Personality and Social Psychology 104(1), 1-13.

The paper that discusses the often detrimental tendency to pay off small rather than larger debts first can be found in: Amar, M., Ariely, D., Ayal, S., Cryder, C., & Rick, S. (2011). Winning the battle but losing the war: The psychology of debt management. Journal of Marketing Research 48 (SPL), S38-S50.

46 물러섬으로써 앞서가게 해주는 스몰 빅은 무엇일까?

For the studies on the influence of physical distance, see: Thomas, M., & Tsai, C. I. (2012). Psychological distance and subjective experience: How distancing reduces the feeling of difficulty. Journal of Consumer Research 39(2), 324-340. doi:10.1086/663772

47 다른 사람의 작은 실수에서 어떤 스몰 빅을 찾아낼 수 있을까?

For the review of research on negative information, see: Baumeister, R. F., Bratslavsky,

E., Finkenauer, C., & Vohs, K. D. (2001). Bad is stronger than good. Review of General Psychology 5(4), 323-370. doi:10.1037//1089-2680.5.4.323

48 실수를 관리하는 스몰 빅은 무엇일까?

For more on lifespan research, see: Seery, M. D., Holman, E. A., & Silver, R. C. (2010). Whatever does not kill us: Cumulative lifetime adversity, vulnerability, and resilience. Journal of Personality and Social Psychology 99, 1025-1041.

You can find the research on error management training in: Keith, N., & Frese, M. (2008). Effectiveness of error management training: A meta-analysis. Journal of Applied Psychology 93, 59-69.

You can find the customer experience article in: Schrange, M. (2004, September). The opposite of perfect: Why solving problems rather than preventing them can better satisfy your customers. Sales & Marketing Management 26.

49 타이밍을 바꾸는 스몰 빅으로 어떤 변화를 만들어낼 수 있을까?

The impact of the timing of a review on word of mouth can be found in: Chen, Z., & Lurie, N. (2013). Temporal contiguity and negativity bias in the impact of online word of mouth. Journal of Marketing Research 50(4), 463-476.

50 비즈니스 파트너에게 보내는 이메일에 어떤 스몰 빅이 필요할까?

You can find the two humor studies in: Kurtzberg, T. R., Naquin, C. E., & Belkin, L. Y. (2009). Humor as a relationship-building tool in online negotiations. International Journal of Conflict Management 20(4), 377-397. doi:10.1108/10444060910991075

The study that examined the effect of disclosing personal information before a negotiation can be found in: Moore, D., Kurtzberg, T., Thompson, L., & Morris, M. (1999). Long and short routes to success in electronically mediated negotiations: Group affiliations and good vibrations. Organizational Behavior and Human Decision Processes 77(1), 22-43. doi:10.1006/obhd.1998.2814

The pet frog joke study can be found in: O'Quinn, K., & Aronoff, J. (1981). Humor as a technique of social influence. Social Psychology Quarterly 44(4), 349-357.

51 작은 터치가 가치 변화로 이어지는 스몰 빅이 될 수 있을까?

The research on touch can be found in: Peck, J., & Shu, S. B. (2009). The effect of mere touch on perceived ownership. Journal of Consumer Research 36(3), 434-447. doi:10.1086/598614

52 최고의 것은 마지막을 위해, 스몰 빅이 어떤 차이를 만들 수 있을까?

For the colonoscopy study, see: Redelmeier, D., Katz, J., & Kahneman, D. (2003). Memories of colonoscopy: A randomized trial. Pain 104(1 - 2), 187-194.

스몰 빅 : 보너스

For the health center no-show study, see Martin, S. J., Bassi, S., & Dunbar-Rees, R. (2012). Commitments, norms and custard creams - A social influence approach to reducing did not attends (DNAs). Journal of the Royal Society of Medicine 105(3),101-104.

The study combining social norms and incentives can be found in: Dolan, P., & Metcalfe, R. (2013). Neighbors, Knowledge, and Nuggets: Two Natural Field Experiments on the Role of Incentives on Energy Conservation (CEP discussion paper no. 1222). Centre for Economic Performance, London School of Economics.

More information regarding the three fundamental motives discussed can be found in: Cialdini, R. B., & Goldstein, N. J. (2004). Social influence: Compliance and conformity. Annual Review of Psychology, 55, 591-621.

More details of the experiments combining egoistic and altruistic appeals can be found in: Feiler, D. C., Tost, L. P., & Grant, A. M. (2012). Mixed reasons, missed givings: The costs of blending egoistic and altruistic reasons in donation requests. Journal of Experimental Social Psychology 48(6), 1322-1328.

The work showing three to be the optimal number of appeals can be found in Shu, S. B., & Carlson, K. A. (2014). When three charms but four alarms: Identifying the optimal number of claims in persuasion settings. Journal of Marketing 78(1), 127-139.

옮긴이 김은령

월간 〈럭셔리〉 편집장이자 번역가. 《바보들은 항상 여자 탓만 한다》《비즈니스 라이팅》《럭셔리 이즈》 등을 썼고, 《패스트푸드의 제국》《침묵의 봄》《나이 드는 것의 미덕》《존 로빈스의 인생 혁명》 등 20여 권을 번역했다. 이화여자대학교에서 영어영문학을 전공하고 같은 학교 대학원에서 언론학 석사학위를 받았다. 〈행복이 가득한 집〉 편집장을 지냈으며 《설득의 심리학 워크북》(김호 공역)을 옮겼다.

옮긴이 김호

조직 및 리더십 커뮤니케이션 분야의 컨설팅을 하는 더랩에이치THELABh.com의 대표. 로버트 치알디니로부터 직접 교육을 받고 스티브 마틴, 노아 골드스타인 등과 함께 2008년부터 공인트레이너CMCT로 활동하고 있다. 루이비통, 머크, 옐카, GS칼텍스, 길리어드, 타파웨어, 로슈, 현대카드 등과 같은 기업을 위해 '설득의 심리학' 워크숍과 세미나 등을 500시간 넘게 진행해왔다. 세계 최대 PR 컨설팅사 에델만의 한국법인 대표를 역임했으며 〈한겨레〉〈조선일보 위클리비즈〉 등에 꾸준히 칼럼을 연재해오고 있다. 지은 책으로 《쿨하게 사과하라》(정재승 공저), 《쿨하게 생존하라》 등이 있다.

KI신서10997

설득의 심리학 4

1판 1쇄 발행 2015년 2월 9일
2판 1쇄 발행 2023년 6월 28일
2판 4쇄 발행 2024년 6월 19일

지은이 로버트 치알디니·스티브 마틴·노아 골드스타인 **옮긴이** 김은령·김호
펴낸이 김영곤 **펴낸곳** ㈜북이십일 21세기북스

정보개발팀장 이리현 **정보개발팀** 이수정 강문형 박종수
디자인 THIS-COVER
출판마케팅영업본부장 한충희
마케팅1팀 남정한 한경화 김신우 강효원
해외기획실 최연순 소은선
출판영업팀 최명열 김다운 권채영 김도연
제작팀 이영민 권경민

출판등록 2000년 5월 6일 제406-2003-061호
주소 (10881) 경기도 파주시 회동길 201(문발동)
대표전화 031-955-2100 **팩스** 031-955-2151 **이메일** book21@book21.co.kr

(주)북이십일 경계를 허무는 콘텐츠 리더

21세기북스 채널에서 도서 정보와 다양한 영상자료, 이벤트를 만나세요!
페이스북 facebook.com/jiinpill21   포스트 post.naver.com/21c_editors
인스타그램 instagram.com/jiinpill21   홈페이지 www.book21.com
유튜브 youtube.com/book21pub
서울대 가지 않아도 들을 수 있는 명강의! 〈서가명강〉
유튜브, 네이버, 팟캐스트에서 '서가명강'을 검색해보세요!

ⓒ 로버트 치알디니, 2023
ISBN 978-89-509-6253-1 03320